Ute von Wrangell

So arbeiten Frauenbüros
Ein Reader

Materialien zur Frauenforschung

Band 24

Schriftenreihe des
Instituts Frau und Gesellschaft
Walter-Gieseking-Straße 14
30159 Hannover

Herausgeber/Redaktion
Robert Schreiber

Ute von Wrangell

So arbeiten Frauenbüros

Ein Reader

Kleine Verlag ◆ Bielefeld

Die Deutsche Bibliothek – CIP-Einheitsaufnahme

So arbeiten Frauenbüros : ein Reader / Ute von Wrangell (Hrsg.).
– Bielefeld : Kleine, 1996
(Materialien zur Frauenforschung ; Bd. 24)
ISBN 3-89370-219-9
NE: Wrangell, Ute von [Hrsg.]; GT

Postfach 10 16 68
33516 Bielefeld

Satz: Ellmer GmbH, Bad Salzuflen
Herstellung: Kleine Verlag GmbH
Printed in Germany

Inhaltsverzeichnis

Vorwort der Herausgeberin

„Um mir Gehör zu verschaffen, mußte ich ständig alles wiederholen, manchmal mit doppelter Lautstärke“

Nadifs Sadik, 1995

„So arbeiten Frauenbüros“ ist Antwort auf eine Frage, die seit der Einsetzung der ersten Gleichstellungsbeauftragten in Köln an Frauenbeauftragte gerichtet wird, nämlich, „was machen Sie denn eigentlich?“. Neben der verständlichen Neugier gegenüber einem bisher unbekannten Tätigkeitsfeld schwingt Belustigung, leise Ironie, aber auch ernsthaftes frauenpolitisches Interesse mit. Verschiedene Autorinnen haben sich bemüht, die Arbeit von Frauenbeauftragten öffentlich darzustellen.[1] Im Vergleich zu den bereits veröffentlichten Arbeiten zeichnet sich dieser Sammelband dadurch aus, daß sämtliche Beiträge von Frauenbeauftragten und ihren Büros verfaßt wurden. Sie schreiben also über ihre eigene Arbeit und geben „Insider“- Kenntnisse an die Öffentlichkeit, wie sie bisher in dieser gebündelten Form nicht über den Buchhandel und in Bibliotheken zu erhalten sind. Der vorliegende Reader will auch graue Literatur zugänglich machen, um die breite Palette des Aufgabenfeldes, die qualifizierte sachorientierte Arbeit und die politische Bedeutung der Frauenbüros aufzuzeigen. Dieses Handbuch richtet sich an

- die neue Frauenbeauftragte, die sich einen Überblick über die Arbeit verschaffen will
- die erfahrene Frauenbeauftragte, die über die geleistete Arbeit reflektieren möchte
- die politisch interessierte Öffentlichkeit, die wissen möchte, welche Arbeitsfelder von Frauenbeauftragten abgedeckt und welche Methoden dabei angewandt werden.

Für diesen Reader wurden vornehmlich Beiträge ausgewählt, die Frauenbeauftragte in ihrer kommunalen Tätigkeit zu ihren Arbeitsthemen verfaßt haben, sie werden fast unverändert abgedruckt. So ist der Beitrag zu „Konzeptionen von Gleichstellungsstellen“ von Ursula Müller, Hannover, 1986 bei Dienstantritt geschrieben worden und zeigt auf, wie die Arbeit von Frauenbeauftragten planerisch vorbereitet werden kann, für diese Veröffentlichung wurden behutsame Anpassungen an die aktuelle Entwicklung vorgenommen. Ähnliches gilt auch beispielweise für die Abhandlungen zur Arbeitsweise von Frauenbeauftragten (Gisela Scheer) und zur Öffentlichkeitsarbeit (Gesine Spieß), für die auf den Fundus von Frauenbüros zurückgegriffen wurde.[2]

Die zweite Kategorie der Beiträge umfaßt ebenfalls vorliegende Materialien, für die Erläuterungen aber eigens für diesen Reader geschrieben wurden. Dazu gehören Beiträge wie der von Christine Weinbörner (Frauenförderplan), Christine Müller (Frauenausschüsse), oder Klaudia Dmuß (Gemeinschaftsaufgabe Frauenförderung).

Die dritte Kategorie beinhaltet Artikel, die auf Anfrage für dieses Handbuch verfaßt wurden und Arbeitsergebnisse und -methoden der Frauenbüros aufzeigen, so der Bericht über die Einrichtung eines Frauenhauses (Mechthild Schramme-Haack), die Zusammenarbeit mit Betrieben (Ilse Thomas) oder über die Vernetzung von Institutionen (Gisela Schlüter-Preuß) und die Arbeit innerhalb der Verwaltung (Mechthild Willbrand).

Sowohl Frauenbeauftragte aus Städten, Großstädten, Landkreisen sowie aus Gemeinden kommen in diesem Reader zu Wort. Die Auswahl fiel nicht leicht, oft steht eine Veröffentlichung stellvertretend für andere, die ähnlich wichtig gewesen wären: so gibt es z.B. ein Reihe von hervorragenden Zeitschriften für die Mitarbeiterinnen der Verwaltung sowie für die breite Öffentlichkeit, die von Frauenbüros regelmäßig oder an aktuelle Anlässe gekoppelt herausgegeben werden, z.B. „Frauen in Nürnberg", „Olga", (Landkreis Oldenburg), „Luise" (Stadt Nienburg), um nur einige zu nennen. Für diesen Reader wurde fiff-München ausgewählt, die schon auf eine fünfjährige Tradition zurückblicken kann. Auch zu anderen Themen hätten sich sehr qualifizierte Beiträge anderer Frauenbüros finden lassen, was besonders auf die Mädchenarbeit zutrifft, die bundesweit Schwerpunktthema vieler Frauenbüros ist (z.B. „Modellprojekt Mädchen" des Kreisfrauenbüros Darmstadt-Dieburg oder „Mädchen in Sicht" aus Berlin-Neukölln).

Die Gleichstellungsstellen der östlichen Bundesländer sind nur mit zwei Arbeitsbeispielen vertreten, was im wesentlichen daran liegt, daß sie eine junge Geschichte haben: während westdeutsche Frauenbüros seit 1982 arbeiten, können die der neuen Bundesländer erst auf eine fünfjährige Arbeitszeit zurückblicken, sie haben in der Regel erst wenige Publikationen herausgegeben. Um so interessanter ist es, die Berichte der Frauenbüros Gotha (zum Frauenzentrum) und Magdeburg (Frauengeschichte) zu lesen, die einen Einblick in die intensive Arbeit der Gleichstellungsbeauftragten Ostdeutschlands geben, die besondere Problemstellungen zu bearbeiten haben.

Die Auswahl bliebe einseitig, wenn nicht die Aufmersamkeit auf die Arbeit der Frauenbeauftragten im Süden gelenkt würde. Dieses geschieht dadurch, daß sowohl Beiträge aus Bayern als auch aus Baden-Württemberg zu lesen sind. In diesen Bundesländern sind die Gleichstellungsstellen weniger zahlreich, die qualifizierte Arbeit spiegelt sich dennoch häufig in Publikationen.

Der Vernetzung der Frauenbeauftragten widmet sich der letzte Beitrag. Zunächst wurde die Zusammenarbeit der kommunalen Frauenbüros auf Bundesebene gepflegt, zeitlich etwas versetzt entstand dazu die Zusammenarbeit auf

Landesebene. Nach der Wende bemühten sich die westdeutschen Frauenbeauftragten um eine Verknüpfung der Arbeit mit den neuen Kolleginnen, deren Tätigkeit durch eine stürmische Frauenbewegung in der DDR 1989/90 und durch Frauen ermöglicht wurde, die sich auf allen Ebenen an den Runden Tischen aktiv in die Politik einmischten (vgl. Wiedemann 1991, 7f.). [3]

Zu den Kriterien der Auswahl gehört, daß die Beiträge i.d.R. das didaktische und methodische Konzept der Frauenbüros deutlich machen sollen. Ausdrücklich wird dieses in den Beiträgen zur Mädchenarbeit und zum sexuellen Mißbrauch dargestellt. Die Frauenbeauftragten zeigen auf, daß es ihnen bei diesen Projekten um die Bearbeitung der frauenpolitisch bedeutsamen Themen geht, andererseits die Methode der Vernetzung, der Bündelung der Kräfte zu den Erfolgen führt, die Gleichstellungsbeauftragte trotz der personell schwach besetzten Büros, der niedrigen Budgets und der vielen Hürden, erringen. [4]

Gleichstellungsstellen sind zu einem zentralen Faktor für die Gleichstellungsarbeit „vor Ort“ geworden und haben ein hohes Maß an Professionalität in ihrer Aufgabenerfüllung erreicht (vgl. Begander , Schwertfeger, 1994,1). [5] Holland Cunz (1995,16) spricht davon, daß es sich „um mehr als quantitative Erfolge handelt“. [6]

Bei ihrer Diskussion zum Umbruch der institutionalisierten Frauenpolitik anläßlich der Bundeskonferenz der kommunalen Frauenbüros rät Heiliger (1995, S.8ff.) u.a. „zur Öffnung von Schubladen“. [7] Dieser Reader macht öffentlich, was in den Frauenbüros auf kommunaler Ebene keineswegs schlummert, sondern nach draußen getragen wird, hier aber einer noch breiteren Öffentlichkeit bekanntgemacht werden soll.

Ute v. Wrangell

Anmerkungen

1 Beispielhaft sei hier neuere Literatur genannt:

Biester, Holland, Maleck-Lewy, Ruf, Sauer (Hg.), 1994, Gleichstellungspolitik, Totem und Tabus. Frankfurt/New York

Begander/Schwertfeger, 1994, Kommunalpolitik und Verwaltung, Band 2, Studienbrief Gleichstellungsarbeit in der Kommune, Deutsches Institut für Fernstudien an der Universität Tübingen.

Heinzerling, Isabella 1995, Möglichkeiten und Grenzen der Arbeit von kommunalen Frauenbeauftragten und Gleichstellungsstellen in Hessen, Diplomarbeit im Fachbereich Politikwissenschaft, Universität Marburg

2 Die Vernetzungsstelle für kommunale Frauen- und Gleichstellungsbeauftragte befindet sich in Trägerschaft des Instituts Frau und Gesellschaft. Sie wird aus Mitteln des Bundesministeriums für Familie, Senioren, Frauen und Jugend für drei Jahre finanziert.

3 Vgl. Wiedemann, Elfi, 1991, Politische Empfehlungen zur kommunalen Gleichstellungspolitik, in Friedrich-Ebert-Stiftung (Hg.) Kommunale Gleichstellungspolitik in den Neuen Bundesländern, Gesprächskreis Frauenpolitik, Heft 3

4 Hierzu gibt es umfangreiches Material. An dieser Stelle sei auf neu herausgegebene Schriften verwiesen:

- Bundesarbeitsgemeinschaft kommunaler Frauenbüros Sprecherinnengremium 1995, Zu Auftrag, Zielsetzung und Arbeitsgebieten der kommunalen Frauenbeauftragten und zu ihren fachlichen und persönlichen Qualifikationsanforderungen. (unveröffentlichtes Papier)
- Innenministerium/Ministerin f. d. Gleichstellung von Mann und Frau des Landes Nordrhein-Westfalen, 1995, Kommunale Gleichstellungsbeauftragte
- Die Ministerin f. Frauen, Bildung, Weiterbildung und Sport des Landes Schleswig-Holstein, 1994, Handbuch für kommunale Gleichstellungsbeauftragte, Funke, Leutner, Männle, Mohnen-Belau, 1994, Chancengleichheit für Mann und Frau, Handbuch für Wirtschaft und Verwaltung, Rostock

5 Begander / Schwertfeger, 1994 a.a.O.

6 Holland-Cunz, Barbara, 1995, Frauenpolitik im schlanken Staat, Zeitschrift für Frauenforschung, Heft 1+2/95, 13. Jahrgang, S. 16-27

7 Heiliger, Anita, 1995, Institutionalisierte Frauenpolitik im Umbruch?, Zeitschrift für Frauenforschung, Heft 1+2/95, 13. Jahrgang, S. 8-15

1.

Grundlagen der Arbeit

Ursula Müller

Konzeption von Gleichstellungsstellen

In der Bundesrepublik Deutschland gibt es seit 1982 die ersten kommunalen Gleichstellungsstellen bzw. Frauenbüros in den meisten Bundesländern. Die Landeshauptstadt Hannover hat als erste Stadt Niedersachsens eine entsprechende Stelle seit dem 1. Juni 1986 eingerichtet.
Bezüglich des Namens gibt es vielfach heftige inhaltliche Diskussionen. Die Varianten, die sich daraus ergeben, reichen über Gleichstellungsstellen, Frauenbüros, Gleichstellungsbeauftragte bis zur Frauenbeauftragten. Eine Bezeichnung, die den Gleichstellungsbegriff beinhaltet, wird bisweilen als wenig „aggressiv" empfunden, weil nicht ausdrücklich auf das überwiegend gleichzustellende Geschlecht, die Frauen, hingewiesen wird. Bezeichnungen, die den Begriff „Beauftragte" benutzen, knüpfen an eine Verwaltungstradition an, nach der Organe Personenbezeichnungen (z. B. „Der Oberstadtdirektor" statt „Die Oberstadtdirektion") tragen. Deshalb werden in der nachfolgenden Konzeption anhand der Begriffe „Gleichstellung" und „Frauenbüro" die übergeordneten Ziele dargestellt, die allgemein Motor für die Einrichtung waren. In der anschließenden Charakterisierung der Arbeitsgebiete wird die Verbindung zu kommunalen Themen aufgezeigt und die Bedeutung des Querschnittscharakters der Aufgaben herausgestellt. Daraus wird die Notwendigkeit der Stabsstellenfunktion abgeleitet.

I. Zielsetzungen

1. Übergeordnete Ziele

1.1 Gleichstellung von Familien- und Erwerbsarbeit

Die Gleichstellungsstelle der Landeshauptstadt Hannover führt den Doppelnamen Referat für Gleichstellungsfragen - Frauenbüro und bringt dadurch einen doppelten Arbeitsansatz zum Ausdruck.
Gleichstellung wird verstanden als Chancengleichheit für Frauen und Männer, sich an Familienarbeit und an Erwerbsarbeit zu beteiligen. Damit wird ein Ziel aufgegriffen, das seit 1977 seinen Eingang in die Rechtsnormen gefunden hat: Mit der Novellierung des Familienrechts wurde nämlich erstmals beiden Ehegatten unterschiedslos das Recht eingeräumt, erwerbstätig zu sein. Hausarbeit und Erwerbstätigkeit sollten als gleichwertige Aufgaben gelten. Wie die Aufgaben der Haushaltsführung, Kindererziehung und Erwerbstätigkeit auf Frau und Mann verteilt werden, sollte ausschließlich von den Eheleuten bestimmt werden. Die Realität hat in der Folge jedoch ergeben, daß der innerfamiliären

Planung mehr oder minder feste gesellschaftliche Grenzen gesetzt sind, wenn ein Ehepaar sich auf eine nicht-traditionelle Aufgabenverteilung einigt. Ziel von Gleichstellungsstellen ist daher, Bedingungen schaffen zu helfen, die es Frauen wie Männern ermöglichen, ihre Vorstellungen über die Verteilung von Familien- und Erwerbsarbeit weitestgehend zu verwirklichen.

1.2 Abbau von Benachteiligungen von Frauen

Während die erstgenannte Aufgabe sich auf Frauen wie auf Männer bezieht, hat der zweite Arbeitsschwerpunkt Frauen als Zielgruppe. Die meisten geschlechtsspezifischen Unterschiede bedeuten eine Benachteiligung von Frauen. So sind Frauen von Arbeitslosigkeit und Armut erheblich mehr betroffen als Männer. Sie sind Opfer von körperlicher und seelischer Gewalt im Privatbereich. Soziale und kulturelle Angebote sind stärker auf eine männliche Klientel ausgerichtet. Frauenspezifische Einrichtungen sind finanziell schlechter ausgestattet. Leistungen von Frauen werden in der breiten Öffentlichkeit nicht im vollen Umfang zur Kenntnis genommen. Damit sind einige Problembereiche benannt.

Hieraus ergibt sich für kommunale Gleichstellungsstellen die Aufgabe, als Frauenbüros die Interessen von Frauen ins öffentliche Bewußtsein zu heben, Benachteiligungen zu verhindern bzw. abzubauen und Ausgrenzungen von Frauen entgegenzuwirken.

Diese beiden übergeordneten Arbeitsschwerpunkte gilt es in der praktischen Arbeit zu kommunalen Aufgaben zu machen bzw. sie mit kommunalen Zielen abzustimmen.

2. Kommunale Ziele

Die Landeshauptstadt Hannover hat sich Stadtentwicklungsziele gesetzt, die von den regionalen Besonderheiten ausgehen. Sie benennen den Handlungsbedarf, markieren aber auch Bereiche, in denen Richtungen von Einzelzielen gegensätzlich verlaufen. An dieser grundsätzlichen Situation ändert sich durch Einfügen der Aufgaben des Referats für Gleichstellungsfragen - Frauenbüro nichts. Von den Planungszielen der Stadt Hannover sei im folgenden bei den beiden wichtigsten der Bezug zu den übergeordneten Arbeitsschwerpunkten kommunaler Gleichstellungsstellen hervorgehoben.

2.1 Wirtschaftsstärkung

Hannover hat eine hohe Arbeitslosigkeit und ist deswegen darum bemüht, die Ansiedlung von Unternehmen zu fördern. In den letzten 10 Jahren lagen die Arbeitslosenquoten der Frauen stets über denen der Männer. Es kam vor, daß die Arbeitslosigkeit der Frauen anstieg, während die der Männer abnahm. Langzeitarbeitslosigkeit (d. h. mehr als 12 Monate) kommt bei Frauen häufiger vor als bei Männern.

Bei der Wirtschaftsförderung in Hannover ist daher zu beachten, daß die geförderten Unternehmen tatsächlich einen Beitrag zum Abbau weiblicher Arbeitslosigkeit leisten. Das geschieht am nachhaltigsten dadurch, daß sich der bisher geschlechtsspezifisch strukturierte Arbeitsmarkt für Frauen in zwei Richtungen erweitert: Horizontal durch Ausbildung und Einstellung von Frauen in Bereichen, in denen sie bisher unterrepräsentiert waren, und vertikal durch Erhöhung der Aufstiegsmöglichkeiten für Frauen. Durch beide Ausrichtungen kann erreicht werden, daß Frauen besser bezahlte und besser gesicherte Arbeitsplätze erhalten.

Durch diese Ziele kann zwar die Schlechterstellung von Frauen im Erwerbsbereich abgebaut werden, im Interesse der Gleichstellung von Familien- und Erwerbsarbeit muß jedoch eine Veränderung der Arbeitsbedingungen hinzukommen. Durch familienfreundliche Arbeitszeiten u. ä. muß erreicht werden, daß Männer wie Frauen erwerbstätig sind und sich Kindern und Hausarbeit in befriedigender Weise widmen können.

Inzwischen haben sich in der Bundesrepublik Deutschland einzelne Unternehmen freiwillig solche Ziele gesetzt. US-amerikanische Betriebe verwirklichen bereits seit längerem für verschiedene benachteiligte Bevölkerungsgruppen, u. a. also auch für Frauen, Förderpläne (affirmative action plans). Der verbuchte Erfolg betrifft nicht nur die zu fördernde Gruppe, sondern auch die wirtschaftliche Effizienz des Unternehmens. Diese Ergebnisse verdeutlichen, daß es praktikabel ist, die Förderung von Frauen bei der Stärkung und Ansiedlung deutscher wie ausländischer Firmen in Hannover zu berücksichtigen.

2.2 Verbesserung der Lebensqualität

Schon bei der Wirtschaftsförderung spielen Infrastruktur und Umweltbedingungen eine wichtige Rolle, um den Wirtschaftsraum Hannover im Wettbewerb mit anderen Wirtschaftsregionen zu stärken. Stadtqualität wird jedoch in erster Linie für die Bürgerinnen und Bürger von Hannover angestrebt. Die erklärten Aufgaben zur Erreichung dieses Zieles betreffen die Grünflächen, den öffentlichen Personennahverkehr, die Wohnqualität, sportliche und kulturelle Angebote etc.

Frauen profitieren von solchen Maßnahmen nicht im gleichen Maße wie Männer. Grünanlagen und die Bereiche des öffentlichen Personennahverkehrs, insbesondere U-Bahn-Stationen und Unterführungen, stellen für Frauen besondere Gefahrenzonen dar. Sie werden von Einzelnen gemieden, um nicht Opfer von Gewalttaten zu werden, vor allem von Raubüberfällen und Vergewaltigungen. Durch Vermeidungsverhalten schränken sich Frauen aller Altersgruppen ein und nutzen Fortbildungsmöglichkeiten, kulturelle Angebote und Erholungsgebiete einer Stadt nur eingeschränkt für sich selbst.

In der Planung muß diese Problematik mit bedacht werden. Es gilt, die Sicherheit von Bürgerinnen Hannovers zu erhöhen, ihre Mobilität zu vergrößern und somit die Lebensqualität von Frauen in Hannover zu steigern. Bei Verbesserungsmaßnahmen bezüglich der Wohnqualität bietet es sich an Veränderungen vorzunehmen, die den häuslichen Innenraum frauen- und familienfreundlicher werden lassen. Auch bei der Sanierung von Wohnvierteln ist zu beachten, daß der Entfremdung und Isolation von Hausfrauen und Kleinkindern entgegengewirkt wird.

Die Interessen und Bedürfnisse von Frauen auf sportlichen und kulturellen Gebieten sind nicht immer mit denen von Männern identisch. Bei der Förderung eines Angebotes muß daher darauf geachtet werden, daß es auch Frauen aktiv wie passiv anspricht.

II. Das Prinzip der Parteilichkeit

Die Verwirklichung von Gleichstellung und Frauenbedürfnissen läßt sich nicht bruchlos erreichen. Sie stehen zum Teil im Widerspruch zu anderen Zielen. Aufgabe von kommunalen Gleichstellungsstellen ist es, die übergeordneten Ziele der Gleichstellung und des Abbaus von Frauenbenachteiligung eindeutig und parteilich zu vertreten. Nur dadurch kann erreicht werden, daß sie in der Kommunalpolitik verwirklicht werden.

Im folgenden werden einige Widersprüche benannt und der Grundsatz der Parteilichkeit an diesen Beispielen verdeutlicht.

1. Für individuelle Lebensplanung

Frauen wie Männern vielfältige Möglichkeiten zur Aufteilung von Familien- und Erwerbsarbeit anzubieten, bedeutet eine langfristige Umstrukturierung des Erwerbsbereiches. Arbeitszeitverkürzung, Einführung familienfreundlicher Arbeitszeiten, Beurlaubung mit Arbeitsplatzgarantie usw. sind einige geeignete Maßnahmen. Solange solche Angebote überwiegend von Frauen in Anspruch genommen werden, wird bei der Einstellung von Frauen eine Kosten-Nutzen-Abwägung angestellt. Die Beschäftigung von Arbeitnehmerinnen erscheint als nachteilig, wegen der befürchteten Ausfallzeiten aufgrund von Familienaufgaben. Der Nutzen, der daraus gezogen wird (z. B. großes Engagement bezüglich der Arbeitsinhalte), wird bisher eher gering veranschlagt.

Das Referat für Gleichstellungsfragen - Frauenbüro hat nicht nur die Aufgabe, Vorteile weiblicher Erwerbstätigkeit aufzuzeigen, sondern auch das Recht von Frauen und Männern auf familienfreundliche Arbeitsplätze zu unterstützen; auch wenn bei der Durchsetzung entsprechender Maßnahmen kurz- oder langfristig für Unternehmer der Nutzen nicht den Rentabilitätsgesichtspunkten entspricht.

2. Für langfristige soziale Sicherung

Es ist bekannt, daß das Einkommen älterer Frauen unter dem ihrer männlichen Altersgenossen liegt. Frauen machen einen großen Teil der Sozialhilfe-Empfangenden aus; unter ihnen sind es vor allem junge Frauen mit Kindern. Die Situation von arbeitslosen und auf Ausbildungsplatzsuche befindlichen Frauen ist wesentlich schlechter als die von Männern. Durch eingeschränkte Möglichkeiten von Frauen, ihren Lebensunterhalt selbst zu verdienen, treten im Alter und im Falle von Ehescheidungen Notlagen ein. Da heute jede 3. Ehe geschieden wird, führt ein längerfristiger Verzicht auf eigene Erwerbstätigkeit Frauen in eine schlechtere Position. Diese langfristige Konsequenz wird gerade in Zeiten schlechter Arbeitsmarktlage immer noch nicht ausreichend bedacht, wenn es gilt, knappe Arbeitsplätze nach sozialen Gesichtspunkten so gerecht wie möglich zu verteilen. Männliche Bewerber gelten ausnahmslos als Ernährer der Familie und erhalten häufig deshalb den Vorzug. Verheiratete Frauen dagegen werden in ihrem Wunsch nach Erwerbstätigkeit als „Zubrot-Verdienerinnen" diskreditiert. Durch dieses Vorgehen wird die beschriebene schlechte soziale Lage von Frauen auf Dauer festgeschrieben. Eine bevorzugte Einstellung von Männern aus derart begründeten sozialen Überlegungen wird dem Anspruch nicht gerecht, die Sozial-Schwächsten zu fördern, denn dazu werden Frauen langfristig durch solche Grundsatzüberlegungen gemacht. Das Problem der Arbeitslosigkeit wird nicht dadurch gelöst, daß die vorhandenen Arbeitsplätze Familienvätern zur Verfügung gestellt werden und Frauen infolgedessen in ökonomische Abhängigkeit und Not geraten.

Aufgabe des Referats für Gleichstellungsfragen - Frauenbüro ist es, politische und ökonomische Bemühungen zum Abbau von Arbeitslosigkeit allgemein zu unterstützen und gegen eine vermeintlich sozial-gerechte Verteilung von Arbeitsplätzen zu Ungunsten von Frauen einzutreten.

3. Für Sicherheit und Mobilität von Frauen

Das Bedürfnis nach gefahrloser Bewegungsfreiheit von Frauen in der Öffentlichkeit steht in der konkreten Durchsetzung bisweilen quer zu anderen kommunalpolitischen Überlegungen. Sicherheitsgedanken, die Vermeidung von Engpässen im Straßenverkehr sowie das Bedürfnis nach einem schönen Stadtbild haben dazu geführt, daß Unterführungen, U-Bahnen, Tiefgaragen und Parkhäuser gebaut wurden. Damit würden aber auch Gefahrenpunkte insbesondere für Frauen geschaffen. Darüber hinaus sind Grünflächen zwar für die Erhaltung der Gesundheit und zum Schutz eines ökologisch ausgewogenen Umfeldes wichtig, gleichzeitig stellen sie jedoch in einer Stadt Gebiete dar, die von vielen Frauen gemieden werden. Daraus ergeben sich neue Forderungen im Interesse der Sicherheit von Frauen.

Es ist eine Aufgabe des Referats für Gleichstellungsfragen - Frauenbüro für die Reduzierung von Gefahrenzonen einzutreten, auf eine stärkere Kontrolle der kritischen Bereiche hinzuwirken und sich für Maßnahmen einzusetzen, die die selbst auferlegte eingeschränkte Mobilität von Frauen überwinden.

4. Für Bekämpfung von Gewalt gegen Frauen

Gewalt gegen Frauen nimmt viele Formen an. Erst in den letzten Jahren ist ein öffentliches Bewußtsein dafür geweckt worden. Mit dem Sichtbarwerden von Gewalt gehen Forderungen zu ihrer Bekämpfung einher. Mittlerweile gibt es zu einzelnen Problembereichen Hilfsangebote für Frauen, die Opfer von Gewalttaten geworden sind. Die Erfahrung zeigt jedoch, daß es nicht ausreicht, den betroffenen Frauen zu helfen und die Täter zu ignorieren. Die Konzentration auf die Opfer macht diese zu Außenseiterinnen und bewirkt nicht notwendig die moralische und ggf. juristische Verurteilung der Täter. Die Forderung nach Strafbarkeit von Vergewaltigung in der Ehe ist ein Beispiel dafür, daß nunmehr bei einzelnen Gewalttaten nicht mehr nur an den Schutz der Opfer gedacht wird.

Die gesellschaftliche Wirksamkeit strafrechtlicher Verfolgung wird von Fachleuten eher gering eingeschätzt. Solche Überlegungen dürfen jedoch nicht dazu führen, daß von dem Ziel abgerückt wird, Gewalt gegen Frauen zu bekämpfen.

Es ist nicht nur Aufgabe des Referats für Gleichstellungsfragen - Frauenbüro dafür einzutreten, daß Frauen ausreichend Schutz und Hilfe erhalten. Diese Hilfe muß so angelegt sein, daß eine gesellschaftliche Verurteilung der Gewalttäter erreicht wird.

III. Arbeitsweise

1. Quellen

1.1 Sprechstunden

Das Referat für Gleichstellungsfragen - Frauenbüro bietet regelmäßig Sprechstunden an, während derer sich Bürgerinnen und Bürger ohne Voranmeldung an die Mitarbeiterinnen wenden können. Diese Sprechstunden haben eine doppelte Funktion: Einerseits wird den Ratsuchenden direkte Hilfe angeboten, Anregungen und Beschwerden können ohne Formalitäten übermittelt werden, zum anderen ergeben sich aus Einzelproblemen häufig überindividuelle Themen bezüglich derer ein Handlungsbedarf deutlich wird. Die Sprechstunden bilden in dieser Hinsicht wertvolle Informationsquellen über Bereiche, in denen Gleichstellung nicht verwirklicht ist, bzw. Frauen benachteiligt sind.

1.2 Kontakte zu Gruppen, Vereinen, Verbänden usw.

Die Kontaktpflege zu gesellschaftlichen Gruppen ist für kommunale Gleichstellungsstellen eine entscheidende Arbeitsgrundlage. Eine Zusammenarbeit mit Gewerkschaften, Betriebs- und Personalräten, Verbänden, Unternehmen sowie Arbeitsverwaltung hat das Ziel, Informationen und Anregungen weiterzuleiten, zu vermitteln und die Bereitschaft dieser Entscheidungsträger zu erhöhen, Maßnahmen zur Gleichstellung und zur Verbesserung der Situation erwerbstätiger Frauen durchzuführen. Die Kontakte zu Einrichtungen, Vereinen, Initiativgruppen usw. dienen dazu, Erfahrungen über Aktivitäten und Angebote zu sammeln.

1.3 Kontakte zu anderen Gleichstellungsstellen

Zur Anregung und Information dienen auch die Kontakte zu anderen kommunalen Gleichstellungsstellen. Die Besonderheiten der jeweiligen Stadt und die daraus abzuleitenden Handlungen werden dadurch ebenso deutlich wie die Verallgemeinerungsfähigkeit bestimmter Probleme.

1.4 Untersuchungen

Für die Benachteiligung von Frauen in verschiedenen Bereichen werden häufig stereotype Erklärungen abgegeben, die festgeschrieben werden, ohne daß eine nähere Überprüfung stattfindet. Die Frauenforschung hat hierzu wichtige Korrekturen erbracht. Zu besonderen örtlichen Fragen kann es in Ergänzung vorhandener überregionaler Forschung sinnvoll sein, eine Untersuchung durchzuführen. Solche Untersuchungen müssen in ihrer Fragestellung und ihrem Erkenntnisinteresse klar auf kommunale Handlungsmöglichkeiten ausgerichtet sein.

2. Mittel und Methoden

2.1 Öffentlichkeitsarbeit

Die Ziele von Öffentlichkeitsarbeit gehen über die Vermittlung von Informationen hinaus.

Eine Funktion von schriftlichem Material ist die Koordination von Aktivitäten der verschiedenen Gruppen. So besteht in den meisten Städten zwar ein vielfältiges Angebot, z. B. auf kulturellem und sozialem Gebiet, es ist jedoch in der Regel nur Teilgruppen bekannt und wird auch nur von diesen in Anspruch genommen.

Öffentlichkeitsarbeit in Form von Diskussionsveranstaltungen dient dazu, ein Thema bekannt zu machen und auf Veränderungen eines Sachverhaltes hinzuwirken. Deswegen sind die für bestimmte Bereiche zuständigen Stellen dabei zu beteiligen.

2.2 Berichte

Das Referat für Gleichstellungsfragen - Frauenbüro wird nach angemessenem Zeitraum verschiedene Frauenberichte erstellen. Diese werden jeweils einen Problemkreis analytisch darstellen und gleichzeitig Maßnahmen zur Verbesserung der jetzigen Situation beinhalten. Solche Einzelthemen können sein: die Erwerbssituation von Frauen, weibliche Arbeitslosigkeit, Mobilitätsfragen, Gewalt gegen Frauen u. a. Darüber hinaus wird das Referat für Gleichstellungsfragen - Frauenbüro Tätigkeitsberichte vorlegen, die sowohl den Rat als auch die Öffentlichkeit über die Arbeitsweise und -ergebnisse informieren sollen. Gerade in der Anfangsphase wird es dabei wichtig sein, den Bericht in kurzen Zeitabständen vorzulegen (Jahresrhythmus) und mit geeigneter Ausführlichkeit darzustellen (z. B. Kurzdarstellung der an das Referat für Gleichstellungsfragen - Frauenbüro herangetragenen Fragen und Probleme anstelle von Statistiken über Zahl der Beratungssituationen o. ä.). Später wird es informativ sein, einen längeren Berichtszeitraum (mindestens 5 Jahre) zu wählen und darin die Entwicklung der vom Referat für Gleichstellungsfragen - Frauenbüro initiierten Maßnahmen im Verlauf dieser Zeit aufzuzeigen. Daran kann deutlich gemacht werden, daß zur Bearbeitung eines Themas verschiedene, aufeinander aufbauende Schritte nötig sind wie Information der Öffentlichkeit, Kooperationen mit anderen Stellen, Vorlage eines Beschlusses über einzuleitende Maßnahmen sowie Kontrolle der Durchführung dieser Maßnahmen.

2.3 Arbeitskreise

Um kommunalpolitische Ziele mit den Interessen von Frauen und der individuellen Lebensplanung von Männern und Frauen bezüglich der Verteilung von Erwerbs- und Familienarbeit abzustimmen, beteiligt sich das Referat für Gleichstellungsfragen - Frauenbüro an Arbeitskreisen, die zu solchen Fragen existieren. Dadurch wird eine Integration der eingangs aufgeführten übergeordneten Ziele in kommunalpolitische Überlegungen erreicht. Daneben organisiert das Referat für Gleichstellungsfragen - Frauenbüro eigene Frauenarbeitskreise zu bestimmten Fragen (z. B. Situation von Ausländerinnen, Gesundheitsfragen u. ä.) mit Frauen, die in den jeweiligen Themenbereichen tätig sind. Dadurch wird verhindert, daß bei der Neuentwicklung von Konzepten in solchen Bereichen lediglich die Perspektive einer Teilgruppe zugrunde gelegt wird. Diese Frauenarbeitskreise ermöglichen es, einen eigenständigen Frauenansatz zu erarbeiten (wie er sich z. B. bei Frauenhäusern in der Vergangenheit in ähnlicher Weise entwickelt hat).

2.4 Gutachten

Das Referat für Gleichstellungsfragen - Frauenbüro liefert bei Bedarf Stellungnahmen in Form von Gutachten zu geplanten Maßnahmen oder bestehenden Projekten, wenn deren Relevanz für Frauen nachgefragt wird.

2.5 Frauenförderplan für die Stadtverwaltung

Das Referat für Gleichstellungsfragen - Frauenbüro erstellt einen Frauenförderplan, in dem einzelne Vorgehensweisen und Selbstkontrollmechanismen festgesetzt werden, die folgenden Grobzielen dienen:

– Horizontale und vertikale Erweiterung der Beschäftigungsfelder für Frauen,
– Vereinbarkeit von Familienarbeit und Erwerbsarbeit von Männern und Frauen.

2.6 Mitwirkung bei politischen Entscheidungen

Um bei kommunalpolitischen Entscheidungen mitwirken zu können, wird das Referat für Gleichstellungsfragen - Frauenbüro bei der Erarbeitung von Ausschuß- und Ratsvorlagen beteiligt. Das Referat gibt Stellungnahmen ab und hat die Möglichkeit, diese in Sitzungen der Fachausschüsse, des Verwaltungsausschusses, des Rates und der Dezernentenrunde in Absprache mit dem Oberstadtdirektor einzubringen.

2.7 Überregionale Initiativen

Ein Teil der an kommunale Gleichstellungsstellen herangetragenen Probleme bezieht sich auf Themen, die nicht im Zuständigkeitsbereich einer Kommune liegen (z. B. Ungleichbehandlung durch das Rentenrecht, Benachteiligung von Frauen bei Lohneingruppierungen etc.). Zusammen mit anderen kommunalen Gleichstellungsstellen werden Anregungen und Vorschläge an die zuständigen überkommunalen Einrichtungen herangetragen und Kontakte zu Ministerien/ Leitstellen für Frauenpolitik der Bundesländer und dem zuständigen Bundesministerium hergestellt.

3. Abgrenzung zu bestehenden Einrichtungen

Die genannten Arbeitsgebiete des Referats für Gleichstellungsfragen - Frauenbüro berühren sich zum Teil mit denen bestehender Ämter und Einrichtungen. Grundsätzlich sollen die Aufgaben dieser zuständigen Ämter im bisherigen Umfang erhalten bleiben. Das Referat für Gleichstellungsfragen - Frauenbüro wirkt darauf hin, daß Gleichstellungsziele in die Arbeit der zuständigen Stellen integriert werden.

Einzelbeschwerden betreffen häufig Personalangelegenheiten der städtischen Verwaltung. Von einer Gleichstellungsstelle wird als Teil der Verwaltung eine besonders große Einflußmöglichkeit erwartet, die den öffentlichen Dienst in vorbildlicher Weise frauen- und familienfreundlich werden läßt. Die Art der Einflußnahme des Referats für Gleichstellungsfragen - Frauenbüro ist im einzelnen zu klären.

3.1 Zuständigkeitsabgrenzung gegenüber dem Gesamtpersonalrat

Nach dem Personalvertretungsgesetz obliegt es sowohl der Dienststelle als auch dem Gesamtpersonalrat, darüber zu wachen, daß u. a. jede unterschiedliche Behandlung von Personen aufgrund ihres Geschlechtes unterbleibt. Das Referat für Gleichstellungsfragen - Frauenbüro ist Teil der Dienststelle und kann in diesem Rahmen an Personalmaßnahmen beteiligt werden. Als Stabsstelle kann das Referat für Gleichstellungsfragen - Frauenbüro seine Auffassung dem Oberstadtdirektor darlegen und dieser kann als Hauptverwaltungsbeamter tätig werden. Damit unterscheidet sich das Vorgehen des Referats für Gleichstellungsfragen - Frauenbüro von den Kontroll- und Mitwirkungskompetenzen der Personalvertretung. Es kann jedoch Anregungen der Mitarbeiter/innen wie der Personalräte aufgreifen und an die zuständigen Ämter in der Verwaltung herantragen.

3.2 Zuständigkeitsabgrenzung gegenüber dem Personalamt

Als Teil der Verwaltung kann das Referat für Gleichstellungsfragen - Frauenbüro an allen Personalmaßnahmen beteiligt werden, wenn die Benachteiligung von Frauen ausgeschlossen werden soll. Dieses kann bei Stellenbesetzungsverfahren, in verwaltungsinternen Arbeitsgruppen bei Routinegesprächen mit dem Gesamtpersonalrat u. ä. geschehen.

Durch seine Ansiedlung beim Oberstadtdirektor hat das Referat für Gleichstellungsfragen - Frauenbüro die in 3.1 beschriebene Möglichkeit, auf Personalentscheidungen der Stadtverwaltung Einfluß zu nehmen. Darüber hinaus muß die Auffassung des Referats für Gleichstellungsfragen - Frauenbüro im Personalausschuß eingebracht werden, um die Ratsmitglieder über die Verwirklichung von Gleichstellung in der Stadtverwaltung zu informieren. Letzeres ist in Niedersachsen durch eine am 1. Juli 1993 Kraft getretene Änderung der Gemeindeordnung gesetzlich festgeschrieben, einschließlich des Rechts einen frauen- oder gleichstellungsrelevanten Punkt auf die Tagesordnung setzen zu können. Das Rederecht der niedersächsischen Frauenbeauftragten schließt das Recht auf eine von der übrigen Verwaltung abweichende Meinungsäußerung mit ein.

4. Zeitliche Perspektiven

Über 30 Jahre nachdem die Gleichberechtigung von Mann und Frau Eingang in die Verfassung der Bundesrepublik Deutschland fand, wurden die ersten Gleichstellungsstellen eingerichtet. Aus dieser historischen Entwicklung wird deutlich, daß die Verwirklichung von Gleichstellung und der Abbau der Benachteiligung von Frauen nur langsam vonstatten geht. Obwohl kommunale Gleichstellungsstellen angetreten sind, diesen Prozeß zu beschleunigen, ist angesichts eingefahrener gesellschaftlicher Strukturen davon auszugehen, daß die hier formulierten Ziele unter einer Langzeitperspektive gesehen werden müssen und sich nicht von heute auf morgen umsetzen lassen.

Gisela Scheer
Zu Auftrag und Arbeitsweise der kommunalen Gleichstellungsbeauftragten

Im Lauf von gut fünf Jahren Tätigkeit ist mir deutlich geworden, daß bei vielen BürgerInnen immer noch teils unklare, teils auch überzogene Erwartungen (oder Befürchtungen?) bestehen, was eine Gleichstellungsbeauftragte an Aufgaben zu erfüllen hat und was sie dabei zu leisten imstande ist.

Allgemeine Aufgabe

Die weitreichendste und allgemeinste Anforderung ist, daß sie alles tun soll, um diskriminierende strukturelle Barrieren für Frauen innerhalb und außerhalb der Verwaltung sichtbar zu machen und Vorschläge zu entwickeln, wie diese abzubauen seien.

Sie soll sowohl die administrativen wie die politischen Gremien bei allen Vorhaben und Maßnahmen beraten, die Frauen entweder in anderer Weise oder in stärkerem Ausmaß betreffen als Männer.

Dabei hat sie alle diejenigen Frauen und Frauengruppen - oder auch die Männer, so es sie denn gibt - die sich in ihrem je eigenen Arbeits- und Einflußgebiet um Abbau benachteiligter Strukturen bemühen, tatkräftig zu unterstützen.

1. Anlauf- und Clearingstelle

Zunächst fungiert sie als Anlaufstelle, Klärungs- wie Beratungsinstanz für alle Probleme von sehr unterschiedlichen Frauen. Das bedeutet zum einen, daß sie zu allen möglichen Themen umfangreiche Informationen sammeln und den Frauen zur Verfügung stellen muß. Zum anderen heißt es, daß sie ständig ins tagespolitische Geschehen einbezogen ist, ohne jedoch über ein eigenes politisches Mandat zu verfügen.

Sie muß also auf sehr unterschiedliche Fragen hin Stellung nehmen, deren Thematik sich z. B. - zufallsweise ausgewählt - bewegt:

- von der Betreuung in der Grundschule bis zu Regelungen für Prostituierte;
- von Arbeitsplatzkonflikten zu solchen innerhalb von Familien
- von Bauplänen zu Planungen für Fortbildungskurse
- von der Repräsentation von Frauen bei Gewerkschaften zu der bei Arbeitgebervereinigungen

- von der Entwicklung von Sicherheitsmaßnahmen zur Präsentation von Frauen in Kunst und Kunsthandwerk
- von der Kindergartenversorgung zur Rentenreform und ihrer Auswirkungen auf Frauen
- vom Öffentlichen Personennahverkehr zum Wiedereinstieg ins Berufsleben usw.

2. Zuständigkeiten

Ganz gleich, um welches Thema es sich jeweils handelt: es geht nicht darum, daß die Gleichstellungsbeauftragte in einer one-woman-show alles selbst angeht und ausführt. Die Betonung liegt vielmehr darauf, alle Ämter und Institutionen, alle Gruppen oder Personen, die an den einzelnen Sachthemen arbeiten, auf die besonderen Bedingungen oder Schwierigkeiten von Frauen hinzuweisen. Manchmal finden die Betreffenden dann von selbst Lösungswege; manchmal wird es erforderlich, Ideen zu produzieren, Verfahrensweisen zu skizzieren, wie strukturelle Barrieren abgebaut werden können. Letztendlich geht es immer darum, vorhandene Strukturen so zu beeinflussen, daß ein Mehr an Selbstbestimmung, Autonomie und Wachstum für Frauen ermöglicht wird:

- so ist es wichtiger, statt selbst Einzelberatungen in Fällen sexueller Mißhandlung zu leisten, für eine adäquate professionelle Anlaufstelle zu sorgen;
- statt selbst wissenschaftliche Arbeiten zu erstellen, kann es sinnvoll sein, sich in den entsprechenden Gremien für die Einrichtung fachkompetenter Stellen an den Hochschulen einzusetzen oder einen Werkvertrag zu vergeben.
- statt einen eigenen Bericht zur Beschäftigungssituation von Frauen zu erarbeiten, ist es zweckmäßiger, die im Personalamt vorhandenen Ressourcen und dort vorliegenden Daten zu nutzen, die Ausarbeitung jedoch kritisch zu begleiten.

3. Verfahrensweise

Dabei gilt:

ob in bezug auf Stadtplanung oder Sicherheitsmaßnahmen im öffentlichen Raum oder auf die Beschäftigungssituation in der Stadtverwaltung: immer hat die Gleichstellungsbeauftragte darauf zu achten, daß die Interessen, Belange und Probleme von Frauen hinreichend berücksichtigt und nicht vorschnell unter die der Männer subsumiert werden. Sie müssen einen eigenen und gleichstarken Stellenwert wie die der Männer bekommen. Dabei muß man oft im Detail nachzeichnen, wie scheinbar allgemein gültige gesellschaftliche Regelungen tatsächlich aus der Interessenlage von Männern entwickelt worden sind.

Was das praktisch bedeutet, soll am Beispiel des in nahezu allen Aufgabenbeschreibungen enthaltenen „Berichtes zur Situation von Frauen in ...“ erläutert werden:
Im Amt für Stadtentwicklung (oder vergleichbaren Stellen) wird mit mehr oder weniger viel Personal in gewissen Abständen die Entwicklung vielerlei gesellschaftlicher Bereiche untersucht und darüber in den entsprechenden Ausschüssen berichtet: da geht es um soziale oder Freizeiteinrichtungen, um Veränderungen in der Bevölkerungszusammensetzung, demographische Wanderungsbewegungen, Verkehrsströme, um die Entwicklung der Wirtschaft, von Absatzmärkten oder Industrieansiedlungen. Hierbei wird bislang nicht gefragt: Was bedeutet dies jeweils für Frauen? Was bedeutet es für die Männer? Wirkt es sich auf die Geschlechter gleichermaßen aus? Gibt es strukturelle Unterschiede und wie bedeutsam sind sie? Das ist aber streng genommen ebenfalls die Aufgabe dieser Stellen, im Rahmen solcher Berichte jeweils auf die Lebensbedingungen von Frauen einzugehen.
Statt dessen soll häufig die Gleichstellungsbeauftragte - meist ohne weitere personelle Ausstattung und neben allen anderen, eingangs geschilderten Funktionen - auch noch einen eigenen umfassenden Bericht erstellen. Ohne die zusätzlichen Ressourcen der genannten Stellen ist sie mit der Erarbeitung in der Regel überfordert. Gleichzeitig verfestigt sich durch diese Vorgehensweise die Wahrnehmung, gesellschaftliche Entwicklungstendenzen seien im Prinzip unabhängig vom Geschlecht. Nur wären bei Frauen noch einige zusätzliche Probleme zu berücksichtigen.

4. Veränderung des Blickwinkels

Entscheidend ist aber die Veränderung des Blickwinkels, die die vorgefundenen Strukturen nicht als allgemein gültige begreift, sondern sie in ihrer geschlechtsspezifischen Beschränktheit wahrnimmt. Was das bedeutet, läßt sich besonders drastisch an der geltenden Arbeitsteilung zwischen Männern und Frauen und den daraus resultierenden Folgen auf dem Arbeitsmarkt zeigen:

- Die volle zeitliche Verfügbarkeit und mobile Einsetzbarkeit gelten als die Norm auf dem Arbeitsmarkt. Dabei gerät in Vergessenheit, daß Männer nur deswegen dem Arbeitsmarkt voll zur Verfügung stehen können, weil sie i. d. R. die Übernahme der häuslichen Arbeit, die Versorgung und Erziehung der Kinder durch die Frauen sichergestellt wissen.
- Obwohl Frauen somit die Grundlage der Gesellschaft, die nachwachsende Generation, hervorbringen, gilt diese ihre Arbeit nicht als gesellschaftlich notwendige Arbeit, profitieren sie nur bedingt vom Generationenvertrag. Und weil sie das tun, haben sie von vornherein schlechtere Chancen auf dem Arbeitsmarkt, da sie diese private Zuarbeit nicht nur selbst nicht haben, sondern sie zusätzlich meist noch leisten müssen.

Beginnt man einmal den Blickwinkel daraufhin zu verändern, und nachzusehen, in wie vielen Lebensbereichen die gültigen Normen von den Bedingungen und Möglichkeiten der Männer her definiert werden, dann wird das Ausmaß der Arbeit einer Gleichstellungsbeauftragten umrissen.

5. Abgrenzung zur Sozialarbeit

Im allgemeinen wird auch heute noch von vornherein vorausgesetzt, daß die Lebensumstände und somit die politischen Regelungserfordernisse für beide Geschlechter gleich sind. So gesehen erscheinen Probleme von Frauen als zusätzliche soziale Handicaps, wie die von anderen sozial benachteiligten Gruppen, die nach dem Motto „ein bißchen mehr von diesem, ein bißchen mehr von jenem" zu beheben seien - und auf deren Behebung man in Zeiten finanziellen Drucks dann auch leider verzichten muß. Eine solche Sicht bewirkt, daß Gleichstellungsarbeit mit Sozialarbeit verwechselt wird. Dabei geht es um viel Grundsätzlicheres: um volle Teilhabe an gesellschaftlichen Möglichkeiten, um echte Demokratisierung, um Bürgerinnenrechte. Gleichstellung kann von daher nicht allein als Angleichung der Lebensverhältnisse von Frauen an die der Männer verstanden werden. Dieses Verständnis von Gleichstellung führte z. B. in der ehemaligen DDR erst recht zur gesellschaftlichen Ausblendung weiblicher Arbeitsleistungen und der Bedürfnisse von Frauen.

6. Unterschiedliche Lebenswelten

Vielmehr muß der Blick geschärft werden, inwieweit Frauen in anderer Weise oder in stärkerem Ausmaß von gesellschaftlichen Regelungen betroffen werden. Hier nur einige willkürlich ausgewählte Beispiele:

- Kinder zu haben bedeutet für Frauen etwas fundamental anderes, verändert ihr Leben und ihre Lebensplanung in ganz anderer Weise als für die Väter.
- Wohnen, Wohnumfeld und soziale Infrastruktur beeinflussen Arbeit und Privatleben von Frauen i. d. R. ganz anders als es für Männer gilt; die Wohnung ist für die meisten Frauen ein Arbeitsplatz, Kinder müssen transportiert, alte Leute versorgt, Einkäufe getätigt werden. Regelungen des ÖPNV betreffen infolgedessen in besonderer Weise Frauen.
- Erwerbsarbeit bekommt für Frauen einen anderen Stellenwert, da sie fast immer den zweiten Arbeitsplatz Haushalt mit berücksichtigen müssen; d. h. daß sie in bezug auf Flexibilität und Mobilität eingeschränkt sind.
- Sicherheitsbedürfnisse von Frauen im öffentlichen Raum sind ausgeprägter als die von Männern.

7. Arbeitsweise und Methoden

Die Arbeitsweise der Gleichstellungsbeauftragten ist **Exemplarisch - Öffentlich - Kritisch - Positiv - Querschnittshaft.** Was heißt das?
Die Erweiterung und Veränderung des Blickwinkels zu bewirken, verlangt von der Gleichstellungsbeauftragten, auf exemplarische und symbolische Weise Menschen zum Überdenken ihrer Wahrnehmungen zu bringen:

- **nach innen auf der Verwaltungsebene** durch alltägliche Arbeit: durch Teilnahme an den administrativen Gremien; mit Stellungnahmen zu geplanten Vorhaben; mit kritischen Aktenvermerken zur behördlichen Praxis; durch unendlich viele Gespräche und Vorträge bei den KollegInnen;
- **nach außen in die Öffentlichkeit** ausstrahlend, mit öffentlichkeitswirksamen Aktionen; z. B. Theater- und Kabarettaufführungen; mit Diskussionsforen wie Ausstellungen; durch Handbücher und Gutachten; durch Einzelvorträge wie Veranstaltungsreihen;

Das Frauenbüro ist Informationssammel- wie -vermittlungsstelle, Veranstaltungsagentur wie Broschürenverlag, Projektentwicklungs- wie Kontrollorgan, Koordinations- wie Kooperationspartner, Stein des Anstoßes wie Motivationskern für Frauenaktionen.

8. Arbeit für Frauen heißt Zeigen der Arbeit von Frauen

Neben der kritischen Überprüfung geltender Standards im sozialen und öffentlichen Leben geht es darum, alles das, was Frauen scheinbar selbstverständlich leisten, in die öffentliche Wahrnehmung, ins gesellschaftliche Bewußtsein zurückzuholen und positiv zu verstärken. Häufig fehlt Frauen selbst der Zugang zur eigenen Leistung („nur"-Hausfrau vs. „nur"-Berufsmann). Um sich gegen Benachteiligungen auf allen gesellschaftlichen Ebenen wehren und behaupten zu können, brauchen Frauen sehr viel an Ermutigung und Hilfestellung.

9. Differenz und Gleichheit

Gerade die strikte Gleichbehandlung vor dem und durch das Gesetz vor dem Hintergrund sehr unterschiedlicher Lebenswelten mit der an Männern ausgerichteten Normierung und der gesellschaftlichen Ausblendung spezifisch weiblicher Arbeitsleistungen führt dazu, daß die bestehenden Ungleichheiten festgeschrieben oder sogar noch verstärkt werden. Dies zeigt sich im Detail in vielen gesetzlichen Regelungen - ob im Arbeitsrecht ebenso wie dem Sozialhilfegesetz, der Ausbildungsförderung oder in der sozialen Absicherung. Erinnert sei z. B. an die Absicherungen von Zeitsoldaten im Gegensatz zu den geringen Hilfen für Mütter.

Die Gleichstellungsbeauftragte hat eine immense Breite und Vielfalt von Themen unter den jeweils notwendigen juristischen, gesellschaftspolitischen, administrativen, therapeutischen und pädagogischen Aspekten zu bewältigen.

Auch wenn sie nicht überall zur Expertin werden muß, so hat sie sich doch soweit in die einzelnen Bereiche einzuarbeiten, daß sie nicht nur die inneren Sachzusammenhänge und die Rahmenbedingungen einzuschätzen weiß, sondern auch, daß sie qualifiziert Anregungen geben oder Initiativen entwickeln kann.

AUFTRAG UND ARBEITSWEISE DER HAUPTAMTLICHEN KOMMUNALEN GLEICHSTELLUNGSBEAUFTRAGTEN

LAG KOMMUNALE HAUPTAMTLICHE GLEICHSTELLUNGS-/FRAUENBEAUFTRAGTE SCHLESWIG-HOLSTEIN SEPT.1992

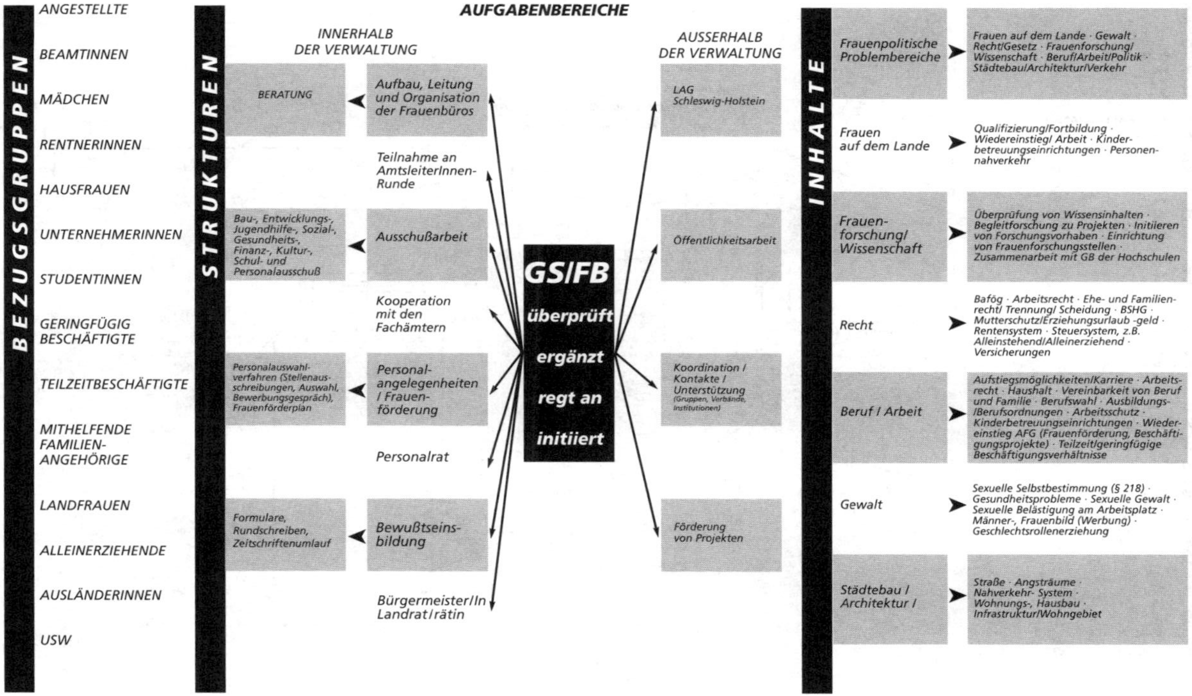

Grafik: Lore Kuntner, Hannover

WIE ARBEITET DAS FRAUENBÜRO ?

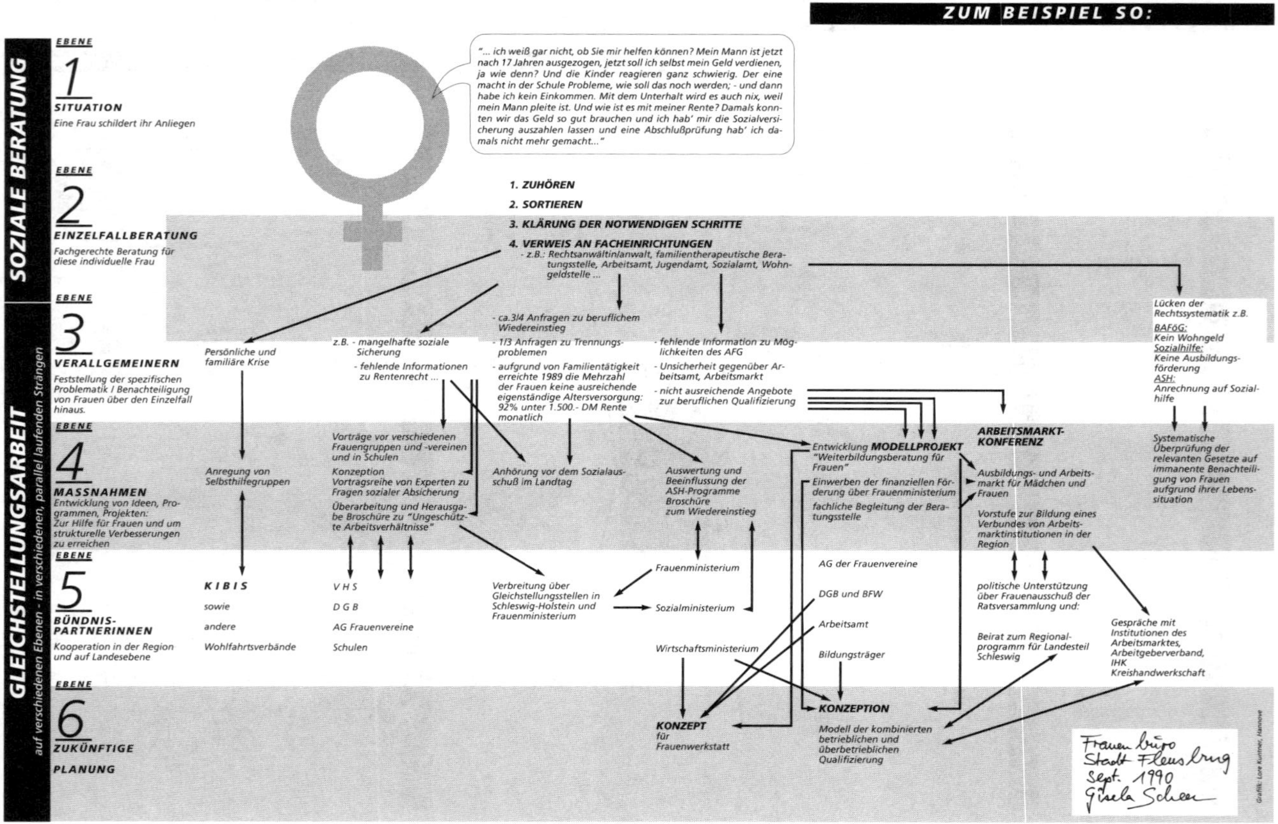

2.

Begleitende Gremien

Christine Müller

„Gleichstellungsausschuß – ja oder nein?"
Ergebnisse einer Umfrage

1992 führte ich eine Umfrage zur Arbeit niedersächsischer Gleichstellungsausschüsse durch. Ziel war, mir selbst ein Bild über deren Arbeit zu verschaffen und die Ergebnisse bei der Vorbereitung eines Göttinger Ausschusses zu berücksichtigen. Seit 1994 gibt es in der Stadt Göttingen einen Gleichstellungsausschuß, der sich aus neun Ratsmitgliedern und vier beratenden Mitgliedern zusammensetzt.

Aus eigener Erfahrung kann ich inzwischen manche positive wie auch negative Einschätzung der seinerzeit befragten Kolleginnen nachvollziehen. Und es ist auch 1995 meine Überzeugung, daß es keine allgemeingültige klare Antwort auf die Frage ***„Gleichstellungsausschuß ja oder nein?"*** gibt. Ein Gleichstellungsausschuß ist ein Instrument, dessen Wirksamkeit nicht von seiner bloßen Existenz, sondern von den konkreten frauenpolitischen Gegebenheiten und handelnden Personen vor Ort bestimmt wird. Deshalb ist es wichtig, eine Art Kosten-Nutzen-Rechnung aufzustellen. Aus der Umfrage lassen sich einige wichtige Fragen für den eigenen Klärungsprozeß ableiten, z.B.

- wie wichtig ist es mir, in meiner kommunalenGebietskörperschaft über den Gleichstellungsausschuß Öffentlichkeit zu bestimmten Themen herzustellen?
- wer betreut den Ausschuß von Verwaltungsseite, welche Arbeitskraft z.B. des Frauenbüros wird damit gebunden, welche anderen Verwaltungseinheiten sollen mit einbezogen werden?
- wer ist im politischen Raum frauenpolitisch engagiert und stellt Anträge, die im Gleichstellungsausschuß beraten und als Beschlußempfehlung weitergeleitet werden?

Im folgenden wird die Auswertung der Umfrage leicht gekürzt veröffentlicht.

1. Zur Anlage der Umfrage

Im August 1992 wurden 99 Frauenbüros in Niedersachsen angeschrieben mit der Bitte, einen Fragebogen zu der Arbeit eines Gleichstellungsausschusses oder einer vergleichbaren Konstruktion auszufüllen. Die Anzahl der angeschriebenen Frauenbüros richtete sich nach dem damaligen Kenntnisstand über vorhandene kommunale Frauenbüros in Niedersachsen.Im Mittelpunkt des Interesses stand die Information über und die Einschätzung von Gleichstellungsausschüssen und vergleichbaren Gremien aus der Sicht von Frauenbüros.

Die Auswertung basierte auf den Antworten von 38 Frauenbüros, die den Fragebogen zurückschickten bzw. sich schriftlich oder telefonisch dazu äußerten[1]. Der Rücklauf betrug 38,4 Prozent. Von den 38 Rückmeldungen meldeten 20 (52,6%) das Nicht-Vorhandensein und 18 (47,4%) das Vorhandensein eines Gleichstellungsausschusses bzw. eines vergleichbaren Gremiums. 18 Fragebogen konnten somit ausgewertet werden.

Die gemeldeten Konstruktionen lassen sich in zwei Gruppen einteilen:
- Sonderkonstruktionen und „unechte“ Gleichstellungsausschüsse (als „unechte“ Gleichstellungsausschüsse bezeichne ich Fachausschüsse, die sich „zusätzlich“ mit Gleichstellungsfragen befassen).
- Gleichstellungsausschüsse.

Beide Gruppen werden nachfolgend näher erläutert, wobei sich die Auswertung der Fragebögen schwerpunktmäßig auf Gleichstellungsausschüsse konzentriert und über Sonderkonstruktionen bzw. „unechte“ Ausschüsse lediglich ein Überblick gegeben wird.

2. Sonderkonstruktionen und „unechte“ Gleichstellungsausschüsse

In insgesamt 5 kommunalen Gebietskörperschaften arbeiten Gremien zu Gleichstellungsfragen, die entweder formal kein Ausschuß sind oder die ein Ausschuß sind, der sich „zusätzlich“ mit Gleichstellungsfragen befaßt.
In der ***Landeshauptstadt Hannover*** arbeitet eine „Kommission für Gleichstellungs- und Frauenfragen“, die sich aus 11 Ratsmitgliedern und 11 Mitgliedern mit beratender Stimme zusammensetzt. Letztere werden auf Vorschlag der Fraktionen benannt.

In der ***Gemeinde Rosdorf*** arbeitet ein „Beirat für die Gleichstellungsstelle“. Dieses Gremium soll frauenspezifische Belange vorberaten, die dann als Empfehlungen im Jugend-, Familien- und Sozialausschuß noch einmal beraten werden.

---

[1] Drei weitere Fragebögen kamen zurück, ohne Aufschluß über die Existenz eines Gleichstellungsausschusses zu geben, und wurden daher nicht in die Auswertung einbezogen.

Einschätzung: Der Beirat ist eine Art „Vorschaltinstanz“ vergleichbar der Kommissionskonstruktion. Positiv zu bewerten ist die umfassende Einbeziehung von Vertreterinnen und Vertretern „externer“ Einrichtungen. In beiden Fällen bleiben die Empfehlungen jedoch in Verbindlichkeit und Gewichtung hinter den Beschlußempfehlungen eines Ausschusses zurück.

Im **Landkreis Verden** befindet sich ein Kreisfrauenrat in Vorbereitung. Soweit es den Richtlinien zu entnehmen ist, stellt der Kreisfrauenrat ein relativ eigenständiges Gremium dar. So soll er beispielsweise auch als Ansprechstelle für Fraueninitiativen, -gruppen und -verbände fungieren, seine Aufgaben und Tätigkeiten im einzelnen selbst bestimmen. Er arbeitet weisungsungebunden und soll den Organen und Gremien des Kreises Anregungen und Empfehlungen unterbreiten. Die Gleichstellungsbeauftragte ist Mitglied im Kreisfrauenrat, ein geschäftsführender Vorstand tätigt die Geschäfte, bereitet die Sitzungen vor und führt die Beschlüsse aus.

Einschätzung: Positiv zu bewerten ist hierbei die Eigenständigkeit des Gremiums. Allerdings müßte erst die konkrete Arbeit zeigen, inwieweit damit auch Einfluß auf die Gremien des Kreises genommen werden kann.

Im ***Landkreis Wolfenbüttel*** existiert ein Ausschuß für Personal- und Gleichstellungsfragen, In diesem Ausschuß werden frauenspezifische Themen behandelt, soweit sie die verwaltungsinterne Gleichstellungsproblematik betreffen (Personalpolitik, Frauenförderrichtlinien). Die **Stadt Bramsche** hat festgelegt, daß der Sozialausschuß der für Gleichstellungsfragen zuständige Fachausschuß ist. In beiden Gebietskörperschaften wurde diese Zuständigkeit mit Beginn der Wahlperiode im Herbst 1991 beschlossen.

Einschätzung: Die Zuordnung zu einem bereits existierenden Fachausschuß kann dem Querschnittscharakter der Gleichstellungsthematik nicht gerecht werden. Vielmehr wird dieser unter das originäre Aufgabenfeld eines Ausschusses subsumiert. Die Zuordnung zu „Personalangelegenheiten“ bzw. „Soziales“ kann nur einen Teil der relevanten Themen abdecken. Daher bezeichne ich diese Konstruktion auch als „unechte“ Gleichstellungsausschüsse.

3. Gleichstellungsausschüsse

In 13 kommunalen Gebietskörperschaften (davon 8 Landkreise, 4 Städte und 1 Gemeinde) gibt es „echte“ Gleichstellungsausschüsse. Dies Ausschüsse wurden mehrheitlich nach der Kommunalwahl Ende 1991 und Anfang 1992 eingerichtet. In einigen Fällen existierte vorher bereits ein Beirat oder eine interfraktionelle Arbeitsgruppe. Die relativ kurze Existenz von Gleichstellungsausschüssen führt dazu, daß oft keine umfassenden Erfahrungen mit deren Arbeit vorliegen.

Die Ausschüsse werden mehrheitlich als Gleichstellungsausschuß oder Ausschuß für Gleichstellungsfragen bezeichnet. Zweimal heißen sie Ausschuß für

Frauen- und Familienfragen. Letztere Bezeichnung ist meines Erachtens abzulehnen, da es der traditionellen Gleichsetzung von Frauen und Familie entspricht, die zwar oft vorgenommen wird, die es jedoch zu überwinden gilt.

Die Sitzungshäufigkeit der Ausschüsse schwankt zwischen zwei- und zehnmal jährlich und beträgt durchschnittlich vier- bis fünfmal pro Jahr.

Die Mitgliederzahl bewegt sich zwischen fünf und elf Mitgliedern und beläuft sich durchschnittlich auf neun Rats- bzw. Kreistagsmitglieder. In fünf Gebietskörperschaften gehören dem Ausschuß Mitglieder mit beratender Stimme an (Ausländerbeirat, Frauenvertreterinnen aus der Kommune, Personalrat, VHS). Diese werden von der jeweiligen Institution benannt und vom Rat / Kreistag bestätigt.

Aufgabenbereich und Arbeitsbeispiele

Die Frage nach einer Definition des Aufgabenbereichs, nach einer positiven und / oder negativen Festlegung des Zuständigkeitsbereiches wurde von zwölf Kolleginnen beantwortet. Sechs Kolleginnen gaben an, daß es überhaupt keine Aufgabendefinition gibt. In einem Fall gibt es lediglich eine Negativbestimmung, d.h. im Gleichstellungsausschuß werden nicht verhandelt: Personalangelegenheiten, Finanzierungsfragen sowie Themen der Jugendhilfeausschüsse. Letzteres führe dennoch in der Praxis zu Überschneidungen. In den fünf positiven Antworten wurden folgende Aufgabenbeschreibungen genannt:

„Beratungen frauenspezifischer Einrichtungen. Nicht behandelt werden soll bislang die Thematik des sexuellen Mißbrauchs (JHA).“

„Kommunale Angelegenheiten, die die Gleichstellung von Frauen und Männern betreffen; Angelegenheiten, die die besondere Situation von weiblichen Minderheiten betreffen, familienspezifische Angelegenheiten, soweit nicht der JHA ausschließlich zuständig ist; Empfehlungen zur Förderung von Einrichtungen, die im Aufgabenbereich des Ausschusses tätig sind; Frauen-Schutzmaßnahmen.“

„Frauen- und familienspezifische Angelegenheiten und Empfehlungen hierzu.“

„Zuständig u.a. für Arbeit zur Verwirklichung des verfassungsrechtlichen Gleichberechtigungsgebotes in der Stadt, Fragen der städtischen Frauenpolitik, sowie Unterstützung im Rahmen der kommunalen Selbstverwaltung; Unterstützung der Aufgaben der Frauenbeauftragten; Anregung und Durchführung von frauenpolitischen Maßnahmen und Veranstaltungen; Förderung der Zusammenarbeit von Frauengruppen, Vereinen und Organisationen unter frauenspezifischen Aspekten; Behandlung frauenrelevanter Themen. Der Ausschuß für Gleichstellungsfragen wird in Angelegenheiten anderer Ausschüsse gehört, wenn diese spezifische Interessen von Frauen oder die Geschlechtergerechtigkeit berühren.“

„Veränderungen und Einflußnahme auf bestimmte Themen, Kontakt zu Parteien, politische und finanzielle Absicherung von Projekten."

Die angeführten fünf Aufgabenbeschreibungen unterscheiden sich in der Ausführlichkeit, spiegeln jedoch alle den Querschnittscharakter von Frauenpolitik wider. Die Formulierungen bleiben relativ allgemein, da frauenspezifische Relevanz nicht a priori zu definieren ist. Der Verweis auf den Jugendhilfeausschuß bzw. die Anhörung des Gleichstellungsausschusses in anderen Fachausschüssen verdeutlichen dies.

Um über die allgemeine Aufgabenbeschreibung hinaus die Arbeit eines Gleichstellungsausschusses transparenter zu machen, wurde u.a. nach Themenbeispielen gefragt, mit denen sich der Gleichstellungsausschuß befaßte. Die Antworten hierauf haben daher Beispielcharakter und decken keineswegs das gesamte Spektrum der möglichen Themen ab. Die Antworten sind im folgenden zusammengefaßt und die Reihenfolge entspricht der Häufigkeit der genannten Themenbereiche.

- Die Tätigkeit des Frauenbüros / der Gleichstellungsstelle wurde insgesamt siebenmal angeführt. Hierbei handelt es sich sowohl um die organisatorischen Arbeitsbedingungen , wie personelle, finanzielle und räumliche Ausstattung als auch um die inhaltliche Tätigkeit in Form regelmäßiger Tätigkeitsberichte.
- Die Situation von Frauen innerhalb der jeweiligen Verwaltung wurde ebenfalls siebenmal als Themenbeispiel genannt. Hierzu gehören die Themen „Frauen in Führungspositionen", „Situation im „Reinigungsdienst", „Fortbildungen", „Frauenförderplan" sowie „Sexuelle Belästigung am Arbeitsplatz".
- Die Tätigkeit von Frauenprojekten (Notruf, Frauenhaus, Mütterzentren) wurde sechsmal angeführt.

Jeweils dreimal wurden folgende Bereiche genannt:
- Bezuschussung von Frauenprojekten bzw. Haushalt
- Ausbildungssituation, Weiterbildungs- und Bildungsangebote für Frauen und Mädchen
- Sexueller Mißbrauch
- Kinderbetreuungssituation

Mit jeweils zwei Nennungen standen auf der Tagesordnung von Gleichstellungsausschüssen die Themen:
- Stadtplanung
- 8. März / Frauenwoche
- Wohnungssituation
- Planung von Frauenprojekten (Mütter-Kind-Treff, Frauenstammtisch)

Einmal angeführt wurden die Arbeitsbeispiele
- geschlechterneutrale Sprache
- Frauen-Nachttaxi

Diese Auswahl verdeutlicht die Bandbreite des Arbeitsgebietes eines Gleichstellungsausschusses und entspricht weitgehend dem Aufgabenfeld von Frauenbüros.

Zusammenarbeit von Gleichstellungsausschuß und Frauenbüro / Gleichstellungsstelle

Der angeführte Tätigkeitsschwerpunkt „Tätigkeit des Frauenbüros" korrespondiert mit den Antworten auf die Fragen nach der Funktion der Frauenbeauftragten. Die Frauenbeauftragte übernimmt mehrheitlich die Geschäftsführung des Ausschusses (zehnmal), d.h. Erstellung der Einladungen und Tagesordnungen in Abstimmung mit der / dem Vorsitzenden, Erarbeiten und Abstimmen der Vorlagen etc. Die Protokollführung wird in acht Fällen vom Frauenbüro übernommen, in zwei Gebietskörperschaften wird hierzu eine Protokollkraft gestellt. Die Frauenbeauftragte berichtet regelmäßig über ihre Arbeit (sechsmal genannt), bearbeitet die Fragen an die Verwaltung und überwacht die Beschlußempfehlungen.

Anregungen für die Tagesordnung des Gleichstellungsausschusses kommen in etwa zu gleichen Teilen von den Ausschußmitgliedern, insbesondere von der Ausschußvorsitzenden, und von der Frauenbeauftragten.

Aufträge an die Frauenbeauftragte beinhalten im wesentlichen Informationsbeschaffung, Berichte zu relevanten Themen, Vorbereitung bestimmer Tagesordnungspunkte, Überprüfung von Finanzierungen, das Erstellen von Konzepten und eines Jahresberichtes.

Der Anteil der Ausschußarbeit an der gesamten Arbeit des Frauenbüros wird prozentual zwischen 5 und 50 Prozent angegeben (einmal 5%, dreimal 10 %, einmal 25 %, einmal 33 %, einmal 50 %). Dreimal wird der Arbeitsaufwand als nicht unerheblich und schwankend charakterisiert.

Aus Sicht der befragten Frauenbeauftragten wird ihre Arbeit im Ausschuß durchgehend charakterisiert als Informationsarbeit sowie als Vorbereitung und Erarbeitung von Beschlußempfehlungen.

Zusammenarbeit des Gleichstellungsausschusses mit anderen Ausschüssen und anderen Ämtern

Insbesondere vor dem Hintergrund, daß der Gleichstellungsausschuß kein klar abgegrenztes Aufgabengebiet hat, sondern dem Frauenbüro entsprechend Querschnittsaufgaben wahrnehmen muß und zugleich von einem sehr kleinen „Fachamt" Frauenbüro von der Verwaltungsseite her betreut wird, ist eine mögliche Arbeitsteilung mit anderen Fachausschüssen wobei die Hinzuziehung anderer Fachämter näher zu beleuchten. Die Umfrage ergibt hierzu folgendes Bild:

Befragt nach einer Arbeitsteilung zwischen Gleichstellungsausschuß und anderen Ausschüssen verneinten sechs Frauenbeauftragte eine solche Arbeitsteilung, wobei einmal darauf verwiesen wurde, daß bislang keine Erfahrungen dazu vorlägen, ebenso sechsmal wurde eine Arbeitsteilung bestätigt. Davon wurde zweimal hinzugefügt, daß eine solche Arbeitsteilung unkoordiniert praktiziert werde. Eine Antwort wird dahingehend erläutert, daß unter der Arbeitsteilung eine Vordiskussion frauenrelevanter Themen im Gleichstellungsausschuß zu verstehen sei. Eine weitere positive Antwort wurde dahingehend ausgeführt, daß gelegentlich gemeinsame Sitzungen, z.B. mit dem Personalausschuß oder Jugendhilfeausschuß, stattfänden.

Befragt nach von anderen Ausschüssen abweichende Beschlußempfehlungen des Gleichstellungsausschusses gab es zum Zeitpunkt der Umfrage in acht kommunalen Gebietskörperschaften noch keine Erfahrungen. Viermal wurde die Frage bejaht, davon einmal eingeschränkt mit dem Hinweis, das dies jedoch wenig Beachtung fände.

Die Beteiligung anderer Fachämter findet in zwei Gebietskörperschaften nicht statt, zwei weitere Antworten weisen darauf hin, daß Anfragen ggf. von der Frauenbeauftragten an die zuständigen Fachämter weitergeleitet werden, daß die Frauenbeauftragte die notwendigen Informationen aus den Fachämtern einholt. Die Beteiligung des Hauptamtes wurde zweimal genannt (Tagesordnung und Protokollerstellung), die Einbeziehung des Personalamtes wurde ebenfalls zweimal angegeben, die des Jugendamtes dreimal, ferner Sozial- und Vermessungsamt.

Die Einbeziehung anderer Fachämter ist sehr unterschiedlich stark ausgeprägt, sie reicht von der regelmäßigen Teilnahme (so in einem Fall das Personalamt) über gelegentliche inhaltliche Information eines Fachamtes zu bestimmten Themen bis hin zu einer lediglich verwaltungsinternen Beteiligung, die vom Frauenbüro koordiniert wird.

4. Schlußbemerkungen

Am Schluß des Fragebogens wurde Raum gegeben für weitere Anmerkungen und Kommentare. Die an dieser Stelle gemachten Ausführungen der befragten Frauenbeauftragten lassen sich im wesentlichen folgendermaßen zusammenfassen:

- Ein Gleichstellungsausschuß ist für das Frauenbüro sehr zeit- und arbeitsintensiv.
- Die Effektivität der Ausschußarbeit hängt von der personellen Besetzung sowie der guten Zusammenarbeit zwischen Ausschuß und Frauenbüro ab.
- Der Ausschuß kann als Forum genutzt werden für öffentliche Stellungnahmen zu Frauenthemen sowie das Einbringen von Frauenthemen in die Fraktionen, andere Ausschüsse und den Rat.

Schlußfolgerungen des Göttinger Frauenbüros aus den dargestellten Umfrageergebnissen:

▶ Zur Zusammensetzung:
Es ist wichtig, den Gleichstellungsausschuß mit frauenpolitisch engagierten Ratsmitgliedern sowie mit Vertreterinnen frauenrelevanter externer Einrichtungen zu besetzen.

▶ Zur Organisation:
Angesichts der Thematik ist es konsequent, daß das geschäftsführende Amt für den Gleichstellungsausschuß das Frauenbüro ist. Die Sitzungshäufigkeit muß den vermehrten Arbeitsaufwand für das Frauenbüro berücksichtigen. Sinnvoll ist daher eine Mindestzahl (z.B. von vier) von Sitzungen festzulegen und bei Bedarf öfter zu tagen. Ferner ist zu überlegen, ob Aufgaben, wie z.B. die Protokollerstellung, an das Hauptamt delegiert werden können.

▶ Zu den Kompetenzen:
Der Gleichstellungsausschuß hat die üblichen Kompetenzen eines Ausschusses, d.h., er gibt Beschlußempfehlungen sowohl an den Rat wie auch an andere Ausschüsse ab.

▶ Zum Aufgabenbereich:
Um die Wahrnehmung der Querschnittsfunktion sicherzustellen, ist es wichtig, die Einwirkungsmöglichkeiten auf andere Fachausschüsse festzulegen. D.h., daß Beschlußempfehlungen des Gleichstellungsausschusses nicht nur Eingang in die Ratsdiskussion finden, sondern auch in die Diskussion anderer Fachausschüsse. Ferner ist eine themenspezifische direkte Einbeziehung anderer Fachämter in die Arbeit des Gleichstellungsausschusses vorzusehen.
Der Aufgabenbereich ist aufgrund des Querschnittscharakters offen zu formulieren, wobei gleichzeitig darauf zu achten ist, daß Schwerpunktthemen für einen bestimmten Zeitraum (z.B. für ein Jahr) festgelegt werden.

Aus Sicht des Göttinger Frauenbüros ist es wichtig, mit der Konstruktion eines Gleichstellungsausschusses den Charakteristika von Frauenpolitik Rechnung zu tragen:

- Frauenpolitik ist kein klar abgegrenztes Politikfeld, sondern liegt quer zu allen anderen Politikfeldern.
- Frauenpolitik findet in großem Ausmaß auch außerhalb von Verwaltung und traditionellen politischen Gremien statt.
- Frauenpolitik muß sich eigene Schwerpunkte setzen und zugleich offen für neue Aufgaben bleiben.

Annegret Bergmann
Frauenbündnis Kiel

Allmonatlich versammeln sich in Kiel Frauen jeden Alters, jeder Herkunft und jeder politischen Orientierung im Referat für Frauen, um Frauenpolitik für Kiel zu machen. Ganz gleich, welches Thema sie sich vornehmen - hinter allen Diskussionen steht die zentrale Frage:

Wie können wir den Blickwinkel von Frauen in Kiel (wieder) erweitern und ihrem Einfluß zu größerem Gewicht verhelfen?

Für die Frauenbeauftragte stellt sich die Frage etwas anders: Wie kann meine Arbeit unterstützt, konkretisiert, kritisch begleitet werden? Wie halte ich den Bezug zur Basis? Manchmal muß die Frage vielleicht auch lauten: Wo gibt es noch eine Frauenbewegung, die mich mitträgt?

Aus Kiel kann ich positive Entwicklungen berichten. Dort gibt es seit kurzem in enger Zusammenarbeit mit mir das Frauenbündnis.

Woher kommt das Frauenbündnis Kiel?

In Kiel bildete sich im Sommer 1993 auf meine Anregung hin ein Streikkomitee, das die Aktionen zum FrauenStreikTag 1994 plante und koordinierte. Nach dem 8. März 1994 beschlossen die meisten Mitglieder, zusammenzubleiben und auf andere Ziele hin weiterzuarbeiten. Die Zusammenarbeit für den Streik hatte die Erkenntnis gefördert, daß Frauen ihre Ansprüche und Anliegen nur dann durchsetzen können, wenn sie jenseits aller politischen und ideologischen Unterschiede gemeinsam handeln, statt sich immer wieder aufsplitten zu lassen.

Zwei Grundvoraussetzungen charakterisieren das Frauenbündnis:

- Es will mit einem Mindestgerüst an Strukturen auskommen, um schnell auf aktuelle Entwicklungen reagieren zu können.
- Es macht auch einzelnen, nicht organisierten Frauen gleichberechtigte Mitwirkung möglich.

Den ganzen Sommer feilten die Frauen an einer gemeinsamen Plattform. Am 7. September 1994 wurde schließlich die „Arbeitsgrundlage“ beschlossen:

1. Der Name der Arbeitsgemeinschaft lautet „Frauenbündnis Kiel“.
2. Das Frauenbündnis Kiel dient der Bündelung frauenpolitisch interessierter Kräfte in Kiel. Es setzt sich grundsätzlich für die Förderung und Gleichstel-

lung aller Frauen ein, ohne Ansehen ihrer gesellschaftlichen Stellung, ethnischen Herkunft oder sozialen Situation. Übergreifendes Ziel des Frauenbündnisses ist, politische Entscheidungen im Interesse von Frauen zu beeinflussen. Dies soll erreicht werden durch

- ▶ stärkere Vernetzung politisch aktiver Frauengruppen und Frauen in Kiel;
- ▶ Verbesserung der Kenntnis und des Verständnisses der Aufgaben und Ziele der verschiedenen Organisationen;
- ▶ gemeinsame Aktionen und Veranstaltungen zur Frauenförderung/Frauengleichstellung in Kiel sowie Abbau von Sexismus und Gewalt gegen Frauen und Mädchen;
- ▶ unmittelbare Einschaltung in die Kommunalpolitik durch Stellungnahmen und durch ständigen Kontakt mit den politisch Verantwortlichen.

3. Das Frauenbündnis Kiel steht allen Kieler Frauen und Frauenorganisationen offen, die die Ziele des Frauenbündnisses mittragen und die Bereitschaft und Möglichkeit zu aktiver Beteiligung mitbringen. Über den Beitritt neuer Frauen und Organisationen entscheiden die Beteiligten des Frauenbündnisses.

4. Jede Gruppe hat zwei Stimmen, nichtorganisierte Einzelfrauen haben eine Stimme. Das Referat für Frauen hat nur beratende und organisatorische Funktion, kein Stimmrecht.

5. Das Frauenbündnis Kiel tagt regelmäßig etwa alle sechs Wochen. Die Termine werden langfristig festgelegt. Themenschwerpunkte und öffentliche Veranstaltungen werden in diesen Sitzungen diskutiert und festgelegt. Die Ergebnisse werden protokolliert. Beschlüsse werden mit einer Zweidrittelmehrheit der Anwesenden gefaßt.

6. Die Federführung des Frauenbündnisses Kiel liegt bei einem Federführenden Ausschuß von fünf Frauen, der aus den Beteiligten durch Los ermittelt wird. Jede einzelne Frau und jede Gruppe hat ein Los und *kann* es einbringen. Der Federführende Ausschuß amtiert jeweils für ein Jahr, beginnend am 1. Oktober. Er wird organisatorisch vom Referat für Frauen unterstützt, bei öffentlichen Veranstaltungen auch von einzelnen Gruppen.

7. Die Aufgaben des Federführenden Ausschusses umfassen

- ▶ Einladung zu den regelmäßigen Sitzungen;
- ▶ Aufstellen der Tagesordnung nach den Wünschen der Mitglieder und eigenen Vorschlägen;
- ▶ Zusendung der Protokolle an die Mitglieder;
- ▶ Vertretung nach außen;
- ▶ Umsetzung der Beschlüsse durch geeignete Maßnahmen (vgl. z. B. P. 2, P. 8)

Einladungen zu öffentlichen Veranstaltungen werden von allen Frauen des Federführenden Ausschusses unterzeichnet.

8. Auf Wunsch jeder Beteiligten kann zu jedem Thema eine Arbeitsgruppe (AG) gebildet werden. Die Ergebnisse der AG werden protokolliert. Die AG arbeiten der Vollversammlung zu, die das weitere Vorgehen bestimmt, wenn eine AG (Zwischen-) Ergebnisse vorlegt.

9. Die Aktionen und Veranstaltungen des Frauenbündnisses Kiel werden nach Bedarf durch die Beteiligten finanziert. Dabei werden nach Möglichkeit Zuwendungen des Landes, des Bundes, der Kommune oder Dritter in Anspruch genommen.

Mehr als vierzig Organisationen und Einrichtungen aus allen Feldern der politischen, religiösen und ideologischen Palette, dazu etwa 20 einzelne Frauen umfaßt das Frauenbündnis zur Zeit. Parteinahe Frauengruppen gehören ebenso dazu wie die Autonomen Frauenreferate und die Frauenbeauftragten der Kieler Hochschulen. Gewerkschafterinnen sitzen neben feministischen Beratungsgruppen und kirchlichen Fraueneinrichtungen. Deutsche und nichtdeutsche Kielerinnen arbeiten zusammen. In seiner jetzigen Zusammensetzung vertritt das Frauenbündnis mehrere tausend Kieler Frauen. Eine genaue Zahl läßt sich nicht ermitteln, weil viele der Organisationen die Mitgliedschaft lokker handhaben, die Beratungseinrichtungen in gewissem Rahmen für sich in Anspruch nehmen, auch für ihre Klientinnen zu sprechen.

Diesen Zusammenschluß habe ich als Frauenbeauftragte angeschoben. Jetzt bin ich beratend im Bündnis tätig; mein Referat unterstützt es in organisatorischen Dingen. Da das Bündnis zur Zeit weder über ein eigenes Vermögen noch über ein organisatorisches Zentrum verfügt, gehört es zum Arbeitsbereich einer meiner Mitarbeiterinnen, für Einladungen, Protokolle, Ablage usw. zu sorgen und die Sprecherinnen inhaltlich zu unterstützen. Weil es sich räumlich anbietet, finden die meisten Sitzungen im Referat für Frauen statt. Dabei liegt das Augenmerk allerdings auf einer zukünftigen Selbständigkeit und Selbstverwaltung des Bündnisses.

Fünf Sprecherinnen vertreten laut Arbeitsgrundlage das Bündnis gegenüber der Öffentlichkeit und koordinieren die Arbeit. Sie werden per Los ermittelt. Für den pragmatischen Ansatz des Bündnisses spricht, daß daraus auf Beschluß der Vollversammlung für das erste Jahr kurzerhand sechs wurden, weil sechs Bewerbungen vorlagen und ein Losverfahren unter diesen Umständen unnötig schien. Die Sprecherinnen setzten sich zusammen aus einer Einzelfrau sowie je einer Vertreterin der Arbeitsgemeinschaft sozialdemokratischer Frauen (ASF), der Demokratischen Frauen-Initiative (DFI), des DGB-Kreisfrauenausschusses, des Frauennetzwerkes zur Arbeitswelt und des Vereins Treffpunkt und Informationsort für Frauen aus der Türkei (TIO).

Aufgrund von Wünschen aus dem Bündnis sind eine Reihe von Arbeitsgruppen (AG) eingerichtet worden, die jedoch noch nicht alle aktiv sind. Die Strukturen der AG-Arbeit sind noch im Werden, was sich auch in der sehr unterschiedlichen Arbeitsweise der einzelnen AG zeigt. Vorrangig beschäftigen sie sich zur Zeit mit Frauenarmut, Arbeitswelt, dem § 218, der Unterstützung und finanziellen Absicherung der Kieler Fraueneinrichtungen und der Öffentlichkeitsarbeit. Die zur Zeit aktivste AG dürfte die „Redaktion“ sein.

Ein Problem teilen alle, die in Kiel Frauenarbeit machen: die Monopolstellung der relativ konservativen Tageszeitung. Wenn über Frauenanliegen berichtet wurde, dann häufig in einer Weise, die diesen Anliegen nicht besonders förderlich war. Häufiger wurden Pressemitteilungen, Jubiläen, Fachtagungen usw. von der Lokalredaktion überhaupt ignoriert. Einzelne engagierte Journalistinnen hatten nicht die Möglichkeit, dies zu ändern.

Im Rahmen des FrauenStreikTages wehrten sich die daran mitwirkenden Organisationen, indem sie sich bei einer öffentlichen Veranstaltung lautstark und witzig über diese Vernachlässigung beschwerten. Nicht zuletzt damit dürfte der Boden bereitet worden sein für ein Projekt, das in ganz Deutschland bisher einmalig zu sein scheint:

Seit dem 8. März 1995 erscheint einmal monatlich „frau + bündig“, die offizielle Sonderveröffentlichung des Frauenbündnisses Kiel in den Kieler Nachrichten. Eine neunköpfige Redaktion aus Frauen des Bündnisses füllt unabhängig von der Gesamtzeitung den redaktionellen Teil und wirbt die Anzeigen (900 mm pro Seite), die als Kostenbeitrag des Frauenbündnisses vereinbart sind. Das Ziel ist bescheiden: Die ersten drei Ausgaben umfaßten jeweils zwei Seiten, mehr wird von den Frauen zur Zeit nicht als erreichbar eingeschätzt.

Die Beziehung der AG „Redaktion“ zum Bündnis ist durch Leitlinien geregelt, die von der Vollversammlung verabschiedet worden sind. In ihnen wird die Unabhängigkeit der Redaktion zugesichert, aber auch die freie Meinungsäußerung für jedes Mitglied des Bündnisses in namentlich gezeichneten Artikeln. Jede Frau hat grundsätzlich die Möglichkeit, zu einem Anliegen einen Artikel in die Sonderveröffentlichung zu bringen. Allerdings hat die Redaktion, ausgehend von geeigneten Anlässen, ein Jahreskonzept aufgestellt, das monatliche Schwerpunkte vorsieht:

- Juni: Lebensplanung von Frauen;
- Juli: Kultur-, Freizeitangebote für Frauen;
- August: „Typische“ Frauenberufe und ihre Konsequenzen;
- September: Ältere Frauen in Kiel;
- Oktober: Frauen und Geld;
- November: Frauen mit Behinderungen
- Dezember: Frauen und Festtage (oder) Frauen und Kommunalpolitik

Als weitere Schwerpunkte sind vorgesehen:

- Nicht erwerbstätige Mütter;
- Obdachlose Frauen in Kiel;
- § 218: neue Entwicklungen;
- Prostitution.

Neben den Schwerpunkten werden immer auch Meldungen über Mitgliedsgruppen oder interessante Entwicklungen, Termine, Leserinnenbriefe, ein zweisprachiger Beitrag (bisher: deutsch-türkisch, -philippinisch, -englisch und -polnisch) sowie eine Rubrik „Wir über uns" für Vorstellungen von Mitgliedern oder AGs des Bündnisses aufgenommen.

Größtes Hindernis für die Berichterstattung ist der mangelnde Platz. Es steht praktisch nur eine Zeitungsseite zur Verfügung, die andere wird von Anzeigen belegt, die natürlich zum Teil auch das Spektrum der Angebote von und für Frauen in Kiel deutlich machen. Ein großer Teil der Annoncen wird von selbständigen Kieler Frauen geschaltet.

Ein weiteres großes Hindernis liegt darin, daß in der Redaktion nur eine Frau mit nennenswerter journalistischer Erfahrung vertreten ist. Bestrebungen, zunächst über den zweiten Arbeitsmarkt eine feste Stelle zu etablieren, die sich um Anzeigenakquisition und um die Organisation der redaktionellen Arbeit kümmern könnte, laufen. Ein Erfolg ist bisher jedoch nicht absehbar.

Erfolgreich hat die Redaktion dagegen - mit Unterstützung meines Referats und des schleswig-holsteinischen Frauenministeriums - eine erste journalistische Fortbildung für sich und andere Interessierte aus dem Bündnis organisiert, die von einer feministischen Journalistin geleitet wurde.

Ähnliche Fortbildungen, z. B. in Moderation, Rhetorik, Gesprächsverhalten, sind geplant. Neben den Fertigkeiten der Auseinandersetzung, in denen sich viele Bündnisfrauen eine intensivere Schulung wünschen, geben solche mehrtägigen Fortbildungen Gelegenheit, auch „außerhalb der Tagesordnung" Gespräche zu führen, Grundsätzliches zu diskutieren und einander besser kennenzulernen - auch dies ein Problem, das noch nicht befriedigend gelöst ist.

Trotz aller Schwierigkeiten erscheint die Erwartung, daß das Frauenbündnis Kiel - mit Unterstützung der Frauenbeauftragten - Bestand haben und neue Ziele finden wird, nicht übertrieben.

Arbeitsgemeinschaft sozialdemokratischer Frauen • ASTA Kiel • Autonomes Frauen-Lesben-Referat der Uni Kiel • AWO-Treff für Mädchen am Mühlenteich • DAG-Frauenarbeitskreis • DGB-Kreisfrauenausschuß • Demokratische Fraueninitiative Einzelfrauen • Deutscher Frauenring • Deutsche Hausfrauen-Gewerkschaft • donna klara e. V. • Evangelisches Frauenwerk • Evangelisches Beratungszentrum • Frauenbeauftragte der FH/PH/Uni Kiel • Frauencafé Kassandra • Frauenhaus-Initiative e. V. • Frauennetzwerk zur Arbeitssituation e. V. • Frauenpolitisches Referat Bündnis 90/Die Grünen • Frauentreff • Frauenreferat der Nordelbischen Kirche • Gegenwind • Haus der Familie • IHRISS • Lerche • Landesfrauenrat e. V. • Mädchentreff Mona Lisa • Notruf und Beratung für vergewaltigte Frauen und Mädchen e. V. • ÖTV-Kreisfrauenausschuß • Pro familia e. V. • §218-Gruppe im Frauenzentrum Kiel • Sozialdienst Katholischer Frauen • Sozialgenossenschaft • TIO • Trau-Dich-Buchladen • VHS-Frauenbeauftragte • Weiterbildungsberatungsstelle für Frauen • W.O.M.A.N.

Provokante Thesen zur Frauenpolitik

Porträt der Juristin und Politikerin Heide Pfarr – Vortrag zum Frauentag in Kiel

Heide Pfarr wurde in Deutschland schlagartig bekannt, als Walter Momper sie 1989 zur Senatorin im ersten (und bisher letzten) Berliner Senat machte, der überwiegend aus Frauen bestand. Zudem war sie Europa-Beauftragte für Berlin. 1991 folgte sie dann dem Ruf als Staatsministerin für Frauen, Arbeit und Sozialordnung nach Hessen.

Von Haus aus ist sie Juristin. In ihr verbindet sich die analytische Klarheit des juristischen Denkens mit den Idealen ihres Engagements für Frauen. Eine ihrer ersten Veröffentlichungen galt der Diskriminierung von Frauen bei der Bezahlung („Lohngleichheit – Zur Rechtsprechung bei geschlechtsspezifischer Entgeltdiskriminierung", mit Klaus Bertelsmann).

„Die Handlungsspielräume für Frauen sind klein", sagt Heide Pfarr. Ihre Erfahrungen schildert sie zum Frauentag in Kiel. Foto Ursula Kelm

In der Politik Maßstäbe gesetzt

Auch in ihrer Karriere hat sie Maßstäbe für Frauen gesetzt: 1974 wurde sie Assistenzprofessorin an der FU Berlin, 1977 Professorin für Arbeitsrecht und bürgerliches Recht an der Universität Hamburg. Dort wurde sie 1984 als erste Frau zur Vizepräsidentin gewählt.

In die wissenschaftliche Arbeit ist sie nach ihrer politischen Karriere auch zurückgekehrt. Zur Zeit lehrt und lebt sie teils in Kassel, teils – mit dem Schwerpunkt „Diskriminierung der Frau im Erwerbsleben" – in Hamburg.

Aus ihren Erfahrungen auf dem politischen Parkett zog sie einige Thesen zu den (eingeschränkten) Möglichkeiten von Frauen, sich frauenpolitisch zu betätigen:

1. Auch diejenigen Institutionen, die in ihre Reihen eine Frauenpolitikerin aufnehmen, sind weit davon entfernt, Frauenpolitik zu unterstützen.
2. Eine Frau, die in Institutionen ernsthaft Frauenpolitik betreibt, muß sich dort unmöglich machen, auch wenn wie noch reizender und liebenswürdiger sein sollte als ich.
3. Frauenpolitik ist Institutionskritik, Frauenpolitik ist Gesellschaftsreform.
4. Die Handlungsspielräume für Frauenpolitik sind klein.
5. Die Solidarität der Frauen ist brüchig.
6. Ohne Wunden und Schrunden läßt die Institution die Frauenpolitikerin nicht.
7. Das täte denen so passen, daß sie uns schon durch ihr bloßes Dasein und Sosein vergraulen können! (Zitat nach „Frankfurter Rundschau" vom 27. August '94)

Am 8. März spricht Heide Pfarr als Gast des Referats für Frauen zum Internationalen Frauentag in Kiel. Ihr Thema auch hier: „Die (Un)Möglichkeit von Frauenpolitik". Die Veranstaltung beginnt um 19.30 Uhr im Ratssaal des Rathauses. (kw)

„Tango zu dritt" – solche Motive sollen eine andere Sichtweise vermitteln. Foto Bremer Krüppelfrauengruppe

Arbeitskreis Behinderungen

Während der Veranstaltungsreihe „Frauen mit und ohne Behinderungen", die das Referat für Frauen im Februar durchführte, wurde häufig die Forderung nach besserer Vernetzung der betroffenen Frauen untereinander laut. Gedacht ist an einen Arbeitskreis, der Einrichtungen, PädagogInnen, MultiplikatorInnen, Projekte und zuständige Stellen einbindet. Ziel des Arbeitskreises soll sein, so Gesa Ebeling, eine der Initiatorinnen, eine breite Informationsbasis zu schaffen, die jederzeit von allen Betroffenen abrufbar ist. Die Vorbereitungen für den Arbeitskreis beginnen im März. Genaue Termine können im Referat für Frauen, Tel. 901-2057, erfragt werden.

Neue Kurse als Bildungsurlaub

Das Frauennetzwerk bietet neue Kurse zur Arbeitssituation (Bildungsurlaub) an. Vom 27. bis 29. März können sich Frauen aus pädagogischen und sozialen Berufen über „Frauen und Macht – Erinnerungsarbeit als Methode in der Bildungs- und Beratungsarbeit" informieren. Ziel ist es, Distanz zur eigenen Erfahrungswelt zu entwickeln. Anmeldungen unter Tel. 678830 bis zum 13. März.

Impressum

Verantwortlich: **Frauenbündnis Kiel**, Postfach 2106, 24020 Kiel, Tel. 0431/565899, Fax. 577056 (H. Riese). Mit Namen gezeichnete Beiträge geben nicht unbedingt die Meinung der Redaktion wieder.
Redaktion: Karen Bartels, Susanne Kalweit, Ruth Kasulke, Brigitte Lindner, Renate Oestergaard, Gila Pietsch-Marx, Christiane Plogsties, Hedda Riese, Wiebke Schmidt.

Frauen fahren mit Frauen

Das Frauen- und Lesbenreferat an der Uni Kiel hat eine Frauenmitfahrbörse gegründet. Es werden MF-Angebote und Gesuche von und für Frauen gesammelt. Der Kasten ist während den AStA-Öffnungszeiten, Montag bis Freitag, 10 bis 14 Uhr, im AStA-Glaskasten (bei der Mensa 1, Audimax) zugängig.

Hit the road, ladies!!!

● Frauenmesse im Kieler Schloß

Für Anfang Oktober plant Barbara Roloff Henoch im Schloß eine Frauenmesse. Firmen, Vereine, Institutionen informieren über Schul-, Berufsausbildung, Weiterbildung, Arbeitslosigkeit und Wiedereinstieg. Großes Rahmenprogramm mit Seminaren, Vorträgen und Workshops. Anbieter wenden sich an Frau Roloff Henoch: Blockshagener Weg 2, 24247 Mielkendorf (Tel. 0 43 47/28 95).

● Infos für Uni-Mitarbeiterinnen

Der Internationale Frauentag ist an der Kieler Uni den nichtwissenschaftlichen Mitarbeiterinnen gewidmet. Am 8. März, 12 bis 14 Uhr, bietet die Frauenbeauftragte im Gebäude Christian-Albrechts-Platz 3 Informationen über neue Gesetze (u.a. Landesgleichstellungsgesetz, Frauenförderrichtlinien) an. Persönliche Beratungen möglich.

● „Arbeit für Alle" im Laden

Der Verein „Arbeit für Alle" in der Lerchenstraße 19a hat einen Informationsladen eröffnet. Montags bis donnerstags von 10 bis 16 Uhr stellt der Verein seine Angebote und Werkstattprojekte vor, u.a. den Unterrichts-Elektrokoffer und das Berufswahlquiz für Mädchen.

● TIO-Treff in neuen Räumen

Der Verein TIO, Treff- und Informationsort für Frauen aus der Türkei, hat neue Räume in der Ringstraße 35. TIO widmet sich der Integration von Kieler Bürgerinnen ausländischer Herkunft. Er bietet Selbsthilfegruppen, Deutschkurse und Infos über berufliche und soziale Entwicklung an.

Termine

8. 3.	9.00–15.30	Ausstellung „Frau und Beruf" des Vereins Arbeit für Alle e. V.	Arbeitsamt Kiel, Adolf-Westphal-Str. 22
8. 3.	19.30	„Schicksal bleibt stumm" – ein Film von Barbara von Poschinger über ein „asoziales" Leben: Betty V. aus Kiel	Haus der Jugend, Heischberg 9, Kronshagen
8. 3.	21.00	*FraaWaasesNet* (Frauenquintett a cappella) spielt zur 8. März-Fete des FrauenLesbenReferats der Uni Kiel; anschließend Disco. Women Only Party!	Hansastr. 48
12. 3.	18.00	Frauen-Doppelkopfturnier	Kassandra, Schaßstr. 4
14. 3.	9.30	Fachtagung „Frauengerechte Stadtentwicklung" des Referats für Frauen der Landeshauptstadt Kiel (Anmeldung Tel. 901-2056)	Kulturviertel, Sophienhof
15. 3.	18.00	Vollversammlung des Frauenbündnisses Kiel (Information Tel. 901-2057)	Referat für Frauen, Holstenstr. 55
19. 3.	15.00	Tanztee für Frauen	Kassandra, Schaßstr. 4
26. 3.	12.30	Eröffnung der Ausstellung „Textildesign" von Maike Johannsen	Kassandra, Schaßstr. 4

frau+bündig

Arbeitsgemeinschaft sozialdemokratischer Frauen • ASTA Kiel • Autonomes Frauen-Lesben-Referat der Uni Kiel • AWO-Treff für Mädchen am Mühlenteich • DAG-Frauenarbeitskreis • DGB-Kreisfrauenausschuß • Demokratische Fraueninitiative Einzelfrauen • Deutscher Frauenring • Deutsche Hausfrauen-Gewerkschaft • donna klara e. V. • Evangelisches Frauenwerk • Evangelisches Beratungszentrum • Frauenbeauftragte der FH/PH/Uni Kiel • Frauencafe Kassandra • Frauenhaus-Initiative e. V. • Frauennetzwerk zur Arbeitssituation e. V. • Frauenpolitisches Referat Bündnis 90/Die Grünen • Frauentreff • Frauenreferat der Nordelbischen Kirche • Gegenwind • Haus der Familie • IHRISS • Lerche • Landesfrauenrat e. V. • Mädchentreff Mona Lisa • Notruf und Beratung für vergewaltigte Frauen und Mädchen e. V. • ÖTV-Kreisfrauenausschuß • Pro familia e. V. • §218-Gruppe im Frauenzentrum Kiel • Sozialdienst Katholischer Frauen • Sozialgenossenschaft • TIO • Trau-Dich-Buchladen • VHS-Frauenbeauftragte • Weiterbildungsberatungsstelle für Frauen • W.O.M.A.N.

Interesse aus anderen Städten zeigt: „Frauenbündnis Kiel" hat bundesweit die Nase vorn

Frauen machen Druck

Allmonatlich versammeln sich in Kiel dreißig bis fünzig Frauen jeden Alters, jeder Herkunft und jeder politischen Orientierung, um Frauenpolitik für Kiel zu machen. Ganz gleich, welches Thema sie sich vornehmen – hinter allen Diskussionen steht immer die zentrale Frage: Wie können wir dem Blickwinkel von Frauen in Kiel (wieder) zu größerem Gewicht verhelfen?

Die ersten Monate galten dem Ziel, eine gemeinsame, von allen respektierte Plattform zu entwickeln. Mehr als vierzig Organisationen und Einrichtungen aus allen Feldern der politischen, religiösen und ideologischen Palette, dazu etwa 20 einzelne Frauen umfaßt das Frauenbündnis.

Woher kommt das Frauenbündnis Kiel?

Der Gedanke, daß Frauen sich zusammenschließen müssen, um ihre Interessen wirkungsvoll zu vertreten, ist so alt wie die Frauenbewegung. Ihm entsprang auch der Aufruf zum „FrauenStreikTag" am 8. März 1994. In Kiel bildete sich auf Anregung der Frauenbeauftragten Annegret Bergmann ein Streikkomitee, das die Aktionen plante und koordinierte. Die Erfahrung der Gemeinsamkeit gab Schwung für neue Perspektiven, das Frauenbündnis bildete sich.

Damit erhält die Kieler Frauenpolitik neue Impulse. Die neugewonnene Kraft wird genutzt, die Vielfalt ist geblieben. Frauengruppen von Parteien gehören ebenso dazu wie die Autonomen Frauenreferate und die Frauenbeauftragten der Kieler Hochschulen. Gewerkschafterinnen sitzen neben unabhängigen Beratungsgruppen und kirchlichen Fraueneinrichtungen. Deutsche und nichtdeutsche Kielerinnen arbeiten zusammen. Das Referat für Frauen der Landeshauptstadt Kiel unterstützt und berät.

Zwei Grundvoraussetzungen charakterisieren das Bündnis:

- Es will mit einem Mindestgerüst an Strukturen auskommen, um schnell auf aktuelle Entwicklungen reagieren zu können.
- Es macht auch einzelnen, nicht organisierten Frauen gleichberechtigte Mitwirkung möglich.

Den ganzen Sommer feilten die Frauen an einer gemeinsamen Plattform. Am 7. September wurde schließlich die „Arbeitsgrundlage" beschlossen:

„Das Frauenbündnis Kiel dient der Bündelung frauenpolitisch interessierter Kräfte in Kiel. Es setzt sich grundsätzlich für die Förderung und Gleichstellung aller Frauen ein… Ziel ist, politische Entscheidungen im Interesse von Frauen zu beeinflussen… durch stärkere Vernetzung… gemeinsame Aktionen und Veranstaltungen… unmittelbare Einschaltung in die Kommunalpolitik… Das Frauenbündnis Kiel steht allen Kieler Frauen und Frauenorganisationen offen, die die Ziele… mittragen" (Auszug).

Das Frauenbündnis Kiel ist nicht das einzige seiner Art. In ganz Deutschland haben Frauen und Frauengruppen neuen Antrieb gewonnen, sich zusammenzuschließen, bis hin zu einem Bundesfrauenbündnis. Nachrichten und zahlreiche Anfragen aus anderen Städten lassen jedoch darauf schließen, daß die Kieler Frauen die Nase vorn haben. Die Arbeitsgrundlage findet bundesweites Interesse. Aktionen nehmen Gestalt an. In seiner jetzigen Zusammensetzung vertritt das Frauenbündnis etliche tausend Kieler Frauen.

Vollversammlung des Frauenbündnisses Kiel: Auch bei sorgfältiger Planung kommen nie alle 90 zur Zeit mitarbeitenden Frauen gleichzeitig zusammen. Foto JKK

Sechs Sprecherinnen vertreten die Vollversammlung gegenüber der Öffentlichkeit und koordinieren die Arbeit:

- **Marion Förster** (Demokratische Fraueninitiative)
- **Sükran Gündüz** (Treff- und Informationsort für Frauen aus der Türkei e. V.)
- **Elke Hartmann** (Einzelfrau)
- **Ruth Kasulke** (AG sozialdemokratischer Frauen)
- **Elisabeth Lenger** (Frauennetzwerk zur Arbeitssituation e. V.)
- **Brigitte Lindner** (DGB-Kreisfrauenausschuß)

Zwar ist der 8. März, der Internationale Frauentag, ein zentraler Tag. 1911 wurde er auf Beschluß der sozialistischen Weltfrauenkonferenz in Kopenhagen unter Führung von Clara Zetkin ausgerufen. Das Frauenbündnis Kiel ist jedoch aus der Erkenntnis entstanden, daß ein Tag im Jahr für Frauen nicht ausreicht.

Die Isolation ist durchbrochen

Mit dem Frauenbündnis Kiel ist es gelungen, die Isolation der Frauen und Frauengruppen untereinander zu durchbrechen und gemeinsam zu handeln. Die Situation von Frauen ist heute sicher besser als 1911. Viele sehen sich nicht als benachteiligt. Sie haben eine sichere Karriere, eine gute Ehe und sind in ihrem Leben mit Recht zufrieden. Aber, gerade Frauen können massiv vom Arbeitsmarkt verdrängt werden; die Gewalt gegen Frauen bleibt ein Problem; die Armut alter Frauen wie auch von alleinerziehenden Mütter ist oft vorprogrammiert.

Die Arbeitsgruppen des Frauenbündnisses beschäftigen sich zur Zeit vorrangig mit Frauenarmut, Arbeitswelt, dem § 218, der Unterstützung und der finanziellen Absicherung der Kieler Fraueneinrichtungen.

Nicht zuletzt produziert das Frauenbündnis „frau+bündig" die Sonderveröffentlichung in den Kieler Nachrichten, von der Sie heute die erste Ausgabe in Händen halten. Sie erscheint in Zukunft regelmäßig einmal im Monat. Für Zuschriften, Unterstützung und konstruktive Kritik ist die Redaktion jederzeit offen. „frau+bündig" will allen Kieler Frauen die Möglichkeit bieten, ihre Anliegen stärker in die Öffentlichkeit zu tragen, als dies bisher der Fall war. (kw/kas)

8. Mart

Yüreyimız çarpiyor 8. Mart için insanligin sesini duyurmaya, ezilen kadinlarin sesini duyurmaya. Dayenismamizi gücümüzü bir kez daha gösterelim,
8. Marta

Tüm kadinlarin gücünü küçümsemeden kölelik zincirlerini gür bir sesle duyurmaya, animsamak için dirilmeye gücümüzü gösterelim
8. Marta

Dünya emekçi kadinlarinin kurdugu bu temelde birer duvar tasi bizlerde koyalim. özgürlük ugruna bize kirakilan bu mesaji tüm dünya kadinlarina ricam sürdürelim
8. Marta

Bizlerde unutmak istemiyoruz, canlarini özgürlük ugruna adayanlari esitlik için yasamini verenleri, özgürlük ve aydinlik için ölen kadinlari karanlik zindan köselerinden bagimsizlik ugruna, yatan kadinlari unutmayalim
8.Marta

Ayse Fehimli

ezilen tüm isçi emekçi dünya kadinlarina selamlar saygilar mutluluklar 8. März

Unser Herz schlägt für den 8. März, die Stimme der Menschen verständlich machen, die Stimme der unterdrückten Frauen verständlich machen. Laßt unser Kraft, Solidarität noch einmal sich zeigen, am 8. März.

Nicht unterschätzen die Kraft aller Frauen, die Ketten der Sklaverei mit mächtigen Stimmen sichtbar machen. Unsere Kraft zeigen, uns auf uns selbst besinnen, am 8. März.

Wir wollen auch einen Stein an euer Fundament legen. Unsere Bitte an alle Frauen dieser Welt: Tragt die Botschaft der Freiheit weiter am 8. März

Wir wollen auch nicht vergessen, die für die Freiheit sich verzehrten und für Gleichberechtigung ihr Leben gaben, auch die Frauen, die in elenden, dunklen Kerkern nach Freiheit und Helligkeit streben, sollen wir nicht vergessen, am 8. März.

Ayse Fehimli aus Kiel

(Übersetzung aus dem Türkischen)

Frauenfreundliche Arbeitszeiten

„Flexible Arbeitszeiten = frauenfreundliche Arbeitszeiten?", fragt der Kreisfrauenausschuß des DGB zum Internationalen Frauentag. Zur Podiumsdiskussion am 8. März, 19 Uhr, im Schleswig-Holstein-Zimmer des Landeshauses kommen Fachfrauen aus Gewerkschaft, Wirtschaft und Politik. Diskutiert werden u.a. die Vier-Tage-Woche, Sonnabendsarbeit, Verlängerung der Ladenschlußzeiten und ihre Auswirkungen. Auflockerung versprechen das Duo „Kaktusblüten" und Rosemarie Kilian (Rezitation).

3.

Frauenförderung in der Verwaltung

Christine Weinbörner „Nichts ist so gut, als daß es nicht noch besser werden könnte“ Frauenförderplan und ergänzende Hinweise

Seit der Verabschiedung des Frauenförderplans durch den Rat der Stadt Krefeld im Jahre 1991 haben (in Krefeld und anderswo) zwei gleichzeitig einsetzende Entwicklungen das bis dahin praktizierte Personalmanagement insgesamt und speziell den Bereich Frauenförderung entscheidend verändert:

1. Die Finanzkrise der Kommunen und die damit einhergehenden Stellenbesetzungssperren, Privatisierungen, Personalabbau und Arbeitsverdichtungen.
2. Die Verwaltungsstrukturreform und ihre Auswirkungen auf Personalentwicklung und Personalwirtschaft bei dezentraler Personalarbeit.

Diese Entwicklungen können nicht losgelöst voneinander betrachtet werden.

Im Zuge von Haushaltskonsolidierung haben einige ehemals bedeutungsvolle Aspekte des Frauenförderplans an Relevanz verloren, (geschlechtsneutrale Stellenausschreibungen, Beteiligung der Frauenbeauftragten an Stellenbesetzungsverfahren). Neue Aufgabengebiete und andere Prioritätensetzungen haben sich ergeben sowohl durch die Verwaltungsstrukturreform selbst als auch die damit einhergehenden Personaleinsparungen.

Diese Entwicklungen sind in ihrer Auswirkung auf Chancengleichheit von Frauen im Beruf und Frauenförderung zunächst durchaus kritisch zu bewerten:

- Die Zahl der Ausbildungsplätze im öffentlichen Dienst wird drastisch reduziert und somit der Einstieg in den Beruf für Mädchen und Frauen erschwert.
- Externe Stellenausschreibungen finden kaum mehr statt.
- Bei internen Stellenausschreibungen und Umsetzungen treten Unterbringungsaspekte in den Vordergrund vor Aspekten der Chancengleichheit.
- Fortbildungsschwerpunkte verschieben sich hin zu betriebswirtschaftlichen und anderen unmittelbar verwertbaren Inhalten.
- Vom personalwirtschaftlichen „Risiko“ Schwangerschaft und Mutterschaft sind Ämter und Bereiche mit einem hohen Frauenanteil überproportional durch Stellenbesetzungssperren betroffen.
- Eine Rückkehr von Teilzeit auf volle Stundenzahl wird mit Hinweis auf zusätzliche Kosten nicht mehr bewilligt.
- Die Arbeitsverdichtung, die durch Personalabbau eintritt, geht überwie-

gend zu Lasten von weiblichen Beschäftigten in den unteren Lohn-, Gehalts- und Besoldungsgruppen.
– Im Rahmen von Lean-Management werden Hierarchieebenen abgebaut und somit wird es auf Jahre keine Aufstiegschancen für Frauen geben.
– Durch Aufgabenkritik, Privatisierung, Auslagerung von Aufgaben werden in hohem Maße Frauenarbeitsplätze abgebaut.
– Durch Dezentralisierung und Budgetierung droht ein Ressortegoismus zu entstehen, der für nicht unmittelbar verwertbare Aspekte und immaterielle Werte in der Personalwirtschaft wenig Raum läßt.

Dennoch oder gerade deshalb bietet die Verwaltungsstrukturreform **die** Chance, bestehende Frauenförderpläne zu novellieren und an die neueren Entwicklungen anzupassen.

Dabei ist zunächst positiv anzumerken, daß Gleichstellungsstellen mit ihren Frauenförderplänen (strategische Zielvorgaben, Maßnahmen, regelmäßige Berichtspflicht) bereits wesentliche Elemente der neuen Steuerungsmodelle seit Jahr und Tag praktizieren.

Das „Produkt Frauenförderung“ (Frauenförderplan) wird künftig auf verschiedenen Ebenen zur Anwendung kommen:

1. Auf der **Steuerungsebene** wird Frauenförderung als Gemeinschaftsaufgabe definiert und werden allgemeingültige Eckpunkte festgeschrieben (z. B. Zielquoten, geschlechtergerechte Personalentwicklungskonzepte, Aus- und Fortbildungskonzepte, Umgang mit Personalpools bei Haushaltssicherungskonzepten, frauengerechte Maßnahmen bei Privatisierung/Auslagerung von Aufgaben etc.)
2. Auf der Ebene der **Steuerungsunterstützung** werden o. a. Maßnahmen entwickelt und z. T. operationalisiert (z. B. Dienstanweisung gegen sexuelle Belästigung am Arbeitsplatz, Bedarfsprüfung für einen Betriebskindergarten, Entwicklung von berufsqualifizierenden Weiterbildungsangeboten für Frauenberufe, die von Personalabbau betroffen sind, familiengerechte Arbeitszeitmodelle).
3. Auf der Ebene der **Personaldienste** stellt die Gleichstellungsstelle Beratungskapazität sowohl für die einzelnen Ämter/Bereiche als auch für die Mitarbeiterinnen zur Verfügung. Sie entwickelt Informationsmaterialien für die Beschäftigten, führt z. B. Fortbildungsangebote selbst durch und betreut spezielle Zielgruppen, wie Wiedereinsteigerinnen.
4. Die **direkte Personalarbeit** wird künftig in den Bereichen durchgeführt. Für die einzelnen Bereiche sind differenzierte Frauenförderpläne zu erstellen, die zum einen eine verbindliche Zielquote zur Erhöhung des Frauenanteils enthalten, zum anderen bereichsspezifische geschlechtergerechte Maßnahmen vorsehen (z. B. familiengerechte Dienstpläne, Anzahl der Teilzeitstellen, Fortbildungsbedarf). Die Beteiligung der Gleichstellungsstelle an allen personalwirtschaftlichen Maßnahmen ist sicherzustellen, möglicherweise durch die

Bestellung von dezentralen Frauenbeauftragten in den Bereichen.

Begleitet wird das Produkt Gleichstellung auf diesen vier Ebenen durch Controlling, das im Sinne von Qualitätssicherung nicht nur die quantitativen, sondern auch die qualitativen Merkmale von Frauenförderung zu beinhalten hat. Dem Controlling kommt zu Zeiten von Personalabbau und Haushaltssicherung eine hohe Bedeutung zu, da spätestens hier auch evaluiert wird, ob die Sparmaßnahmen im öffentlichen Dienst beide Geschlechter gleichermaßen betreffen oder zu Lasten der weiblichen Beschäftigten durchgeführt werden.

Nicht vorgesehen sind bei den bisherigen Controlling-Konzepten Sanktionen, wenn die Vorgaben nicht erreicht wurden.

Denkbar wäre zur Erlangung einer paritätischen Beschäftigung von Frauen und Männern in allen Bereichen und auf allen Ebenen und zur Finanzierung von Frauenfördermaßnahmen eine **Ausgleichsabgabe.** Diese bestünde aus einem noch auszuhandelnden Prozentsatz der Differenz zwischen den Personalkosten, die die Summe aller männlichen Beschäftigten und die Summe aller weiblichen Beschäftigten in den jeweiligen Bereichen verursachen.

Denn: Frauen sind keine Reservearmee, sind keine Begabungsreserve, sondern Innovationspotential bei den anstehenden Aufgaben, denen Kommunalverwaltungen sich in den kommenden Jahren zu stellen haben.

Frauenförderplan für die Stadtverwaltung

„Ich biete ein untrügliches Mittel an, die Würde der Frauen zu heben, nämlich sie mit den Männern an allen Erwerbszweigen teilhaben zu lassen."

Olympe de Gouges, Entwurf eines Gesellschaftsvertrages zwischen Mann und Frau, 1791

„Die Verwandlung der Frauen in eine heimliche Dienstklasse war eine ökonomische Leistung ersten Ranges. Diener für niedere Arbeiten konnte sich nur eine Minderheit der vorindustriellen Gemeinschaft leisten. Im Zuge der Demokratisierung steht heute fast dem gesamten männlichen Bevölkerungsanteil eine Ehefrau als Dienerin zur Verfügung."

John Kenneth Galbraith, Wirtschaft für Staat und Gesellschaft, 1950

Präambel

„Männer und Frauen sind gleichberechtigt" heißt es seit über 40 Jahren im Grundgesetz.

Zwischen Verfassungsanspruch und der sozialen Wirklichkeit von Frauen klafft heute noch eine große Lücke.

Auch der öffentliche Dienst, und Krefeld ist hierin keine Ausnahme, zeigt eindeutig, daß Männer die besseren beruflichen Chancen haben.

Gleichzeitig werden Hausarbeit und Familienaufgaben noch immer als privater Bereich von Frauen definiert. Diese Aufgaben können sie häufig nur mit Hilfe von Arbeitszeitverkürzung und Verzicht auf eine langfristig existenzsichernde Erwerbstätigkeit bewältigen.

Viele Frauen möchten heute beides: einen qualifizierten Beruf ausüben und eine Familie gründen. Die traditionelle Arbeitsteilung zwischen Mann und Frau und die Rolle der Frau als bestenfalls Zuverdienerin entspricht weder der heutigen Lebensplanung von jungen Menschen noch den Erfordernissen des Arbeitsmarktes.

Der Frauenförderplan der Stadt Krefeld muß daher an mehreren Stellen ansetzen, um Frauen die gleichen beruflichen Chancen zu eröffnen wie Männern:

1. Die individuellen Voraussetzungen von Frauen müssen insbesondere durch Fort- und Weiterbildungsmaßnahmen verbessert werden.

2. Die gravierenden strukturellen Benachteiligungen und Schwierigkeiten müssen erkannt und beseitigt werden. Dies setzt auch ein entsprechendes Umdenken bei den meist männlichen Vorgesetzten voraus.
3. Kernstück des Frauenförderplanes sind die Maßnahmen zur Vereinbarkeit von Beruf und Familie. Wenn diese Angebote jedoch nur von Frauen genutzt werden, führt das auf Dauer zu einer einseitigen und unvertretbaren Doppelbelastung. Damit Männer ebenfalls die Möglichkeit erhalten, sich verstärkt Familienaufgaben zuzuwenden, richtet sich dieses Kapitel ausdrücklich an Männer wie Frauen.

Ein schriftlicher Frauenförderplan kann und darf nicht Endprodukt von Gleichstellungsbemühungen sein. Die aufgezeigten Maßnahmen werden möglicherweise zu kontroversen Diskussionen führen, die die notwendige Bewußtseinsarbeit einleiten.

Die Umsetzung wird von allen Beteiligten ein hohes Maß an organisatorischer und inhaltlicher Fantasie, sozialer Kompetenz, intelligenter Beweglichkeit und selbstverständlich viel Ausdauer erfordern.

Frauenförderung geschieht nicht zuletzt unter ökonomischen Gesichtspunkten. Eine Verwaltung kann es sich nicht leisten, auf die Arbeit von qualifizierten Frauen zu verzichten. Dabei gewinnen sogenannte „weibliche" Fähigkeiten wie Kreativität, Intuition, Kommunikationsfähigkeit und Kooperationsbereitschaft zunehmend an Bedeutung, und zwar für Frauen und Männer.

Der Frauenförderplan ist in allen Dienststellen der Stadtverwaltung anzuwenden, einschließlich der Städtischen Krankenanstalten sowie des Cäcilien-Hospitals. Er gilt gleichzeitig für das Hafenamt als städtischen Eigenbetrieb.

Der Frauenförderplan soll durch städtische Vertreter/innen auch in den Beteiligungsgesellschaften umgesetzt werden. Zu ihnen zählen z. B. die Städtischen Werke Krefeld AG, die Wohnstätte - Gemeinnützige Wohnungs AG, die Wirtschaftsförderungsgesellschaft Krefeld mbH und die Seidenweberhaus GmbH.

Da der Frauenförderplan auf einem Ratsbeschluß beruht, haben sich auch der Rat der Stadt Krefeld und die Fraktionen an ihn gebunden.

Selbstverständlich kann der Frauenförderplan nur im Rahmen geltender Gesetze und Verordnungen umgesetzt werden. Dies bedeutet, daß beamtenrechtliche Regelungen und tarifvertragliche Bestimmungen unverändert ihre Gültigkeit haben. Gleiches gilt für die Rechte der Personalvertretungen.

1. Geltungsbereich

Der nachstehende Frauenförderplan gilt für die Stadtverwaltung Krefeld sowie für die städt. Eigenbetriebe.

Die städt. Vertreter/innen in den Beteiligungsgesellschaften sind im Sinne des § 55 Abs. 2 Satz 2 GO NW gehalten, den Frauenförderplan auch dort umzusetzen, soweit nicht Bestimmungen des Gesellschaftsrechts entgegenstehen.

Ab Vergütungsgruppe BAT IV a sind Frauen kaum noch vertreten: auf 364 Männer kommen 125 Frauen. Noch schlechter sieht es für Beamtinnen ab Bes.-Gruppe A 11 aus: 255 Männer stehen nur 35 Frauen gegenüber (5. Verwaltungsbericht zum Frauenförderungskonzept, Stand 1989).

2. Allgemeine Grundsätze

2.1 Zielsetzung

Ziel des Frauenförderplanes ist es, alle Bereiche, Berufe und Funktionen gleichermaßen mit Frauen und Männern zu besetzen.

Wer Artikel 3 Grundgesetz ernst nimmt, muß Bedingungen für eine tatsächliche Chancengleichheit schaffen.

Kinder haben darf keinen Karriereknick bedeuten! (Für Männer hat das auch noch nie gegolten.)

Formulierungsvorschläge zur sprachlichen Gleichbehandlung sind in einem Faltblatt der Gleichstellungsstelle zusammengefaßt. Es ist beim Hauptamt erhältlich.

2.2 Generalklausel

Frauen und Männer sind gleichgestellt. Nach diesem Grundsatz hat sich die gesamte Personalwirtschaft auszurichten.

Unzulässig sind Diskriminierungen jeglicher Art. Eine Regelung oder Maßnahme ist auch diskriminierend, wenn sie sich bei geschlechtsneutraler Formulierung tatsächlich auf Frauen/Männer nachteilig oder seltener vorteilhaft auswirkt und dies nicht anders als mit dem Geschlecht begründet werden kann.

Bei Personalentscheidungen sollen sich für Frauen und Männer insbesondere nicht negativ auswirken:

– Unterbrechungen der Erwerbstätigkeit, Reduzierungen der Arbeitszeit oder Verzögerungen beim Abschluß einzelner Ausbildungsgänge auf Grund der Betreuung von Kindern oder pflegebedürftigen Angehörigen;
– zeitliche Belastungen durch Elternschaft oder die Absicht, von der Möglichkeit der Arbeitsreduzierung Gebrauch zu machen.

2.3 Gleichstellungsverpflichtung

Die Beschäftigten der Stadtverwaltung sind verpflichtet, aktiv auf die Gleichstellung von Männern und Frauen in der Beschäftigung und auf den Abbau bestehender Unterrepräsentanzen hinzuwirken. Hierzu gehört auch die Besetzung von Projektgruppen, Arbeitskreisen und übergeordneten Gremien. Die Erfüllung dieser Verpflichtung ist Aufgabe der Dienstkräfte mit Leitungsfunktionen. Bei der Wahrnehmung ihrer Aufgaben stellt die Stadtverwaltung Krefeld in Wort,

Schrift und Bild die Geschlechterrollen diskriminierungsfrei und gleichstellungsfördernd dar.

3. Stellenbesetzungsverfahren

3.1 Stellenausschreibungen

Frauen sind in ihren Abschlüssen qualifizierter denn je. Mit externen Ausschreibungen können auch diese Fachfrauen für das Auswahlverfahren gewonnen werden.

Alle Stellen sollen grundsätzlich ausgeschrieben werden. Interne wie externe Stellenausschreibungen werden in weiblicher und männlicher Form abgefaßt.Wenn absehbar ist, daß innerbetrieblich für zu besetzende Stellen in „Männerbereichen" und „Männerberufen" („Frauenbereichen" und „Frauenberufen") keine entsprechend geeigneten Bewerberinnen/Bewerber vorhanden oder kurzfristig dafür zu qualifizieren sind, sollte die Stelle extern ausgeschrieben werden. Es ist sicherzustellen, daß allen Beschäftigten der Stadtverwaltung vakante Stellen bekannt werden. Deshalb werden alle Stellenausschreibungen ämterintern sowie an zentraler Stelle in einem Aushang veröffentlicht. Weitergehende Informationen vermittelt das Personalamt, das auch den beurlaubten Kräften zur Verfügung steht.

Sie lesen daher in Stellenausschreibungen für Erzieher/innen den Zusatz: „Die Stadt Krefeld begrüßt ausdrücklich die Bewerbung von Männern."

Für Bereiche, Berufe oder Funktionen, in denen Frauen bzw. Männer erheblich unterrepräsentiert sind, werden Stellenausschreibungen so gestaltet, daß Frauen/Männer gezielt angesprochen und zu einer Bewerbung motiviert werden. Der Ausschreibungstext lautet deshalb wie folgt: „Die Stadt Krefeld begrüßt ausdrücklich die Bewerbung von Frauen/Männern."

3.2 Wahrung der Chancengleichheit im Auswahlverfahren

Das Auswahlverfahren soll so gestaltet sein, daß bei entsprechender Qualifikation Frauen und Männer in Vorstellungsgespräche möglichst zu gleichen Teilen geladen werden.

Auswahlkriterien und Einstellungstests werden auf ihre geschlechtsspezifische Neutralität überprüft.

Engagement und Sensibilität für den Themenbereich der Gleichstellung von Frau und Mann (z. B. im Rahmen von Fortbildungsmaßnahmen erworbene Kenntnisse) können ein zusätzliches Qualifikationsmerkmal sein.

Personalführung und Verhandlungsgeschick erwirbt sich z. B. die Vorsitzende einer Elterninitiative; die Organisation eines Mehrpersonenhaushaltes ist mittleres Management und „Teamfähigkeit" erweisen Frauen täglich in der Familie.

Es ist zu prüfen, ob und wie geleistete Arbeit in der Familie (z. B. Erziehung von Kindern, Betreuung pflegebedürftiger Angehöriger) oder ehrenamtliche Arbeit qualifizierend für die ausgeschriebene Stelle sein kann.

Männer und Frauen dürfen in einem Bewerbungsgespräch nicht befragt werden nach ihrem Kinderwunsch sowie nach der Vereinbarkeit der Versorgung der Kinder mit der künftigen Erwerbstätigkeit.

3.3 Beteiligung der Gleichstellungsstelle am Auswahlverfahren

*Entgegen vieler Mißverständnisse sorgt die Gleichstellungsstelle **nicht** dafür, daß Frauen **bevorzugt** werden.*

Die Gleichstellungsstelle wird in das Auswahlverfahren für Personalentscheidungen einbezogen. Sie erhält den Ausschreibungstext zur Veröffentlichung.

Selbstverständlich gilt in allen Auswahlverfahren das Leistungsprinzip: Eignung, Befähigung und fachliche Leistung. Dies heißt heute, daß eine Frau nur etwas besser und nicht dreimal so gut sein muß wie die männlichen Mitbewerber, um die Stelle zu bekommen.

Ob Frauen bei ***gleicher*** *Qualifikation bevorzugt werden dürfen, entscheiden Bundes- oder Landesgesetze.*

Nach Ende der Bewerbungsfrist wird der Gleichstellungsstelle eine Liste der Bewerberinnen und Bewerber übersandt. Bei internen Ausschreibungen erhält sie außerdem Angaben über Amt, Funktion, Geburtsdatum, Beschäftigungszeit bei der Stadt Krefeld, letzte Beförderung/Höhergruppierung, Besoldungs- bzw. Vergütungsstufe, Datum und Note der letzten Qualifizierung und der letzten dienstlichen Beurteilung.

Die Gleichstellungsstelle wird über die getroffene Vorauswahl sowie die zur Vorstellung geladenen Personen informiert. Für alle externen Bewerberinnen/Bewerber erhält die Gleichstellungsstelle das Bewerbungsanschreiben und den Lebenslauf.

Die Gleichstellungsstelle kann an Vorstellungsgesprächen nach eigenem Ermessen teilnehmen und die hierzu erforderlichen Bewerbungsunterlagen einsehen. Eine Einsichtnahme in Personalakten ist nach Zustimmung der Bewerberin oder des Bewerbers möglich.

Soweit die Gleichstellungsstelle an Vorstellungsgesprächen teilnimmt und sie die Personalentscheidung nicht mittragen kann, hat sie die Möglichkeit, eine abweichende Stellungnahme dem/der Vorsitzenden der Vorstellungskommission zur Kenntnis zu geben.

4. Ausbildung

4.1 Zugang zu Ausbildungsberufen

„Die Ehegatten regeln die Haushaltsführung im gegenseitigen Einverständnis.“ (§ 1356, Abs. 1, Satz 1 BGB)

Frauen und Männer haben gleichen Zugang zu allen Ausbildungsberufen.

Bei der Vergabe von Praktikumsplätzen soll darauf geachtet werden, daß Mädchen auch im gewerblich-technischen und Jungen auch im sozialen/hauswirtschaftlichen Bereich eingesetzt werden. Die Schulen werden frühzeitig auf die vorhandenen Möglichkeiten aufmerksam gemacht.

4.2 Ausbildungsinhalte

„Beide Ehegatten sind berechtigt, erwerbstätig zu sein.“ (§ 1356, Abs. 2, Satz 1 BGB)

Das Thema „Berufs- und Lebensplanung von Männern und Frauen“ wird in die Ausbildungsinhalte aufgenommen. Die Bedeutung der Aus- und Weiterbildung für die Lebensplanung der Frauen wird ebenso bewußt gemacht wie die sich gesetzlich ergebende partnerschaftliche Verantwortung für Kindererziehung und Haushaltsführung der Männer.

4.3 Ausbildungsbeauftragte

Die Ausbildungsleitung wirkt darauf hin, daß verstärkt Frauen die Aufgabe einer Ausbildungsbeauftragten wahrnehmen.

5. Fort- und Weiterbildung

5.1 Allgemeine Grundsätze

„Das Fortbildungsangebot wird überwiegend von Männern genutzt.“ (5. Verwaltungsbericht zum Frauenförderungskonzept, 1989)

Die Personalverwaltung stellt sicher, daß alle Beschäftigten und Beurlaubten rechtzeitig über sämtliche Fort- und Weiterbildungsveranstaltungen informiert werden. Veranstaltungen, die sich gezielt an Frauen richten, werden in gesonderten Informationsblättern zusammengefaßt.

Dabei lohnt sich gerade für Frauen ein Blick in das Fortbildungsprogramm der Stadt Krefeld. Erhältlich ist es beim Personalamt.

Fortbildungsmaßnahmen werden räumlich und zeitlich so gestaltet, daß auch Teilzeitbeschäftigten sowie Mitarbeiterinnen und Mitarbeitern mit Familienpflichten eine Teilnahme möglich ist. Kinderbetreuung wird bei Bedarf angeboten.

Fortbildungsveranstaltungen sind dienstliche Veranstaltungen im Sinne des Dienstunfallrechts. Entstehende Fahrtkosten werden erstattet. Bezüge oder Arbeitsentgelte werden den beurlaubten Beschäftigten aus Anlaß der Teilnahme jedoch nicht gewährt.

Die Vorgesetzten motivieren insbesondere Frauen zur Teilnahme an Fortbildungsveranstaltungen. Beurlaubten Kräften wird die Teilnahme an den Angestellten-Lehrgängen I und II auf Wunsch ermöglicht.

Es ist darauf zu achten, daß verstärkt Dozentinnen eingesetzt werden.

5.2 Fortbildungsinhalte

Es werden gezielt Seminare für Frauen angeboten, in denen Themen frauenspezifisch behandelt werden. Hierzu zählen insbesondere Motivations- und Selbstbehauptungstraining, Rhetorik-Kurse, Seminare zur Wiederaufnahme der Berufstätigkeit, Seminare zur Vorbereitung auf die Übernahme von Führungsaufgaben, Seminare zum Thema sexuelle Belästigung und Gewalt am Arbeitsplatz.

Bei der Gestaltung der Fortbildungsprogramme wird das Thema „Gleichstellung von Frauen und Männern" integriert. Dieser Bereich wird insbesondere in Veranstaltungen thematisiert, die sich an Beschäftigte mit Aufgaben der Personalführung oder Arbeitsorganisation und an Personalräte richten, sowie an Beschäftigte, die sich auf solche Aufgaben vorbereiten. Gleiches gilt für die Fortbildung der Ausbilder/innen und Beschäftigte im Erziehungsbereich. Hintergründe der Ungleichbehandlung von Frauen und Männern werden in diesen Seminaren aufgedeckt sowie eigene Vorurteile und persönliche Einstellungen reflektiert. Entsprechende Konzepte werden unter Beteiligung der Gleichstellungsstelle entwickelt.

5.3 Fortbildung für besondere Beschäftigtengruppen

Für Beschäftigte in den untersten Lohn- und Gehaltsgruppen ohne Aufstiegsmöglichkeiten werden spezielle Fortbildungsmaßnahmen angeboten. Hierdurch soll ihre berufliche Qualifikation verbessert und ihnen die Übernahme anderer oder höherwertiger Aufgaben sowie der Einstig in andere Berufsfelder ermöglicht werden.

Putzen und Schreiben zu niedrigen Löhnen muß nicht lebenslängliche Sackgasse sein!

Insbesondere Reinigungskräften werden Orientierungskurse zum Wiedereinstieg in einen ehemals erlernten Beruf oder einen anderen Bereich angeboten.

Schreibkräfte werden im Bereich der modernen Bürokommunikation fortgebildet und auf Wunsch im Hinblick auf die Übernahme sachbearbeitender Tätigkeiten qualifiziert.

Für Beschäftigte, die sich aus familiären Gründen beurlauben ließen, werden spezielle Fortbildungsmaßnahmen möglichst vormittags angeboten mit dem Ziel, den Wiedereinstieg in das Berufsleben zu ermöglichen.

5.4 Fortbildungsbeauftragte

Die Funktion einer/eines Fortbildungsbeauftragten soll zusätzlich von den Ausbildungsbeauftragten wahrgenommen werden. Zum Aufgabenbereich gehören u. a. gleichstellungsrelevante Themenvorschläge für das Fortbildungsprogramm und die Motivation von Mitarbeiterinnen zur Teilnahme. Die Tätigkeit der/des Ausbildungs- bzw. Fortbildungsbeauftragten wird in die Arbeitsplatzbeschreibung aufgenommen.

6. Vereinbarkeit von Familie und Beruf

6.1 Zielsetzung und Information

Auch wenn Gesetze und Tarife „einen Berufsausstieg“ bis zu 15 Jahren ermöglichen, muß allen klar sein:

Mit jedem Jahr Berufspause wird der Qualifikationsverlust größer und der Rentenanspruch geringer.

Daher prüfen Sie bitte zusätzlich alle Möglichkeiten des Frauenförderplans, flexibel Beruf und Familie zu vereinbaren.

Die Stadt Krefeld erleichtert ihren Beschäftigten mit betreuungsbedürftigen Kindern/Angehörigen die Vereinbarkeit von beruflichem Engagement und familiären Aufgaben. Dies kann durch begrenzte Beurlaubung und vorübergehende Arbeitszeitreduzierung erreicht werden, mit dem Ziel, familienbedingte Ausfallzeiten so gering wie möglich zu halten.

Übrigens

Der Erziehungsurlaub kann zwischen Vater und Mutter aufgeteilt werden. Während des Erziehungsurlaubs können Sie bis zu 19 Stunden wöchentlich beim eigenen Arbeitgeber beschäftigt sein.

Insbesondere Alleinerziehenden und Auszubildenden wird eine Beibehaltung des Beschäftigungsverhältnisses bei der Stadt Krefeld ermöglicht, damit der Lebensunterhalt sichergestellt ist.

Auf Möglichkeiten der Vereinbarkeit von Beruf und Familie werden auch die Männer hingewiesen.

Alle Beschäftigten werden durch das Personalamt über die gesetzlichen und tarifvertraglichen Bestimmungen bezüglich der Freistellung (z. B. bei der Betreuung von Kindern), der Reduzierung der Arbeitszeiten, der flexiblen Gestaltung der Arbeitszeiten und der persönlichen finanziellen und beruflichen Konsequenzen informiert.

Über die bereits gesetzlich und tarifvertraglich festgelegten Möglichkeiten der Beurlaubung und Arbeitszeitverkürzung hinaus bietet die Stadt Krefeld Beschäftigten mit betreuungsbedürftigen Kindern/Angehörigen folgende weitergehende Regelungen:

6.2 Beurlaubung und Wiedereinstieg

Einem Antrag auf Beurlaubung aus familiären Gründen wird generell stattgegeben, es sei denn, zwingende dienstliche Gründe stehen dem entgegen.

Frauen und Männern, die Erziehungsurlaub beanspruchen oder aus familiären Gründen beurlaubt sind, wird die Möglichkeit gegeben, ihre berufliche Qualifikation zu erhalten oder zu verbessern, z. B. durch Vertretungstätigkeiten oder stundenweise Erwerbstätigkeit.

Nach Beendigung der Beurlaubung wird auf Wunsch die Rückkehr an den alten Arbeitsplatz ermöglicht, soweit nicht zwingende dienstliche Gründe dem entgegenstehen.

Während der Beurlaubung aus familiären Gründen wird durch eine Ersatzkraft oder entsprechende organisatorische Regelung eine Vertretung gewährleistet. Dies gilt möglichst für die Zeit des Mutterschutzes, zwingend für die Zeit des Erziehungsurlaubes und ggf. anschließender Beurlaubung.

Die Abwesenheit wegen Mutterschutzes oder Beurlaubung aus Gründen der Kindererziehung darf nicht zu einer unvertretbaren Mehrbelastung der übrigen Mitarbeiter und Mitarbeiterinnen führen.

Die Sicherstellung einer Vertretung oder die zügige Wiederbesetzung dieser Stellen sind Maßnahmen, um eine positive Haltung gegenüber der Beschäftigung von jungen Frauen und Müttern sowie engagierten Vätern bei Kolleginnen, Kollegen und Vorgesetzten zu erreichen. Es ist ein Konzept zu entwickeln, für welche Arbeitsplätze bei der Stadtverwaltung Reservestellen eingerichtet werden können, ohne zu einer nicht vertretbaren Überbesetzung zu kommen.

Denkbar sind somit z. B. Arbeitsverhältnisse mit 1/2, 2/3 oder 3/4 der wöchentlichen Normal-Arbeitszeit.

Die Umsetzung von Teilzeit in Führungspositionen ist auch für die Stadtverwaltung Krefeld noch „Neuland". Doch woanders gibt es positive Beispiele:

- Beim Regierungspräsidenten Köln teilen sich 2 Frauen im höheren Dienst die Dezernentinnenstelle für den Bereich Schulverwaltung und Schulbau.

- In Göttingen ist die Abteilungsleitung „Grundstücksverkehr" im Liegenschaftsamt auf 30 Wochenstunden reduziert worden, indem einige Aufgabenbereiche delegiert wurden.

- In Düsseldorf teilen sich 2 Frauen die Leitung einer Außenstelle im Amt für soziale Dienste.

- Im Kölner Jugendamt ist eine Abteilungsleitung (BAT 1 a) geteilt.

6.3 Teilzeitbeschäftigung

6.3.1 Allgemeine Grundsätze

Teilzeitarbeit im nachfolgenden Sinn ist die Reduzierung der täglichen oder wöchentlichen Arbeitszeit auf ein Maß, das sowohl die tarifvertragliche Absicherung des Arbeitsverhältnisses als auch eine sozialversicherungspflichtige Tätigkeit garantiert. Die reduzierte Arbeitszeit liegt unterhalb der Regelarbeitszeit für Vollzeitbeschäftigte, kann aber ausdrücklich mehr als die übliche Halbtagsarbeit umfassen. Durch den Umfang der Teilzeitbeschäftigung sollte ein Einkommen gewährleistet sein, das insbesondere Alleinerziehenden eine eigenständige Lebensgrundlage sichert. Während des Erziehungsurlaubes ist auf Wunsch die Aufrechterhaltung eines Arbeitsverhältnisses zu gewährleisten, das keine volle Erwerbstätigkeit im Sinne des Bundeserziehungsgeldgesetzes begründet.

Alle Arbeitsplätze gelten grundsätzlich als teilbar. Dies gilbt auch für Leitungsfunktionen. Anträgen auf Arbeitszeitreduzierung ist stattzugeben, es sei denn, es liegen nachgewiesenermaßen organisatorische oder funktionelle Voraussetzungen vor, die eine Teilbarkeit unmöglich machen. Bei Beförderungen und Höhergruppierungen sollen Mitarbeiter und Mitarbeiterinnen keine Nachteile aus einer Teilzeitbeschäftigung erleiden.

6.3.2 Verfahren bei der Arbeitszeitreduzierung bzw. Rückkehr in die Vollzeitbeschäftigung

Bei Verringerung oder Erhöhung der wöchentlichen Arbeitszeit erfolgt auf Wunsch der/des Beschäftigten der Einsatz im bisherigen, in jedem Fall in einem vergleichbaren Arbeitsgebiet.

Die durch Reduzierung der Arbeitszeit anfallenden Reststellen sollen wiederbesetzt werden. Restarbeitszeiten mit weniger als der Hälfte der tariflich festgelegten Arbeitszeit sollen nach Möglichkeit amtsintern zu neuen Stellen zusammengefaßt werden.

Restarbeitszeiten sind Beschäftigten, die sich im Erziehungsurlaub befinden oder beurlaubt sind, vorrangig anzubieten.

Auch die Lage der Arbeitszeit kann sich von den sonst üblichen Zeiten unterscheiden. Einige wollen vielleicht nur vormittags arbeiten, andere eher nachmittags und für manche ist es günstiger 2 1/2 Tage in der Woche zu kommen.

Diese Zeiten müssen natürlich mit dem Fachamt abgestimmt werden.

Die Arbeitszeit wird insbesondere für Alleinerziehende flexibel nach den Wünschen der Betroffenen und deren maximaler wöchentlicher Arbeitszeitleistung umgesetzt. Dies bedeutet, daß Teilzeitbeschäftigte, bei Bedarf nicht an die Kernarbeitszeiten oder Regelarbeitszeiten gebunden sind und auf Wunsch der Beschäftigten die Arbeitszeit in Abstimmung mit der Beschäftigungsstelle variabel auf bestimmte Stunden oder Wochentage festgelegt werden kann, sofern dienstliche Belange dem nicht entgegenstehen.

6.3.3 Fortbildungsmöglichkeiten

Teilzeitbeschäftigte können an betrieblichen Fort- und Weiterbildungsmaßnahmen teilnehmen und werden hierfür freigestellt. Soweit die Fortbildungsmaßnahme die übliche tägliche Arbeitszeit übersteigt, wird ein Ausgleich durch Freizeit oder Entgelt sichergestellt. Für Teilzeitkräfte werden spezifische Fortbildungsveranstaltungen angeboten, die die besondere Situation der Teilzeitbeschäftigten thematisieren (z. B. Vereinbarung von Familie und Beruf, Möglichkeiten des beruflichen Aufstiegs).

6.4 Arbeitszeitregelungen

Die Inanspruchnahme „familienfreundlicher Arbeitszeiten" durch Frauen und Männer wird erleichtert. Bei der Gestaltung von Dienst- und Urlaubsplänen werden die Belange von Eltern vorrangig berücksichtigt. Väter und Mütter erhalten im Einzelfall die Möglichkeit, ihre Arbeitszeit mit den Öffnungszeiten der Kindertagesstätte, Schule und sonstigen Betreuungsstätten abzustimmen, selbst wenn die Kern-Arbeitszeit bzw. Regelarbeitszeit hiervon berührt wird.

6.5 Betriebskindergärten

Die Stadt Krefeld prüft den Bedarf und die Realisierungsmöglichkeiten eines städtischen Kindergartens für die Kinder der Beschäftigten der Stadtverwaltung Krefeld und die Bewohner/innen des umliegenden Stadtteils. Anhand eines Fragebogens ermittelt das Jugendamt in Zusammenarbeit mit dem Personalamt und der Gleichstellungsstelle den potentiellen Bedarf.
Im Falle einer Realisierung richten sich das pädagogische Konzept, die Altersmischung der zu betreuenden Kinder sowie die Öffnungszeiten nach den Erfordernissen der Eltern bzw. nach der Arbeitszeit bei der Stadtverwaltung Krefeld.

7. Generelle Personal- und Organisationsangelegenheiten

7.1 Beteiligung der Gleichstellungsstelle

Die Gleichstellungsstelle erhält Gelegenheit zur Stellungnahme aus ihrer Sicht zu Rationalisierungs-, Technologie- und Organisationsangelegenheiten. Hierzu zählen insbesondere Maßnahmen der technischen Rationalisierung, Heimarbeit, moderne Bürokommunikation, Privatisierung, Arbeitszeitregelung und Beschäftigungsprogramme.

7.2 Personalangelegenheiten

7.2.1 Stellenbesetzungssperren

In Ämtern, in denen überwiegend Frauen beschäftigt sind, sollen Stellen, die durch die Abwesenheit wegen Mutterschutz oder Erziehungsurlaub nicht besetzt sind, von Stellenbesetzungssperren ausgenommen werden.

7.2.2 Geringfügige Beschäftigung

Die Stadt Krefeld läßt geringfügige Beschäftigungsverhältnisse nur im Ausnahmefall zu. Vorrangig sollen Personen ausgewählt werden, die über eine eigene soziale Absicherung verfügen (z. B. Studenten/Studentinnen oder Rentner/innen mit geringem Einkommen).

7.3 Organisationsangelegenheiten

7.3.1 Erfassung geschlechtsspezifischer Daten

Statistiken, Erhebungen und Analysen sollen in der Personalverwaltung geschlechtsspezifisch erfaßt werden. Die entsprechenden Voraussetzungen sind im Rahmen der Datenverarbeitung und Technikunterstützten Informationsverarbeitung (TUIV) zu schaffen. Soweit entsprechende Verfahren in Zusammenarbeit mit dem KRZN erstellt werden, setzt sich die Stadt Krefeld für eine geschlechtsspezifische Datenerfassung ein.

7.3.2 Verfahren und Vordrucke

Alle Verfahren und Vordrucke innerhalb der Stadtverwaltung Krefeld sind den Bestimmungen des Frauenförderplans anzupassen.

7.3.3 Mischarbeitsplätze

Die Arbeitsorganisation der Stadtverwaltung hat sicherzustellen, daß Schreibarbeitsplätze abgebaut und in Mischarbeitsplätze umgewandelt werden, so daß neben Schreibtätigkeiten auch sachbearbeitende Verwaltungstätigkeiten zu erledigen sind. Die Schreibkräfte sind entsprechend zu qualifizieren.

8. Sexuelle Belästigung am Arbeitsplatz

Nach einer ersten bundesweiten und branchenübergreifenden Untersuchung der Bundesfrauenministerin Angela Merkel haben 72 % der Frauen an ihrem Arbeitsplatz Vorkommnisse erlebt, die sie mehrheitlich als sexuelle Belästigung einstufen.

Sexuelle Handlungen am Arbeitsplatz haben zu unterbleiben. Dies gilt insbesondere für sexuelle Belästigung am Arbeitsplatz. Hierzu gehören z. B. unnötiger Körperkontakt, Bemerkungen sexuellen Inhalts, ferner ungeziemende Bemerkungen, Kommentare oder Witze über das Äußere von Beschäftigten, Zeigen pornographischer Darstellungen am Arbeitsplatz sowie Aufforderung zu sexuellen Handlungen.

Insbesondere Dienstkräfte mit Leitungsaufgaben haben sexuellen Belästigungen von Beschäftigten entgegenzuwirken und bekanntgewordenen Fällen sexueller Belästigung nachzugehen.

Die Beschwerde von Betroffenen darf nicht zu deren Benachteiligung führen.

9. Bestandsanalyse

Die Verwaltung legt dem Verwaltungsausschuß des Rates der Stadt Krefeld zum 15. Mai eines jeden 2. Jahres, erstmals zum 15. Mai 1993 für die fünf vorangegangenen Kalenderjahre einen Bericht vor, der Aussagen über die Umsetzung des Frauenförderplans sowie statistische Daten zur Entwicklung der Beschäftigtenstruktur enthält.

Die Bestandsanalyse für die städt. Krankenanstalten und das Cäcilienhospital werden dabei getrennt durchgeführt.

Der Bericht enthält folgende Aussagen:

1. Personalwirtschaftliche Situation

1.1 Zahl der vollzeit- und teilzeitbeschäftigten Frauen und Männer, differenziert nach Besoldungs-, Vergütungs- und Lohngruppen sowie wöchentlichem Arbeitszeitvolumen;

1.2 Zahl der Frauen und Männer in Funktionsstellen ab der Ebene der Sachgebietsleitung;

1.3 Zahl der Frauen und Männer, die sich beworben haben, die sich persönlich vorgestellt haben und die eingestellt worden sind, differenziert nach Besoldungs-, Vergütungs- und Lohngruppen und differenziert nach internen und externen Ausschreibungen;

1.4 Zahl der Frauen und Männer, die sich um eine Ausbildung oder Einstellung in den Vorbereitungsdienst beworben haben, die sich vorgestellt haben und die eingestellt worden sind, getrennt nach Ausbildungsberufen bzw. Laufbahngruppen;

1.5 Zahl der beförderten und höhergruppierten Frauen und Männer, differenziert nach Besoldungs-, Vergütungs- und Lohngruppen sowie Vollzeit- und Teilzeitarbeitsverhältnissen. Ist im Berichtszeitraum der Anteil der Frauen an Beförderungen aus einer Besoldungs- oder Vergütungsgruppe geringer als der Anteil der Frauen, die in der Gruppe vorhanden waren, so ist dies zu begründen;

1.6 Zahl der Beamtinnen und Beamten, die aus einer Laufbahndes

a) mittleren Dienstes in eine Laufbahn des gehobenen Dienstes,

b) gehobenen Dienstes in eine Laufbahn des höheren Dienstes,

aufgestiegen sind;

1.7 Zahl der Frauen und Männer, die in Projektgruppen und übergeordnete Gremien entsendet wurden.

2. Arbeitszeitreduzierung und Beurlaubung

2.1 Zahl der gestellten, genehmigten, in der Wochenstundenzahl verändert genehmigten und abgelehnten Anträge von Mitarbeiterinnen und Mitarbeitern auf Reduzierung der Arbeitszeit, differenziert nach Besoldungs-, Vergütungs- und Lohngruppen sowie nach wöchentlichem Arbeitszeitvolumen;

2.2 Zahl der weiblichen und männlichen Beschäftigten, die Erziehungsurlaub wahrnehmen unter Angabe der Zeitdauer;

2.3 Zahl der gestellten, genehmigten und abgelehnten Anträge von Beschäftigten auf Beurlaubung, differenziert nach familiären, arbeitsmarktpolitischen und anderen Gründen sowie nach Beurlaubungsdauer und Geschlecht;

2.4 Zahl der gestellten, genehmigten und abgelehnten Anträge auf Übernahme von Vertretungstätigkeiten während der Beurlaubung;

2.5 Zahl der Frauen und Männer, die nach einer Beurlaubung

a) aus dem öffentlichen Dienst ausscheiden
b) in den Beruf zurückkehren, differenziert nach Vollzeit- und Teilzeitarbeitsverhältnissen unter Angabe des wöchentlichen Arbeitszeitvolumens;

2.6 Verhältnis von Arbeitszeitreduzierungen/Beurlaubungen und personellem Ausgleich.

3. Fortbildung

3.1 Zahl der gestellten, genehmigten und abgelehnten Anträge auf Fortbildung, differenziert nach interner und externer Fortbildung und nach Geschlecht;

3.2 Zahl der Teilnehmer/innen an internen und externen Fortbildungsseminaren;

3.3 Zahl der beurlaubten Frauen und Männer, die an internen Fortbildungsseminaren teilgenommen haben;

3.4 Zahl der Teilnehmer/innen an internen und externen Führungskräfteseminaren.

4. Zeitarbeitskräfte, Praktikantinnen/Praktikanten im Vorbereitungs- oder Anerkennungsjahr, nicht sozialversicherungspflichtig Beschäftigte

4.1 Zahl der ABM-Kräfte, Praktikantinnen/Praktikanten im Vorbereitungs- oder Anerkennungsjahr sowie nicht sozialversicherungspflichtig Beschäftigte, differenziert nach Vergütungs- und Lohngruppen und nach Geschlecht;

4.2 Zahl der in ein Dauerarbeitsverhältnis übernommenen ABM-Kräfte und Praktikantinnen/Praktikanten im Vorbereitungs- oder Anerkennungsjahr, differenziert nach Geschlecht.

5. Ämterbezogene Daten

5.1 Die Daten der Ziffern 1.1, 1.2, 4.1 und 4.2 werden auch ämterbezogen erfaßt. Soweit in Ämtern erhebliche Unterrepräsentanzen deutlich werden, wird dies begründet.

Die Gleichstellungsbemühungen der Vergangenheit sowie Maßnahmen zur Überwindung der Disparität werden dargestellt.

10. Schlußbestimmung

Die Bestimmungen des Frauenförderplans werden allen Beschäftigten mitgeteilt.

Der Frauenförderplan tritt mit sofortiger Wirkung in Kraft. Das bisherige Frauenförderungskonzept vom 13.05.1986 wird aufgehoben.

Klaudia Dmuß
Gemeinschaftsaufgabe Frauenförderung

Die Diskussion um die Verwaltungsreform weckt bei Frauenpolitikerinnen Befürchtungen:

- Wie kann bei dem anstehenden Verteilungskampf um knapper werdende Mittel dafür gesorgt werden, daß Frauenpolitik nicht zu kurz kommt?
- Wie kann sichergestellt werden, daß die weiblichen Beschäftigten und die Bürgerinnen unserer Städte nicht zu den Verliererinnen der Konsolidierungsmaßnahmen werden?
- Wie kann gewährleistet werden, daß die bisherigen Arbeitsansätze von Gleichstellungsstellen, die als Stabsstellen zentralistisch geprägt sind, auch künftig in den neuen Einheiten bei dezentraler Ressourcenverantwortung umgesetzt werden?
- Aus den Diskussionen um Privatisierungen z. B. von Reinigungsdiensten in den Kommunen, sind die problematischen Auswirkungen auf die Frauenbeschäftigung bekannt.
- Die Erfahrungen mit Lean-Production und Lean-Management zeigen, daß die untere und mittlere Führungsebene wegfällt. Dies sind gerade die Ebenen, in die Frauen eben erst vorgerückt sind.

Die Verwaltungsreform sorgt für Verunsicherung über den Stellenwert der Frauenpolitik.

In den letzten Jahren ist in der kommunalen Frauenpolitik zwar viel erreicht worden, vieles von dem, was Gleichstellungsstellen erarbeitet haben, ist jedoch von Zufälligkeiten und informellen Kontakten abhängig und all zu oft in den Mühlen der Verwaltung versandet.

Ebenso wie für die gesamte Verwaltung gibt es auch für die Frauenpolitik einen Reformbedarf: Mehr Effektivität und Transparenz sind notwendig. War bisher die Gleichstellungsstelle für die Frauenpolitik alleinverantwortlich, sollen künftig die einzelnen Einheiten gemeinsam die Aufgabe Frauenförderung wahrnehmen.

Darüber, wie in den neuen Strukturen in der Stadtverwaltung Wuppertal Frauenförderung praktiziert wird, informiert die Broschüre „Gemeinschaftsaufgabe Frauenförderung - Wie funktioniert das? Eine Anleitung zum Nachschlagen, Nachdenken, Mitmachen", die im folgenden dokumentiert wird.

Welche Gemeinschaftsaufgaben gibt es zukünftig?

Mit Beschluß des Rates vom 20.06.94 werden künftig die folgenden Aufgaben der Stadtverwaltung als Gemeinschaftsaufgaben wahrgenommen:

- Umweltschutz
- Frauenförderung
- Haushaltsmanagement

- Ratsauftrags-Management
- Controlling-Management
- Qualitätsmanagement
- Personalentwicklung

Die Organisationselemente für die Lösung aller Gemeinschaftsaufgaben sind vergleichbar.
Die vorliegende Broschüre über die Gemeinschaftsaufgabe Frauenförderung wurde in enger Anlehnung an die Informationsbroschüre zur Gemeinschaftsaufgabe Umweltschutz erstellt.
Das Managementteam für die Gemeinschaftsaufgabe Umweltschutz hat mit seinem Team wesentliche Vorarbeiten für das Verständnis von Gemeinschaftsaufgaben geleistet. Dafür wird ihnen an dieser Stelle sehr herzlich gedankt.

Gemeinschaftsaufgabe Frauenförderung – was heißt das?

Verantwortung für die Frauenförderung wird in allen Geschäftsbereichen und Geschäften wahrgenommen.

Mit dem Stichtag 01.01.95 wird die Frauenförderung in unserer Stadtverwaltung als Gemeinschaftsaufgabe praktiziert. Damit verpflichten wir uns als Unternehmen Stadtverwaltung zur Wahrnehmung der Frauenförderung in allen Geschäftsbereichen und in allen Geschäften.

Frauenförderung bedeutet Qualitätssicherung und Qualität geht alle an.

Frauenförderung läßt sich nicht delegieren nach dem Motto: „Das geht mich nichts an, davon verstehe ich nichts - da sollen sich doch andere darum kümmern“. Das Handeln der Verwaltung hat mehr oder weniger starke Auswirkungen auf die Lebens- und Entwicklungsmöglichkeiten von Frauen und Männern in unserer Stadt. Daher muß die Sorge um die Gleichstellung von Frauen und Männern an den Ort der Handlung. Ob im Bereich der Planung, der Kultur und Bildung, der sozialen Infrastruktur oder im Bereich Schutz und Ordnung. Dier Verantwortung für die Frauenförderung muß übernommen werden. Die Herstellung von gleichen Lebenschancen von Frauen und Männern ist somit ein Kennzeichen der Qualitätssicherung kommunalen Handelns.

Managementsystem sichert die gemeinschaftliche Wahrnehmung der Frauenförderung

Um die Gemeinschaftsaufgabe Frauenförderung organisatorisch zu verankern, ist zweierlei zu leisten:

Die Geschäftsführung hat ein Managementsystem installiert, mit dessen Hilfe das Unternehmen Stadtverwaltung - also wir alle gemeinsam - das Unternehmenszіel Frauenförderung für die einzelnen Tätigkeitsbereiche in Form von Standards, Meßgrößen und Handlungsprogrammen konkretisieren und faßbar machen wollen.

Zugleich wird jede Leistungseinheit ihren Beitrag zur Frauenförderung planen und über dessen Umsetzung regelmäßig berichten.

Wissensorganisation: wichtige Voraussetzung

Um dies sicherzustellen, werden Organisationsformen der Wissensvermittlung entwickelt. Sie sorgen dafür, daß ausreichendes Fachwissen für die Wahrnehmung von Aufgaben der Frauenförderung an unseren Arbeitsplätzen zur Verfügung steht.

Welches Wissen ist gefordert? Frauenförderung im engeren Sinne

Wissen ist insbesondere für Aufgaben der Frauenförderung im engeren Sinne gefordert. Dies sind in fachlicher wie in rechtlicher Hinsicht:

- Frau und Beruf, interne Kundinnen
- Frau und Beruf, externe Kundinnen
- Frau und soziales Umfeld - soziale Infrastruktur
- Frau und städtebauliches Umfeld

Wer benötigt dieses Wissen?

Wissen in der Frauenförderung ist überall gefordert und wird überall benötigt. Als Geschäfte mit besonderem Bezug zur Frauenförderung sind hier beispielhaft zu nennen:

- interne Personalwirtschaft
- Personalentwicklung
- Beschäftigungsförderung und Qualifizierung
- Gewaltprävention
- konzeptionelle Planungen im sozialen Bereich

Was bedeutet das für jede/jeden für uns?

Entscheidend ist, daß jede/jeder von ihrem/seinem Geschäft für die Erreichung von Standards zur Frauenförderung selbst Verantwortung übernimmt. Hierzu einige Beispiele:

In der internen Personalwirtschaft heißt dies in Zukunft: Eigenverantwortlichkeit bei den Ressorts und Stadtbetrieben! Gemeinschaftlich werden Kriterien für die Frauenförderung etwa bei der Aufgabenverteilung, der Positionierung, der Qualifizierung oder der Gestaltung von Arbeitszeiten festgelegt. Dies erfolgt unter Berücksichtigung der Mitbestimmungs- und Mitwirkungsrechte des

Personalrats. Wir wollen festlegen, wie künftig die Frauenquote in den einzelnen Funktionen, Laufbahnen und Arbeitsbereichen sein wird und bis zu welchem Jahr wir dies erreicht haben wollen. Wie gut wir in der Umsetzung sind, darüber werden Geschäftsführung und Rat regelmäßig berichten.

Frauenförderung geht alle an: Städtische Dienstleistungen und Produkte sollen auf die Anforderungen von Kundinnen und Kunden gleichermaßen ausgerichtet sein. Angebote in Jugendfreizeiteinrichtungen, Maßnahmen der beruflichen Qualifizierung, Angebote des Öffentlichen Personennahverkehrs - sie alle sollen den Belangen von Frauen und Männern entsprechen. Entscheidend wird sein, daß auch hier verbindliche Standards und Meßgrößen geschaffen werden, nach denen die Ressorts und Stadtbetriebe ihr Handeln ausrichten.

Für die Benachteiligung von Frauen im Erwerbsleben zahlt die Stadtverwaltung Wuppertal aus ihrem Sozialhaushalt:

- wenn alleinerziehende Frauen keinen Arbeitsplatz finden, bei dem sie Beruf und Familie miteinander vereinbaren können,
- wenn Frauen nach einer „Familienphase“ nicht wieder in den Beruf einsteigen können,
- wenn die Einkommen von Frauen so niedrig sind, daß ihre Rente im Alter nicht ausreicht, den eigenen Lebensunterhalt zu sichern.

Stets sind zielgruppenspezifische Maßnahmen zur Frauenförderung erforderlich. Die Verantwortung dafür wird in den Einheiten Regionalbüro, Wuppertal GmbH, Stadtbetrieb Weiterbildung, Familienbildungsstätte und Ressort Jugendamt und Soziales wahrgenommen werden. Expertinnen aus dem Fachkreis „Frau und Beruf - externe Kundinnen“ unterstützen sie dabei.

Für die, die nun in die Organisation der Gemeinschaftsaufgabe Frauenförderung näher einsteigen wollen, seien die Elemente des Managementsystems im einzelnen erläutert.

Das Managementsystem der Gemeinschaftsaufgabe Frauenförderung

Das Managementteam setzt sich aus Mitarbeiterinnen aller Geschäftsbereiche zusammen. Die Geschäftsführung hat dieses Team damit beauftragt, in unserem Unternehmen dafür zu sorgen, daß

- unser Unternehmen seine Ziele in der Frauenförderung definiert und fortschreibt,
- alle unsere Geschäftsbereiche ihre Geschäfts- und Managementprogramme an diesen Zielen ausrichten und die entsprechenden Managementmethoden entwickeln und anwenden (Meßgrößen, Berichtswesen),
- ressort- und geschäftsbereichsübergreifend Standards für die Frauenförderung und das Verhalten der Leistungseinheiten in der Stadtverwaltung in allen Bereichen erarbeitet werden,

– das notwendige Fachwissen in der Stadtverwaltung verfügbar ist und fortentwickelt wird (Wissensorganisation).

Es ist die Aufgabe des Managementteams, sich darum zu kümmern, daß die nachfolgend näher beschriebenen Elemente des Managementsystems erarbeitet werden und funktionieren.

Geschäftsprogramm: Unternehmensziele für die nächsten fünf Jahre

▶ Geschäftsprogramm Frauenförderung

Das Unternehmen Stadtverwaltung stellt ein Geschäftsprogramm auf. Hierin werden die Zielfelder des Unternehmens abgesteckt im Sinne von: „Was wollen wir erreichen?" Weiterhin werden die wesentlichen als notwendig erkannten operativen Aufgaben der Geschäftsbereiche aufgeführt. Zeithorizont sind die nächsten fünf Jahre.

Das Geschäftsprogramm der Geschäftsbereiche enthält ein Kapitel zur Gemeinschaftsaufgabe Frauenförderung. Das Geschäftsprogramm des Gesamtunternehmens führt diese Kapitel zusammen.

Managementprogramm: Wer macht was im laufenden Jahr?

▶ Managementprogramm Frauenförderung

Mit den Managementprogramm wird das Geschäftsprogramm jeweils für das laufende Jahr konkretisiert und es werden Schwerpunkte genannt. Aufgeführt sind Projekte und Aktionen mit Verantwortlichkeiten, zeitlichen und inhaltlichen Zielvorstellungen sowie verfügbaren Ressourcen. Kurz gesagt, es steht darin, wer was, (bis) wann, warum und womit macht.

Managementprogramme sind auf Geschäftsbereichsebene aufzustellen - auch sie müssen konkrete Aussagen zur Frauenförderung enthalten und werden im Managementprogramm des Gesamtunternehmens zusammengeführt.

▶ Berichtswesen

Über Aufstellung und Umsetzung des Managementprogramms berichten die Geschäftsbereiche dem Rat vierteljährlich

▶ Standards und Meßgrößen: Sie zeigen Handlungsbedarf auf.

Damit wir erkennen (und messen) können, wo Anspruch und Wirklichkeit auseinanderklaffen, wo also besonderer Handlungsbedarf besteht, müssen wir für die verschiedenen Handlungsfelder in der Frauenförderung Qualitätsziele, Standards und Meßgrößen definieren.

▶ Operatives Controlling (OC)

Können wir unsere gesteckten Ziele in der Frauenförderung von der Sache her, im Zeitrahmen und mit kalkulierten Ressourcen erreichen? Um diese Frage schnell und zuverlässig beantworten zu können, benötigen wir entsprechendes Handwerkszeug. Dies sind zuallererst mit den Zielen korrespondierende Meßgrößen und ihre richtige Anwendung in einem Berichtswesen. Um hierfür die fachliche Unterstützung zu gewährleisten, hat das Managementteam ein OC-Team für die Gemeinschaftsaufgabe Frauenförderung berufen. Kurzfristiges Ziel ist es, ein System von wenigen Schlüsselmeßgrößen für die Frauenförderung aufzustellen, mit denen die Entwicklung der Qualität der Frauenförderung in unserer Stadt im Überblick beschrieben werden kann. Zugleich sollen die Meßgrößen so geartet sein, daß sie sich bezogen auf die betroffenen Handlungsfelder nach unten hin möglichst weit differenzieren lassen.

▶ Information, Schulung, Training, Coaching (ISTC)

Für die Wahrnehmung der Frauenförderung als Gemeinschaftsaufgabe benötigen wir im besonderen Maße Informationsaustausch, Schulung und Weiterbildung. Dieses zu organisieren ist Aufgabe des ISTC-Teams.

▶ Fachkreise als Teil der Wissensorganisation

Wollen wir im Rahmen unseres jeweiligen Aufgabengebietes Belange der Frauenförderung sachlich und fachlich richtig berücksichtigen und umsetzen, benötigen wir hierfür ausreichendes Fachwissen. Dafür benötigen wir Experten/Expertinnen für alle Leistungseinheiten. Diese werden - soweit erforderlich - in Fachkreisen zusammengeführt. Die Fachkreise haben die Aufgabe, unter fachlichen Gesichtspunkten, Regeln, Kriterien und Standards für die tägliche Arbeit zu vereinbaren bzw. vorzuschlagen und einen aktuellen fachlichen Wissensstand sicherzustellen.

Unser mittelfristiges Ziel ist es, soviel Wissen in der Frauenförderung bei jeder/jedem von uns aufzubauen, daß wir die Verantwortung für die Frauenförderung in unserem jeweiligen Aufgabengebiet übernehmen können. Das heißt, im alltäglichen Sereingeschäft berücksichtigen wir die Frauenförderung nach vereinbarten Standards und Regeln. Bei großen und komplizierten Projekten ziehen wir in unsere Teams Expertinnen in Sachen Frauenförderung hinzu, die uns in den schwierigen Fragen fachlich zur Seite stehen.

Mechthild Wilbrand

Information auf allen Kanälen – Entwicklung von frauenpolitischem Bewußtsein in der Kommunalverwaltung

Die Tätigkeit der hauptberuflichen Frauenbeauftragten hat das Ziel, zur Verwirklichung der Gleichberechtigung von Frauen und Männern beizutragen. So steht es in der niedersächsischen Gemeindeordnung. Dieser Auftrag bezieht sich jedoch nicht nur auf die Bürgerinnen und Bürger einer Gemeinde, sondern auch auf die Arbeitsbedingungen innerhalb der Verwaltung selbst.
Bevor jedoch wichtige Weichen für frauenrelevante Verbesserungen gestellt werden können, muß die Frauenbeauftragte zunächst versuchen, für die Gleichberechtigungsanliegen das nötige Verständnis und Gehör zu finden. Denn Entscheidungsbefugnisse im unmittelbaren Sinn hat sie ja keine. Also gilt es, Verwaltungsspitze, Amtsleitungen, aber auch Kolleginnen und Kollegen möglichst umfassend über die bestehenden Benachteiligungen von Frauen zu informieren. Das kostet Zeit, und Zeit ist in allen Gleichstellungsstellen rar!

Auch in einer kleineren Kommunalverwaltung wie Gronau mit 157 Beschäftigten stellt es sich als schier aussichtsloses Unterfangen dar, wenn dies die Frauenbeauftragte ausschließlich im persönlichen Gespräch leisten wollte. Auf der anderen Seite gibt es inzwischen eine Fülle von anspruchsvollem, wissenswertem Material zu allen erdenklichen Frauenthemen, angefangen von arbeitsrechtlichen Fragen nach dem niedersächsischen Gleichberechtigungsgesetz bis hin zur pädagogischen Bewertung der Fremdbetreuung von Kleinstkindern, die keine noch so engagierte Frauenbeauftragte alle parat haben kann.

Grundlegende, über das Tagesgeschäft hinausgehende Informationen, seien es gesetzliche Neuerungen, seien es verwaltungsrechtliche Erörterungen, werden innerhalb der Verwaltung gewöhnlich in Form von Umläufen an die Frau und an den Mann gebracht. In diesen Umläufen, die im ca. zweiwöchentlichen Rhythmus sämtliche Fachämter durchlaufen, finden sich neben den Gesetzblättern auch Fachzeitschriften, wie z. B. zum Umweltschutz, zu kommunalen Finanzfragen, außerdem die verschiedenen Broschüren der kommunalen Spitzenverbände wie dem Dt. Städtetag oder dem Städte- und Gemeindebund.
In der Samtgemeinde Gronau (Leine) kursiert daneben ca. vierteljährlich ein Umlauf ausschließlich mit Informationsmaterialien der Frauenbeauftragten. Der größere zeitliche Abstand hat zweierlei Gründe: erstens entspricht er in etwa dem Erscheinen der meisten Fachzeitschriften (Dt. Frauenrat, nds. Lan-

desfrauenrat, Info-Brief DGB, Zeitschrift für Frauenforschung), zweitens benötigt er mehr Zeit in der Weitergabe, da er an **alle Beschäftigten** gerichtet ist und für alle interessante Neuigkeiten enthält (Fort- und Weiterbildungsangebote verschiedener Träger, Hinweise auf Veranstaltungen usw.). Neben den Fachzeitschriften werden für diesen Umlauf jedoch auch Artikel aus der Lokalpresse und anderen Medien gesammelt, und schließlich und endlich ist auch das eine oder andere Kabinettstückchen aus unserem patriarchalen Alltag vertreten. Denn wie schon Heinrich Heine sagte: „Je ernster eine Angelegenheit ist, umso heiterer und leichter sollte sie vermittelt werden." Als ewiger Außenseiter wird er gewußt haben, wovon er spricht.

Auf diese Art entsteht mit geringem Aufwand ein buntes Kompendium zur Gleichberechtigung, das die unterschiedlichsten Lesebedürfnisse befriedigt und das in einer kleineren Kommune eine selbst herausgegebene, viel zu arbeitsreiche Zeitung ersetzen kann. Als Renner im Interesse der Kolleginnen und Kollegen haben sich im Umlauf die beiden einzigen überregionalen feministischen Frauenzeitschriften EMMA und LABECULA erwiesen, die stets sichtlich intensiv gelesen in die Gleichstellungsstelle zurückkehren.

Beide erreichen damit ein Publikum außerhalb der unmittelbaren Frauenbewegung, um das sie sich in Konkurrenz zu den traditionellen Frauenzeitschriften meist vergeblich bemühen - leider! Sie seien daher eigens zur Nachahmung empfohlen. Denn mit sauberer journalistischer Arbeit, hohem Informationswert und -gehalt sowie peppiger, ansprechender „Schreibe" überzeugen beide Blätter. Mit Themen wie Frauenhandel aus dem Osten, Sexismus in der Bilderwelt eines Helmut Newton, aber auch aktuellen Rechtsfragen wie der Notwendigkeit der Strafbarkeit von Vergewaltigung in der Ehe bereiten sie den Boden zur Diskussionsbereitschaft von Gleichstellungsfragen insgesamt. Frau und man sieht sich nicht gleich genötigt, eine Position zu beziehen, wie das oft im persönlichen Gespräch mit der Frauenbeauftragten zu solchen Themen der Fall wäre. Die Mitarbeiterinnen und Mitarbeiter können zunächst in Ruhe und nur für sich, sozusagen im „stillen Kämmerlein", neues Wissen über Frauenbenachteiligung aufnehmen, alte Meinungen überprüfen und eventuell ändern.

Durch diese neutralere Form der Informationsvermittlung ist - wie ich meine - in der Vergangenheit schon mehrfach die Grundlage geschaffen worden für konstruktive Verhandlungen zwischen den Fachämtern und der Frauenbeauftragten. Auch manches Gespräch im Kollegenkreis hat sich aus der unmittelbaren Lektüre des Umlaufs ergeben, und es schadet dabei nicht, wenn die abschließende Meinung war, daß eine bestimmte frauenpolitische Forderung abgelehnt wird. Immerhin hat eine Auseinandersetzung stattgefunden. Sicherlich hat sich aber auch bei einigen ein anderes Bewußtsein in der Frauenfrage gebildet, das sich in den täglichen Entscheidungen im Büro genauso wie zu Hause in der Familie oder im Freundeskreis niederschlägt: Kleine aber nicht unbedeutende Erfolge für die Gleichstellungsstellen.

4.

Frauenförderung in der Verwaltung

Eva Sperner
Qualifizierte Berufsrückkehr von Frauen – Bausteine eines integrierten Gesamtkonzepts –

Die Lebenssituation von Familienfrauen, ihre Benachteiligung auf dem Arbeitsmarkt und die besondere Problematik der Berufsrückkehr nach einer längeren Familienphase sind zweifellos originäre Arbeitsfelder einer Gleichstellungsstelle - auch und gerade in Kommunen im ländlichen und kleinstädtischen Raum.

Die Ausgangslage

Halle (Westf.) ist eine solche Stadt: gut 19.000 EinwohnerInnen, trotz lebendiger Wirtschaftsstruktur und einigen Großbetrieben in den Ortsteilen noch stark ländlich bis dörflich geprägt. Durch die Nähe zum Oberzentrum und der Universitätsstadt Bielefeld ist Halle zur Familienstadt geworden: Mieten und Bauland sind hier günstiger, die Kinder haben noch Freiräume zum Spielen, die Männer (mit dem PKW erreichbare) Arbeitsplätze in der Nähe bzw. im Umland.

Halle (Westf.) - nach Landesentwicklungsplan Mittelzentrum - verfügt über ein gut ausgebautes Schulwesen, ein Kultur- und Bürgerzentrum, gute Sport- und Freizeit- sowie Einkaufsmöglichkeiten, eine Volkshochschule vor Ort. Soweit - so gut.

Doch vieles läßt zu wünschen übrig: vor allem für die Frauen, die den Anspruch haben, Familie und Beruf miteinander zu vereinbaren. So liegt der Frauenanteil an den sozialversicherungspflichtig Beschäftigten in Halle (Westf.) mit ca. 28 % weit unter dem Durchschnitt. Die Ursachen dafür sind vielfältig. Die Wirtschaftsstruktur z. B. ist einseitig vom produzierenden und verarbeitenden Gewerbe geprägt. Der Dienstleistungsbereich, der Frauen gute Beschäftigungsmöglichkeiten bietet, ist unterentwickelt. Ehemals vorhandene (Frauen-)Arbeitsplätze in der Textil- und Bekleidungsindustrie sind in den letzten Jahren vernichtet worden. Generell mangelt es an qualifizierten Teilzeitarbeitsplätzen.

Hinzu kommt ein äußerst schlecht ausgebauter ÖPNV, der die Erreichbarkeit von Arbeitsplätzen in den umliegenden Städten und Gemeinden ohne einen eigenen PKW kaum möglich macht. Berufliche Qualifizierungsangebote (Fortbildung/Umschulung) gibt es vor Ort nicht, da kein beruflicher Weiterbildungsträger hier angesiedelt ist. Die Dienststellen von Arbeitsamt, beruflicher Weiterbildungsberatung, Regionalstelle Frau und Beruf etc. liegen etwa 20 km entfernt. Und - wesentlich stärker als in Großstädten - hält sich im ländlichen Raum das hartnäckige Vorurteil, berufstätige Mütter seien Rabenmütter ...

Frauen, die der Familie wegen ihre Berufsbiographie unterbrochen haben, finden also schwierige Bedingungen vor, wenn sie den beruflichen Wiedereinstieg anstreben - und zunehmend häufiger aus finanziellen Gründen (nach Trennung/Scheidung, bei Arbeitslosigkeit des Partners, Wunsch nach Unabhängigkeit von Sozialhilfe) auch anstreben müssen. Hinzu kommt, daß sie hinsichtlich ihrer beruflichen Qualifikation nach einer mehrjährigen Berufsunterbrechung fachlich nicht auf dem aktuellsten Stand sind. Vor allem aber haben sich die Isolation am Arbeitsplatz Haushalt und die geringe Wertschätzung der Arbeit einer Familienfrau negativ auf ihr Selbstwertgefühl ausgewirkt: sie trauen sich im außerhäuslichen Bereich nicht mehr viel zu und beurteilen sich selbst als stark defizitär, was die Verwertbarkeit ihrer Arbeitskraft betrifft. Die Distanz zur Erwerbsarbeitswelt einerseits und das Wissen um die technologischen Entwicklungen andererseits läßt sie häufig die Anforderungen überschätzen, die der Arbeitsmarkt an sie stellt. Oft hat sich auch durch die Familientätigkeit und/oder durch persönliche Weiterentwicklung eine große Distanz zum ursprünglich erlernten Beruf ergeben, ist der diffuse Wunsch vorhanden, beruflich etwas ganz Neues anfangen zu wollen. Familienfrauen, die sich ein außerhäusliches Standbein schaffen, müssen außerdem ihren Alltag umorganisieren, wenn sie nicht an der Mehrfachbelastung scheitern wollen. Dies wiederum hat Auswirkungen auf die übrigen Familienmitglieder, mit deren Reaktionen Frau rechnen und umgehen muß.

Kurzum: viele Frauen stehen in der Mitte ihres Lebens vor der Frage: was kann ich - was will ich - wie packe ich es an?

Der Handlungsbedarf

Das Thema „Beruflicher Wiedereinstieg“ hat sich in der Haller Gleichstellungsstelle sehr frühzeitig zu einem Arbeitsschwerpunkt entwickelt. Ausschlaggebend dafür waren zahlreiche Gespräche mit ratsuchenden Frauen, die sich in dem oben geschilderten **Prozeß der Neuorientierung** befanden. Die Grenzen individueller Beratung zeigten sich spätestens dann, wenn sie anschließend auf sich allein gestellt die Informationsfülle verarbeiten mußten, wenn sich zusätzlich erforderliche Beratungstermine bei anderen Einrichtungen erst nach wochenlanger Wartezeit realisieren ließen, wenn Hemmschwellen den Alleingang z. B. zum Arbeitsamt erschwerten, wenn mangels eines PKW's die Erreichbarkeit der Einrichtungen andernorts kompliziert war oder gar die Familie skeptisch und widerständig reagierte.

Aus der Praxis heraus wurde also sehr schnell deutlich, daß ergänzend zur persönlichen Beratung **strukturelle Hilfen** erforderlich sind.

Etwa 70 % der Frauen, die den beruflichen Wiedereinstieg anstreben, sind jünger als 40 Jahre. Das bedeutet: sie haben noch ein Berufsleben von etwa 20 bis 30 Jahren vor sich, das so zufriedenstellend und qualifiziert wie möglich sein sollte. Die zweite Berufs(wahl)entscheidung muß deshalb gut durchdacht und vorbereitet sein. Dazu gehören eine umfassende Berufs- und Weiterbildungsberatung, Informationsvermittlung breitester Art, Praxishilfen auf dem oft schwierigen Weg der Suche und Umsetzung eigener Zukunftsperspektiven, Anstöße zur Umorganisation des familiären Alltags, Stärkung von Selbstbewußtsein, Konflikt- und Durchsetzungsfähigkeit, der Austausch mit anderen, ähnlich betroffenen Frauen u. v. a. m.

Die Vorgehensweise

Bereits 1987 entwickelte sich bei uns die Idee, **Orientierungskurse** für Familienfrauen einzurichten. **Ziel** dieser Kurse sollte es sein, einen Raum zu schaffen, in dem die Teilnehmerinnen den eigenen Standort bestimmen, sich ihrer Situation und Stärken bewußt werden, umfangreiche Informationen und Handlungshilfen erhalten, konkrete Zielvorstellungen entwickeln und Durchsetzungsstrategien erlernen können.
Nach mühsamer Überzeugungsarbeit gelang es schließlich, die finanziellen und personellen Rahmenbedingungen sicherzustellen, die für eine - zunächst modellhafte - Entwicklung und Erprobung der erforderlichen Kurskonzeption erforderlich waren. Unterstützt durch eine befristet beschäftigte Mitarbeiterin (auf Basis einer ABM-Stelle) entwickelten wir ein detailliertes Curriculum mit exaktem Kursverlaufsplan, durchdachten Seminareinheiten und Unterrichtsmaterialien, auf dessen Grundlage die Kurse durchgeführt werden sollten. Nach anfänglichen Startschwierigkeiten und auch heftigen öffentlichen Angriffen („so viel Geld für die paar Frauen") können wir heute sagen, daß sich die Mühe gelohnt hat: unsere Orientierungskurse wurden im Laufe der Jahre zum Selbstläufer und festen Bestandteil der Bildungsarbeit vor Ort. Durch die von vornherein angestrebte und schließlich auch realisierte Kooperation mit der Volkshochschule konnten der Einzugsbereich vergrößert, die Werbung verbessert und die finanziellen Belastungen aufgeteilt werden. Gemeinsam haben wir bis heute 13 Kurse mit insgesamt 130 Teilnehmerinnen durchgeführt. Die Altersspanne der Frauen reicht von Mitte 20 bis Mitte 50 Jahren. Die durchschnittliche Dauer der Berufsunterbrechung unserer Teilnehmerinnen liegt bei etwa 15 Jahren. Gut 60 % der Frauen haben unmittelbar im Anschluß an den Kurs die Berufsrückkehr oder den Einstieg in vorbereitende Qualifizierungsmaßnahmen geschafft. Die ständige Anpassung der Kurskonzeption an aktuelle Entwicklungen und Bedürfnisse und die bisherigen Erfolge machen die Beibehaltung dieses Frauenbildungsangebotes auch in der Zukunft sinnvoll und erforderlich.

Doch zeigten gerade die Erfolge dieser Kurse und der ständige Austausch mit der Gruppe „Berufsrückkehrerinnen“ auch die Grenzen unserer Maßnahme deutlich auf. Orientierungskurse leisten wertvolle Orientierungshilfe - nicht weniger, aber auch nicht mehr. Sie sind z. B. wenig geeignet für Frauen, die sehr genau wissen, was sie wollen, aber Probleme bei der Arbeitsplatzsuche haben. Sie sind ferner nicht unbedingt erforderlich für all die Frauen, die z. B. nur ein Bewerbungs- oder Selbstsicherheitstraining benötigen, um den beruflichen Wiedereinstieg besser vorbereitet anzugehen. Vor allem aber sind die Grenzen dort gegeben, wo konkrete berufliche Qualifizierung gefragt ist, doch entsprechende Angebote vor Ort gänzlich fehlen und auch in entfernteren Städten kaum unter solchen Bedingungen stattfinden, die der Lebenssituation von Frauen mit Kindern gerecht werden.

Aufgrund dieser Erkenntnisse und Erfahrungen erarbeiteten wir in einem nächsten Schritt ein Gesamtkonzept, welches im Baukastensystem all die Maßnahmen beinhaltet, die aus unserer Sicht für eine qualifizierte Berufsrückkehr von Frauen erforderlich sind (siehe schematische Übersicht). Dazu gehören neben den Orientierungskursen vor allem:

- der Ausbau qualifizierter Einzel- und Gruppenberatung durch spezialisierte Fachfrauen;
- das Angebot beruflicher Qualifizierung (Fortbildung/Umschulung) unter frauengerechten Bedingungen: wohnortnah - in Teilzeitform - mit Kinderbetreuung;
- die Entwicklung themenzentrierter Frauenbildungsangebote (wie Existenzgründung, EDV oder Rhetorik für Frauen in Form von Vormittags-, Abend- oder Wochenendkursen);
- der Ausbau sonstiger Unterstützungsmöglichkeiten wie z. B. Vermittlung von Betriebspraktika, Praxishilfen zur Erleichterung der Teilnahme an Fortbildungsangeboten in entfernteren Städten, Nachbetreuung und Unterstützung bei der Arbeitsplatzsuche u. a. m.

Neben der Vielfalt der Angebote war uns vor allem auch die Durchlässigkeit wichtig, so daß Frauen - je nach ihren persönlichen Voraussetzungen, Fähigkeiten, Bedürfnissen und Möglichkeiten - die für sie erforderliche Unterstützung finden.
Die Konzeption stellt in unserer praktischen Arbeit bislang eine idealtypische Zielvorstellung dar, an deren Realisierung wir nach wie vor arbeiten. Für die Umsetzung der einzelnen Bausteine sind personelle und finanzielle Kapazitäten erforderlich, über die die Gleichstellungsstelle nicht verfügt. Seit Ablauf der ABM ist das Frauenbüro wieder auf die personelle Grundausstattung „zurückgeschrumpft“, so daß schon die Orientierungskurse auf Honorarbasis durchgeführt werden müssen. An eine Ausweitung der Personal- und Sachmittel ist angesichts der Spardebatten in den Kommunen z. Zt. nicht zu denken. Das bedeutet: aus eigener Kraft heraus sind die Handlungsmöglichkeiten eng begrenzt.

Dennoch konnten durch Kooperation und Vernetzung mit anderen Institutionen und Trägern Teile des Konzeptes schrittweise umgesetzt und somit die Unterstützung für Berufsrückkehrerinnen erheblich verbessert werden. Durch die Zusammenarbeit mit Kolleginnen in benachbarten Gleichstellungsstellen und engagierten Frauen in Bildungseinrichtungen, Arbeitsämtern und Fachberatungsstellen wurde insbesondere das Informations- und Bildungsangebot sowohl auf lokaler wie auch regionaler Ebene deutlich qualifiziert und ausgebaut.

Heute bieten wir gemeinsam mit der Volkshochschule regelmäßig Kurse und Seminare speziell für Frauen in den Bereichen EDV, Rhetorik, Selbstsicherheitstraining an.

Ein- bis zweimal pro Jahr findet vor Ort ein breit angelegter Informations- und Beratungstag für Berufsrückkehrerinnen statt, wobei wir eng mit Fachfrauen aus Arbeitsamt, Weiterbildungsberatungsstellen, Universität und dem Beratungsbus Linie F. kooperieren. Auf diesem Weg kann Fachkompetenz, die außerhalb der Gemeinde angesiedelt ist, zumindest punktuell für Frauen aus Halle verfügbar gemacht werden.

Regelmäßigen Charakter haben Informationsvormittage „Zurück in den Beruf?" auf Kreisebene; diese werden bzw. wurden gemeinsam von den Gleichstellungsstellen, Volkshochschulen und dem Arbeitsamt konzipiert und durchgeführt.

Besondere Bedeutung hat in diesem Zusammenhang ein Arbeitskreis „Berufliche Weiterbildung und Wiedereinstieg von Frauen" für ein größeres regionales Einzugsgebiet. Durch kontinuierliche institutionsübergreifende Kooperation werden hier der fachliche Austausch, die Koordination von Angeboten, die gemeinsame Planung von Aktivitäten (wie regionale Berufs- und Weiterbildungsbörsen für Frauen), Öffentlichkeits- und politische Lobbyarbeit im Fraueninteresse sichergestellt.

Einbindung in den Arbeitszusammenhang

Die bislang beschriebenen Aktivitäten richten sich in erster Linie unmittelbar an die Frauen selbst und sollen diesen zugute kommen. Doch für die Vereinbarkeit von Familie und Beruf, die Gleichstellung im Erwerbsleben und die Lösung der Frage des beruflichen Wiedereinstiegs sind nicht die Frauen allein verantwortlich. Massive Veränderungen der strukturellen Rahmenbedingungen auf den verschiedensten Ebenen von Politik, Verwaltung und Wirtschaft sind dringend nötig, um Frauen und Männern in allen Phasen ihres Lebens gleichen Zugang zu beruflichen und familiären Erfahrungswelten und Entwicklungsmöglichkeiten zu eröffnen.

In der Arbeit einer kommunalen Gleichstellungsstelle erweist sich der Schwerpunkt „Berufsrückkehr von Frauen" sozusagen als Schnittstelle, in der sich zahlreiche Handlungsfelder kommunaler Frauenarbeit miteinander verzahnen. Untrennbar damit verbunden ist das Engagement für:

- ein bedarfsgerechtes Angebot an Kinderbetreuung vor Ort (100 %-Versorgung mit Kindergarten-/Kindertagesstättenplätzen; ausreichende Betreuungsmöglichkeiten für Kinder unter 3 Jahren und für Schulkinder)
- eine frauengerechte Stadtplanung (Stadt der kurzen Wege, Ausbau des ÖPNV, gute Infrastruktur für den täglichen Bedarf etc.)
- eine aktive und umfassende Frauenförderung im öffentlichen Dienst (positive Signalfunktion von Frauenförderplänen/Vorbildcharakter)
- die Verknüpfung von Frauenförderung und Wirtschaftsförderung (Schaffung von Frauenarbeitsplätzen in erreichbarer Nähe, positive Sanktionierung betrieblicher Frauenförderung)
- ein frauenfreundliches Klima in Öffentlichkeit, Wirtschaft, Politik und Verwaltung (Wertschätzung weiblicher Fähigkeiten und Kompetenzen, Anerkennung der durch Familienarbeit erworbenen Schlüsselqualifikationen u. v. a. m.)
- eine generell andere - nämlich gerechte - Verteilung sowohl der Erwerbs- als auch der Familienarbeit auf beide Geschlechter.

Fragen zum Beruf ?

Bitte einsteigen !!!

Für Frauen stellt sich die Frage der Berufstätigkeit, der Vereinbarkeit von Familie und Beruf und der Berufsrückkehr anders als für die meisten Männer. Daraus ergibt sich ein spezifischer Beratungsbedarf, dem wir mit einem **Informations- und Beratungstag von Frauen für Frauen am 5. September 1995** nachkommen wollen.

An diesem Tag können alle interessierten Frauen in den **Beratungsbus Linie F.** einsteigen, der dann auf dem Gelände des Bürgerzentrums Remise in Halle (Westf.) Station macht. Fachfrauen aus den verschiedensten Einrichtungen stehen hier zu allen Fragen rund um das Thema "Frau und Beruf" Rede und Antwort.

Ergänzend wird eine umfassende Information zum Haller **Orientierungskurs für Familienfrauen** angeboten.

Das genaue Programm entnehmen Sie bitte den Innenseiten.

Damit ungestörte Gespräche möglich sind wird eine Kinderbetreuung angeboten.
Bei schönem Wetter lädt zusätzlich eine Außencaféteria zum Verweilen ein.

Schauen Sie doch einfach vorbei -

wir freuen uns auf Ihren Besuch!

Die Veranstalterinnen

Eine Veranstaltung der
Gleichstellungsstelle der Stadt Halle (Westf.)
in Zusammenarbeit mit:
- **DAFNE-Netzwerk (Bad Oeynhausen)**
- **Arbeitsamt Bielefeld**
- **Frauenstudien an der Universität Bielefeld**
- **Beruflicher Weiterbildungsverbund Bielefeld e.V.**

Fragen zum Beruf ?

Bitte einsteigen !!!

5. September 95
10.00 - 16.00 Uhr

Informations- und Beratungstag für Frauen
im und am
Bürgerzentrum Remise
Halle (Westf.), Kiskerstr. 2

ganztägig, 10.00 - 16.00 Uhr

LINIE F. - Beratungsbus

Den ganzen Tag über macht der Beratungsbus **Linie F.** des DAFNE-Netzwerks auf dem Gelände des Bürgerzentrums Remise halt.

Zwei Beraterinnen, Doris Mette und Carola Opitz, stehen in dieser Zeit allen interessierten Frauen für Fragen zum Beruf und zur Berufsrückkehr zur Verfügung.

Angeboten werden :

Informationen
- **zur beruflichen und familiären Situation**
- **zu Hilfen bei der Entwicklung neuer Perspektiven**
- **zu Weiterbildungsmöglichkeiten und finanziellen Hilfen**

sowie

- **die Vermittlung zu weiterführenden Beratungsangeboten.**

Die Beratung im Bus ist grundsätzlich vertraulich und kostenlos.

Kinder können gern mitgebracht werden, sie werden in einer Kinderspielecke betreut.

vormittags, 10.00 - ca. 11.30 Uhr

Informationsveranstaltung zum Kurs:

Familienfrauen orientieren sich neu

Der **Orientierungskurs für Familienfrauen**, der seit einigen Jahren in Halle angeboten wird, richtet sich an Frauen, die aus familiären Gründen aus dem Berufsleben ausgeschieden sind und nun den beruflichen Wiedereinstieg oder andere Zukunftsperspektiven außerhalb des familiären Rahmens für sich suchen.

Der Kurs will Frauen darin unterstützen, sich Klarheit über die eigenen Ziele zu verschaffen. Umfassende Informationen und Praxishilfen vermitteln das "Rüstzeug", die eigenen Pläne zielgerichtet anzugehen.

Der nächste Kurs startet am 12. September 95.

Für alle Frauen, die sich über dieses Angebot näher informieren wollen, ist die **Informationsveranstaltung** gedacht. Das Kurskonzept, der genaue Kursverlaufsplan, die organisatorischen Rahmenbedingungen und die bisherigen Erfahrungen werden durch die Kursleiterinnen, ehemalige Teilnehmerinnen und die Gleichstellungsbeauftragte der Stadt Halle vorgestellt und erläutert.

Beginn: 10.00 Uhr
Ort: Bürgerzentrum Remise, Raum 4

Die Veranstaltung ist kostenlos.

nachmittags, 14.00 - 16.00 Uhr

Weitere Beratungs- und Informationsangebote

Nachmittags ab 14.00 Uhr bieten Fachfrauen aus verschiedenen Institutionen Gespräche und Einzelberatung zu allen Fragen rund um die Themen Beruf, Berufsrückkehr und berufliche Weiterbildung im Beratungsbus an. So haben Frauen aus Halle und Umgebung die Gelegenheit, sich bei verschiedenen Einrichtungen zu informieren, ohne den manchmal mühsamen Weg dorthin in Kauf nehmen zu müssen.

Es werden anwesend sein:

➢ **Arbeitsamt Bielefeld:**
Angelika Pötter (Arbeitsberaterin und Beauftragte für Frauenbelange im Arbeitsamt)
Beratungsschwerpunkte sind u.a.:
- Arbeitsmarkt in der Region - Förderungsmöglichkeiten nach dem Arbeitsförderungsgesetz
- Qualifizierungsangebote -

➢ **Frauenstudien an der Universität Bielefeld:**
Martina Freund (Mitarbeiterin der Frauenstudien)
Beratungsschwerpunkte sind u.a.:
- Weiterbildung an der Universität Bielefeld auch für Frauen ohne Abitur - Ablauf und Inhalte der Frauenstudien - Teilnahmemöglichkeiten -

➢ **Beruflicher Weiterbildungsverbund Bielefeld e.V.:**
Renate Gebhardt (Dipl.-Soziologin und Fachberaterin für berufl. Weiterbildung)
Beratungsschwerpunkte sind u.a.:
- Beruflicher Wiedereinstieg - Berufliche Fortbildungsangebote in der Region - 2. Bildungsweg -

➢ **Gleichstellungsstelle der Stadt Halle (Westf.):**
Eva Sperner (Gleichstellungsbeauftragte)
Beratungsschwerpunkte sind u.a.:
- Weiterbildungsmöglichkeiten für Frauen vor Ort
- Vereinbarkeit von Familie und Beruf
- Unterstützung von Frauen -

Qualifizierte Berufsrückkehr von Frauen

I. Beratung
(individuelles Beratungsangebot)

qualifizierte umfassende Wiedereinstiegsberatung zu:
- Fortbildung u. Umschulung
- Förderung nach dem AFG
- Sonderprogramme Bund/Land
- Arbeitsmarkt und -chancen
- Vereinbarkeit Familie - Beruf
- Kinderbetreuung
- **u.a.**

kontinuierliches Informationsangebot (Info-Vormittage) für Berufsrückkehrerinnen als offenes Gruppenangebot

Handbuch/Wegweiser für Berufsrückkehrerinnen (flankierende Hilfen in schriftlicher Form)

II. Orientierung

Orientierungskurse für Familienfrauen und Berufsrückkehrerinnen mit den Schwerpunkten:
- Vereinbarkeit Familie - Beruf
- Selbstsicherheitstraining
- Bewerbungstraining
- EDV
- Rhetorik
- Fortbildung/Umschulung
- Arbeitsmarkt/Altersversorgung
- Ehe- und Familienrecht
- Frauenstudien
- Existenzgründung
- u.v.a.m.
- Betriebspraktikum (4 Wochen)
- individuelle Lebens- und Berufsplanung

Gruppenangebot

Dauer: 3 Monate

III. 1 Qualifizierung

Entwicklung wohnortnaher Angebote zur beruflichen Qualifizierung als Anpassungsfortbildung

1. Büro- und Verwaltungsberufe	2. Sozialpflegerische Berufe	3. Ökologie/Handwerk Beratung

a) Vermittlung von Sockelqualifikationen
- Lern- und Arbeitstechniken
- Vereinbarkeit Familie - Beruf
- Bewerbungstraining
- Selbstsicherheitstraining
- Rhetorik

b) Fachspezifische Differenzierung

1.	2.	3.
> neue Büro- und Kommunikations-technologien > Buchhaltung/ kaufm. Rechnen	> Altenpflege > Krankenpflege > Erziehungsberufe	> Beratung in sozialen Einrichtungen > Umwelt-/Abfallberat > Ökologisches Bauen

V. Flankierende Angebote

offene Seminarangebote in Tages-, Wochenend- oder Wochenform, z.B.:
- Existenzgründung/ berufliche Selbständigkeit
- EDV für Frauen
- Selbstsicherheits-/ Selbstbehauptungstraining
- Bewerbungstraining
- Rhetorik

austeine eines integrierten Gesamtkonzepts

III. 2 Unterstützung von Qualifizierung in bestehenden/externen Maßnahmen

Vermittlung, Koordination und Begleitung der Teilnehmerinnen in externen Qualifizierungsmaßnahmen: z.B.
- Fahrgemeinschaften
- Kinderbetreuung
- Förderunterricht
- Erfahrungsaustausch
- Angebote zur Verbesserung der Sockelqualifikation
- u.v.m.

III. 3 Qualifizierung durch Betriebspraktika

Vermittlung von Praktikumsstellen und Begleitung der Betriebspraktika

- Kontaktpflege zu Betrieben
- Erfahrungsaustausch
- Arbeitsrecht
- u.a.m.

Nachbetreuung und Unterstützung bei der Arbeitsplatzsuche

Iilfestellung bei der Realisierung einer qualifizierten Berufsrückehr durch
Bewerbungshilfen
Kontaktpflege zu Betrieben und Einrichtungen
Kontaktpflege zur Arbeitsverwaltung
u.a.m.

Ilse Thomas

Zur Zusammenarbeit mit Betrieben und Wirtschaftsverbänden in Sachen Frauenförderung – ein Einblick

Kontakt zu Betrieben, Betriebsrätinnen und betrieblichen Frauengruppen herzustellen, war seit Einrichtung des Mannheimer Frauenbüros ein besonderer Schwerpunkt.
Mannheim, eine von Groß - und Schwerindustrie geprägte Großstadt, muß die Situation von erwerbstätigen Frauen immer als einen Gesichtspunkt in ihre Überlegungen miteinzubeziehen, um wirtschafts- und sozialpolitisch den „Kopf über Wasser" halten zu können.
Daß so konsequent nicht gedacht und gehandelt wird, unterscheidet Mannheim nicht von anderen Kommunen.
Vor diesem Hintergrund ist das Engagement des Frauenbüros auf der betriebliche Ebene, außerhalb der Stadtverwaltung, nicht hoch genug zu bewerten, ein Wirtschaftsförderungsaspekt ist allemal darin zu sehen.
Soweit gingen aber die Gedanken bei der ersten Kontaktaufnahme zu Frauen in Betrieben sicher nicht. Vielmehr stand der Wunsch nach Verbündeten außerhalb der Verwaltung im Vordergrund. Von Vorteil war, daß es keinerlei Vorbehalte, Berührungsängste oder Verständigungsschwierigkeiten zwischen der Frauenbeauftragten, Betriebs-/ Personalrätinnen und Gewerkschafterinnen gab, es war eher so, daß hier sicheres Terrain betreten wurde.
Die Frauenbeauftragte hatte Erfahrung aus ehrenamtlichem gewerkschaftspolitischem Engagement und wußte von daher sehr genau die verschiedenen Ebenen, auf denen die Kolleginnen in den Betrieben agieren, und deren strategischen Vorgehensweisen einzuordnen und zu akzeptieren.

An diesem Punkt soll unbedingt für Betriebskontakte plädiert werden, auch wenn der betriebliche Bereich fremd erscheint und nur mühsam Kontakte möglich werden, der Austausch lohnt sich! Die arbeitsplatzbedingten Konflikte von Frauen in Groß- und Mittelbetrieben unterscheiden sich oft nicht von den Problemen der Kolleginnen in den Stadtverwaltungen, so daß diese Kontakte eine Bereicherung sein können, z.B. Problemlösungsstrategien gemeinsam entwickelt werden können.

Das Interesse an Frauenförderung in Betrieben wird von der kommunalen Frauenbeauftragten positiv unterstützt, sie weiß, daß der Arbeitsauftrag die Kolleginnen dort verpflichtet, sich für beide Geschlechter einzusetzen. Hartnäckigkeit und ausdrückliches Eintreten für Frauenfördermaßnahmen können im Betrieb besonders konfliktreich sein. Das gegenseitige Verständnis füreinander macht Zusammenarbeit möglich. So konnte in einem Großunternehmen eine Gesamtbetriebsratskonferenz durchgeführt werden, bei der die kommunale Frauenbeauftragte und eine erfahrene Anwältin zur sexuellen Belästigung am Arbeitsplatz referierten und diskutierten

Der regelmäßige Austausch mit Frauen, Frauengruppen in den Betrieben und Betriebsrätinnen, zum Thema Frauenförderung, ermöglichte einerseits einen Einblick auf den Grad der Bereitschaft renommierter Betriebe, Frauenförderung aktiv zu betreiben, gab aber auch andererseits einen relativ guten Überblick über die Auseinandersetzungen, die Frauen in Betrieben erwarten, wenn sie sich für echte Frauenförderung einsetzen und Maßnahmen entwickeln und umsetzen wollen. Aufgrund der offenen Diskussion hatten wir einen guten Überblick, wo vollmundig sogenannte Frauenförderung sich nur auf der Ebene der Familienförderung bewegt. Selbst bei positiver Bewertung dieses Aspektes, konnten wir sehr schnell erkennen, daß in Zeiten des „schlanken Betriebes" unter der werbewirksam verkauften Förderung der Vereinbarkeit von Familie und Beruf kein ernster Gleichberechtigungswille gestanden hatte.

Frauenförderungskonzepte oder wenigstens Maßnahmen die sich mittel- und langfristig frauenfördernd auswirken, waren die Forderungen von Frauen aus der Industrie.
Um diese Forderungen zu unterstreichen und der Betriebs-, /Geschäftsleitung Zugeständnisse abzuringen, wurde das Thema „Gleichberechtigung am Arbeitsplatz" zum Schwerpunkt von Betriebsversammlungen.
Bei solchen Gelegenheiten war die kommunale Frauenbeauftragte als Referentin eine große Unterstützung für die Frauen in den Betrieben, es bot sich aber auch die Chance, der Betriebsleitung zu verdeutlichen, daß die Bereitschaft Frauenförderung in den Verwaltungen zu etablieren, weitaus größer ist als in der Privatindustrie. Daß die Frauenbeauftragte nebenbei die Betriebsleitung kennenlernte, war für weitere Kontakte nützlich.
Die Betriebskontakte haben sich im Laufe der Jahre gefestigt, wurden über die beim Frauenbüro angesiedelte Kontaktstelle „Frau und Beruf" weiter ausgebaut und sind in der Aufgabenpalette der Frauenbeauftragten unverzichtbar geworden. Über die Betriebskontakte hinaus ergab sich eine Kooperation mit den Wirtschaftsjunioren der Industrie- und Handelskammer Rhein-Neckar. Ein Modellprojekt der Wirtschaftsjunioren Deutschland befaßt sich mit der Frage von Frauenförderung in der Industrie. Gerade die Wirtschaftsjunioren zählen zu ihren Mitgliedern viele Frauen in gehobenen Positionen und Unternehmerinnen. Im Rahmen des Projekts wurden Manager zur Haltung in Fragen Frauenförderung befragt. Die Interviewer, meist Männer, waren teilweise über die ablehnenden Haltungen ihrer Gesprächspartner so konsterniert, daß die Frauenbeauftragte gut mit ihnen diskutieren konnte.

Eine Podiumsdiskussion in den Räumen der IHK mit Vertretern der Industrie, Personalchefs, Politikerinnen und der Frauenbeauftragten unter dem Titel: „Frauenförderung oder Quote?" zeigte noch einmal überdeutlich, wie groß die

Ablehnung, die Ängste der Industrie und des Mittelstandes sind. Deutlich wurde aber auch, daß viele Frauen aus dem Publikum für solch konservatives Gedankengut wenig Verständnis aufbringen konnten.

Die Kontakte mit den Betrieben, den Kammern und den Wirtschaftsjunioren sind sicher nicht die bequemsten Bereiche in denen Frau sich betätigen kann, sie sind aber spannend und ermöglichen Einblicke und Gestaltungsspielräume dort, wo für Frauen Entwicklungen am dringendsten sind: im Erwerbsbereich.

5.

Mädchenförderung

Petra Borrmann

Sprung nach vorn – Mädchenförderung in der Schule

Vernetzung und Kooperation von Frauen in Schule und sozialer Arbeit

Einleitung

Das Prinzip der Koedukation in Schule und Jugendarbeit ist kritisch zu hinterfragen, denn die Annahme, daß gemeinsame Angebote für Mädchen und Jungen automatisch beide Geschlechter gleichermaßen fördere, hat sich nicht bestätigt.

Untersuchungen zeigen die Benachteiligungen von Mädchen im Schul- und Freizeitbereich: Angebote richten sich hauptsächlich an Jungen und spiegeln häufig herkömmliche Geschlechterrollen unreflektiert wider; demzufolge dominieren Jungen in ihrem Verhalten häufig das Geschehen, die besonderen Interessen und die Lebensrealität von Mädchen werden im Schul- und Freizeitbereich geringer berücksichtigt.

Aus meiner Sicht als Frauenbeauftragte ist es daher notwendig, eine geschlechtsbewußte Pädagogik zu verankern, die sowohl Mädchen als auch Jungen in den Blickpunkt rückt. Dazu gehören äußere Rahmenbedingungen, eine innere Bereitschaft und Sensibilisierung der pädagogische Fachkräfte sowie veränderte Inhalte und geschlechtsdifferenzierende Angebote für Mädchen bzw. Jungen.

Nach den Erfahrungen mit Projekten der Mädchenförderung liegen die größten Chancen für positive Veränderungen im Aufbau von Vernetzung und Kooperationsvorhaben.

Eine kommunale Frauenbeauftragte kann in einem solchen Vernetzungsprozeß den Erfahrungsaustausch und schließlich die gemeinsame Projektplanung von Fachkräften aus den Bereichen Schule und Jugendarbeit sinnvoll unterstützen und begleiten. So kann u. a. die Beschaffung benötigter finanzieller Ressourcen und die Gestaltung effektiver Rahmenbedingungen (z. B. Initiierung und Betreuung eines regelmäßigen Arbeitskreises, Organisation von Fortbildungen) mit zu ihren Aufgaben gehören.

Geschichte des Arbeitskreises „Leben lernen"

I. Phase

1984 begann das Jugendamt, Abt. Erziehungshilfe, in Gesamtkonferenzen an Schulen die rechtlichen Rahmenbedingungen, die Konzeption und Methoden des sozialarbeiterischen Handelns vorzustellen und bekanntzumachen. Es wurde um Kooperation geworben im Sinne von Beratung, Lebenshilfe für die Gesamtfamilie, Öffnung von Schule. Fazit war, daß LehrerInnen häufig enttäuscht waren, weil sie Problemfälle abgeben und Rezepte für ihr Umgehen mit schwierigen Kindern haben wollten. Deutlich wurde, daß Jugendhilfe und Schule nicht kooperierten. Eine Veränderung war nicht in Sicht, die Zeit noch nicht reif.

II. Phase

In den Jahren 1985/86 trafen sich mehrfach die Abteilung Erziehungshilfe des Jugendamtes mit den BeratungslehrerInnen und der Schulpsychologin Anne Kragl. In diesen Treffen versuchten wir, die gegenseitigen Vorurteile auszusprechen, uns in die Arbeit der/des anderen einzudenken und diese anzuerkennen. Die offenen bzw. versteckten Verurteilungen ließen nach. Die Atmosphäre der Treffen wurde herzlicher. Mit der Absichtserklärung, Kooperation zu praktizieren, endeten diese Arbeitstreffen.

III. Phase

Einige engagierte Lehrerinnen und in der Jugendhilfe tätige Sozialarbeiterinnen bildeten daraufhin einen informellen Arbeitskreis, um Bewegung in die vorgegebenen verkrusteten Strukturen zu bringen. Die Frauen erhielten ideelle Unterstützung von seiten des Amtsleiters und einigen interessierten Schulleitern.

In dieser Phase trafen sich regelmäßig: Anne Kragl (Schulpsychologin), Waltraud Dietz (Ev. Familienbildungsstätte), Margaretha Kurmann (Bundesmodellprojekt Prävention), Lore Puntigam (Jugendhilfeplanerin/Erzieherischer Jugendschutz), Elke Tholen (Abteilungsleiterin Erziehungshilfe) und Petra Borrmann (Frauenbeauftragte).

Das Ziel dieser Gruppe, die über ihre Institutionen hinausschauend vernetzt arbeitete, war vorerst, in der hiesigen gewerblichen Berufsschule eine Stelle für Schulsozialarbeit zu installieren, um in BGJ- und BVJ-Klassen weiblichen Schülerinnen Lebenshilfe anzubieten, damit das vom Elternhaus vorgelebte Muster und die gesellschaftlich zugedachten Rollen eine Veränderung erfahren zum eigenständigen Ich und selbstbestimmten Frausein.

1991 gelang es, leider nur auf ABM-Ebene, eine Dipl.-Pädagogin in der Berufsschule einzustellen. Die AB-Maßnahme wurde im 2. Jahr von einer Sozialarbeiterin fortgesetzt und läuft Ende 1993 aus. Die Zukunft dieser Stelle ist derzeit ungewiß. Ihre Notwendigkeit steht außer Zweifel.

IV. Phase

Die kontinuierliche Zusammenarbeit führte zu grundsätzlicheren Fragen: Gesellschaftliche Rollenkonzepte von Weiblichkeit/Männlichkeit wurden diskutiert. Parteilichkeit wurde zum Thema. Die prinzipielle Notwendigkeit geschlechtsspezifischer Ansätze in der sozialen und pädagogischen Arbeit wurde erkannt und das Verhältnis von koedukativen Systemen und der Notwendigkeit exklusiver Angebote für Mädchen und flankierender Maßnahmen für Jungen diskutiert.

In diese Zeit fällt die institutionelle Verfestigung und Erweiterung des Arbeitskreises. Jetzt kamen mit Regina Claußen (Beratungslehrerin an der Realschule Königsberger Straße), Barbara Brinkmann-Szczesny (Beratungslehrerin an der Sonderschule Lessingstraße), Elisabeth Schwarze (Beratungslehrerin an der Sonderschule Fröbelstraße), Ingrid Shigo (Lehrerin am Schulzentrum West) und Karin Schmidt (Beratungslehrerin am Schulzentrum Nord) fünf Lehrerinnen und mit Ulrike Gonder (Ökotrophologin, Gesundheitsamt) eine weitere Präventionsfachkraft hinzu. Analog zu der Kommission auf Landesebene, in der die Delmenhorster Frauenbeauftragte Mitglied war, gab sich der Arbeitskreis zunächst den Namen „Koedukation". Später wurde die Bezeichnung „Leben lernen" gewählt, um neben den herkömmlichen Unterrichtsinhalten den Lebensalltag von Schülerinnen und Schülern aufzugreifen.

Die Frage, ob es der Auftrag eines Frauen-Arbeitskreises sein könne, auch für begleitende Maßnahmen der Jungenarbeit zu sorgen, war lange Zeit strittig, weil ein Teil der Frauen im Arbeitskreis von ihrem Arbeitsauftrag her für Mädchen und Jungen zuständig sind. Die parteiliche Entscheidung für Mädchen und prinzipielle Bedenken gegen eine Konzeptionierung von Jungenarbeit durch Frauen führten letztlich zu der Entscheidung, der Mädchenförderung Vorrang einzuräumen.

V. Phase

Durch die Erweiterung des Arbeitskreises entfaltete sich die persönliche und fachliche Kompetenz. Das Engagement jeder Einzelnen ging über das Normalmaß hinaus, die Zusammenarbeit und Planung von zukünftigen Projekten wurde zur Sache aller. Nur so konnten die Projekte, trotz etlicher Stolpersteine, tatsächlich begonnen werden.

Die Kooperation ist persönlicher Wunsch jeder Frau dieses Arbeitskreises. Die Umsetzung der gesteckten Ziele ist bereichernd.

Wir wünschen uns, daß auch Männer sich bewußt und praktisch auf Jungenarbeit einlassen und durch eine positive Beziehungsarbeit Veränderungen herbeiführen.

Wir müssen uns klarmachen, daß es 9 Jahre kontinuierlicher Arbeit bedurfte, um mit Stolz und Freude sagen zu können, daß Kooperation in der Vernetzung möglich ist; daß erste Schritte der mädchenspezifischen Arbeit in Schule Gestalt angenommen haben und auch in koedukativen Projekten die Reflektion der Geschlechterrollen vorangebracht wird.

Der Arbeitskreis wird die Arbeit fortsetzen, intensivieren, für deren Notwendigkeit werben, weitere Projekte anschieben, Erfahrungen und Fachlichkeiten weitergeben, gesellschaftspolitische Hinweise geben, wach, flexibel und offen sein. Unter dem gemeinsamen Nenner unseres Verständnisses von „Frausein" leben wir und wollen der jungen Generation Beispiel und Vorbild für ihr Leben sein.

Zur Theorie

„Obwohl wir dieselbe Welt erblicken, sehen wir sie mit anderen Augen"

Virginia Woolf

Die Notwendigkeit geschlechtsspezifischer Ansätze in Schule und Jugendarbeit

Als ein grundlegender Ansatz pädagogischen und psycho-sozialen Handelns ist Lebensweltorientierung anzusehen. Dieser Haltung hat auch das Kinder- und Jugendhilfegesetz (KJHG) in § 9 Rechnung getragen:

§ 9 Grundrichtung der Erziehung, Gleichberechtigung von Mädchen und Jungen

Bei der Ausgestaltung der Leistungen und der Erfüllung der Aufgaben sind ...

3. die unterschiedlichen Lebenslagen von Mädchen und Jungen zu berücksichtigen, Benachteiligungen abzubauen und die Gleichberechtigung von Mädchen und Jungen zu fördern.

Lebensweltorientierung bedeutet Orientierung an und Analyse von Sozialisation, Lebensgestaltung, Erleben und Erfahrungen im Lebensalltag, in Macht- und Gewaltverhältnissen.

Das Geschlecht ist die zentrale Schaltstelle und Orientierungshilfe, um Verhalten, Handeln, Kommunikation zu deuten, einzuschätzen, zu verstehen.

Die Lebenswelt und der Lebensalltag ist für Frauen/Mädchen grundlegend anders als für Männer/Jungen. Als weibliche/männliche Kinder werden wir geboren, zu Mädchen/Jungen und Frauen/Männern werden wir geformt und zugerichtet.

In diesem System können Jungen/Männer mehr und andere Möglichkeiten für sich nutzen; zusätzlich stehen ihnen die Ressourcen von Frauen/Mädchen in Form von Beziehungsarbeit und Versorgungsleistungen auf vielen Ebenen zur Verfügung.

Frauen und Mädchen sehen die Welt von „innen“ anders und sie machen andere Erfahrungen im Kontakt mit dem „Außen“. Grundlage ist die Funktionalisierung von Frauen/Weiblichkeit in der Zu-, Nachordnung und Zweitrangigkeit. Entwertung und Mißachtung sind darin wesentliche Kennzeichen. Die konkrete Ausprägung im gesellschaftlichen wie im privaten Leben zeigt sich auf verschiedenen Ebenen:

- Armut ist weiblich
- Gewalt gehört zum Alltag von Mädchen und Frauen
- „Muttern“ ist weiblich. Soziale, unbezahlte Arbeit, d. h. Beziehungsarbeit und Versorgungsleistungen für Kinder, Kranke und alte Menschen, wird fast ausschließlich von Frauen geleistet.
- Gesellschaftliche Macht ist prinzipiell nicht weiblich. Nach wie vor fehlen Frauen in Führungspositionen und somit als Modelle weiblicher Autorität.
- Mädchenarbeit ist kein Regelangebot. Symptomatisch ist, daß in Debatten um Mädchenförderung Mädchen/Frauen immer wieder wie eine gesellschaftliche Randgruppe behandelt werden.

Grundzüge feministischer, parteilicher Mädchenarbeit

„Mama ermunterte uns Kinder bei jeder Gelegenheit zur Sonne zu springen. Wenn wir auch nicht auf der Sonne landeten, so kamen wir doch immerhin vom Erdboden los.“

Zora Neale Hursten, Zitat nach J. G. Raynand, Frauenfreundschaft, 1990, S. 269 Parteiliche Mädchenarbeit

In dieser Arbeit geht es um die Neu- und Aufwertung weiblicher Eigenschaften und Kompetenzen. Unverzichtbare Grundlagen sind:

- Parteilichkeit der Pädagoginnen
- Arbeit in eigenen Räumen
- Arbeit mit geschlechtshomogenen Gruppen

Sie ermöglichen die Lösung von patriarchalem Blick und Bewertung hin zu eigener Wertschätzung; Kriterien können die Fragen nach Nutzen und Schaden von Stärken und Schwächen „weiblicher Eigenarten“ und Kompetenzen sein. Das heißt auch, zu beurteilen, welchen Beitrag sie für ein humanes, soziales und ökologisch orientiertes Leben leisten.

Parteilichkeit bedeutet:

- Frauen/Mädchen eindeutig in den Mittelpunkt pädagogischen Handelns zu stellen.
- Wertschätzung ihres „So-Seins“
- Frauen/Mädchen in dem, wie sie geworden sind, vorurteilsfrei anzunehmen.
- Bedürfnisse, Vorstellungen und Wünsche wahr- und ernstzunehmen.
- Unterdrückung von Frauen/Mädchen zu sehen, zu benennen und Stellung zu beziehen.

- Parteilichkeit (soll als Übergreifendes wiederholt werden)
- initiiert Bewußtseinsprozesse und ermöglicht eine Auseinandersetzung mit dem Status quo
- analysiert weiblichen Lebensalltag und individuelle Verarbeitungsformen
- setzt sich mit Frauenrollen auseinander
- analysiert gesellschaftliche Forderungen und Veränderungsmöglichkeiten
- entlarvt Konkurrenz zueinander
- verändert Geringschätzung
- ermöglicht gemeinsames Erfahren, Experimentieren und (Probe-)Handeln
- entwickelt und stellt alternative Lebensmodelle vor

(vgl. Renate Klees, Helge Marburger, Michaele Schumacher, Mädchenarbeit)

Zur Lage von Mädchen in Delmenhorst

Die Jugendhilfeplanung der Stadt Delmenhorst hat durch eine Reihe von Untersuchungen die Benachteiligung von Mädchen in der Stadt Delmenhorst nachgewiesen:

Beispiel:
Freizeitangebote - Angebote für Jungen und Mädchen?

Das Ergebnis einer Befragung von Schülerinnen und Schülern in der Sekundarstufe I und Sekundarstufe II zeigt, daß Mädchen im Jugendalter ein geringerer Anteil an den Jugendfördermitteln zukommt als Jungen. Sie sind sowohl beim Besuch von Sportvereinen und verbandlichen Jugendgruppen unterrepräsentiert als auch im Bereich der offenen Jugendarbeit.

Besonders extrem ist die Benachteiligung von jugendlichen Mädchen im Bereich der offenen Jugendarbeit (71 % der Nutzer sind Jungen). Die kirchlichen Jugendgruppen erreichen zwar überdurchschnittlich viele Mädchen, aber kaum bildungsbenachteiligte Bevölkerungsschichten. Insbesondere für bildungsbenachteiligte junge Mädchen und für Ausländerinnen gibt es in Delmenhorst keine passenden Freizeitangebote.

Diese soziale Ausgrenzung ergibt sich zunächst aus dem weiblichen Lebenszusammenhang:

- Mädchen haben weniger Zeit, da sie für schulische Leistungen mehr Zeit aufbringen (müssen) und im häuslichen Bereich stärker eingespannt werden.
- Mädchen sind weniger mobil/angewiesener auf Angebote des öffentlichen Personennahverkehrs.
- Mädchen dürfen vieles nicht, was Jungen dürfen (dies betrifft insbesondere türkische Mädchen).

Neben diesen rollentypischen Teilnahmebehinderungen gibt es so etwas wie eine strukturelle Exklusivität des Angebotes:

- Ein Übergewicht „geschlossener“ Trainingsangebote im Sportbereich schließt Mädchen aus; denn Mädchen bevorzugen offene Freizeitsportangebote.
- Angebote in Räumen, Spiel- und Sportanlagen, die für jungentypische Spiele geeignet sind, fördern eine für die offene Jugendarbeit geradezu typische Struktur: Jungen greifen Raum, machen Action, Mädchen schauen zu, hängen sich an - oder bleiben weg.

Beispiel:
Ausbildung und Berufswahl – die fortgesetzte Chancenungleichheit

Durch eine Analyse der Schulstatistik konnte nachgewiesen werden, daß Mädchen - entgegen anders lautender Darstellung in Medien - gegenüber Jungen nach wie vor massiv benachteiligt sind. Zwar erreichen Mädchen im dreigliedrigen Schulsystem inzwischen etwas höhere Schulabschlüsse als Jungen, dieser Vorsprung geht aber in den folgenden Jahren rasch verloren, da die Jungen verstärkt Möglichkeiten nutzen, über das berufsbildende Schulwesen Schulabschlüsse nachzuholen. Über diese zweite Chance, die Jungen den traditionelle Vorsprung im Bildungssystem wieder sichert, wird öffentlich kaum berichtet.

Haupt- und Sonderschülerinnen sind besonders benachteiligt. Weitaus mehr Mädchen verlassen diese Schulform ohne Abschluß als Jungen.

Obwohl Mädchen laut SchülerInnen-Befragung intensiver von den persönlichen und institutionellen Beratungsangeboten zur Berufswahl Gebrauch machen als Jungen, treffen Mädchen nach wie vor Berufswahlentscheidungen, die die Benachteiligung von Frauen am Arbeitsmarkt fortschreiben:

- Mädchen richten ihre Berufswünsche noch häufiger als Jungen auf Berufsfelder mit hohem Arbeitsmarktrisiko.
- Mädchen schränken sich mit ihren Berufswünschen auf eine enge Palette von Berufsgruppen ein.

Beispiel:
Beratungsangebot/Erziehungshilfe Mädchen übersieht man leichter

Der bisherige Untersuchungsstand läßt für Delmenhorst die Tendenz erkennen, daß Beratungs- und Hilfeangebote häufiger wegen Erziehungsschwierigkeiten mit Jungen in Anspruch genommen werden. Dies betrifft insbesondere die Beratungsangebote der Psychologischen Beratungsstelle, aber auch die Langzeitmaßnahmen des Jugendamts. Bei den Neuzugängen zeichnen sich allerdings Veränderungen ab, was u. U. damit zusammenhängen kann, daß in den letzten Jahren vermehrt Fälle von sexueller Gewalt aufgedeckt wurden.

Die Beeinträchtigung der Entwicklung junger Menschen, z. B. ökonomische und soziale Deprivation, Arbeitslosigkeit, Krankheit und Suchtprobleme der Eltern, Trennungskrisen, soziale Konflikte mit Gleichaltrigen, Leistungsstreß, Adoleszenskrise, Normenkonflikte, ungewollte Schwangerschaft, Schulversagen, Berufswahlnöte und Suchtprobleme, betrifft Jungen und Mädchen. Dabei sind viele Probleme für Mädchen belastender als für Jungen (z. B. ungewollte Schwangerschaft, Übernahme von Versorgungsfunktionen bei Ausfall eines Elternteiles, interkulturelle Normenkonflikte). Zusätzlich sind Mädchen häufiger von sexueller Gewalt betroffen als Jungen.

Angesichts dieser Verteilung von Konfliktpotential ist die unterdurchschnittliche Inanspruchnahme von Hilfen durch/für Mädchen erklärungsbedürftig. Die folgenden Erklärungsversuche sind bislang noch Hypothesen, die geprüft werden müssen:

- Jungen entwickeln auffälligere, provozierendere, destruktive Symptome, die sozial unerwünscht sind. Mädchen, die eher mit Überanpassung auf Konflikte reagieren, werden leichter übersehen, selbstdestruktive Signale sind weniger auffällig. So entsteht für die soziale Umwelt weniger Handlungsbedarf.
- Im Hilfesystem fehlen noch weitgehend geschlechtsspezifische Hilfekonzepte. Dadurch verdoppeln Beratungseinrichtungen/HelferInnen u. U. die Benachteiligung von Mädchen: Eine nicht ausreichende Zahl weiblicher Fachkräfte, fehlende exklusive Angebote für Mädchen (z. B. Mädchengruppen, offene Beratung für Mädchen) erhöhen die Schwelle für hilfesuchende Mädchen derart, daß die angebotenen Hilfen unattraktiv oder unerreichbar werden. Dies gilt insbesondere für Hilfen im Bereich von sexueller Gewalt und Abhängigkeit.

Zur Schule

Anforderungen an Schule

Die Schule ist nicht nur ein intellektueller, sondern vor allem auch ein wichtiger persönlicher und sozialer Erfahrungs- und Lebensraum für Kinder, Jugendliche, für Lehrerinnen und Lehrer.

Die Anforderungen an Schule sind entsprechend den Veränderungen unserer Lebenswelt einem permanenten Wandel unterworfen. Schule soll nicht nur Wissen vermitteln, sondern zum selbständigen Denken in Zusammenhängen anleiten, zur Teamfähigkeit führen, lehren, wie man lernt - ein Leben lang, auch mit anderen zusammen. Schule soll zur Kreativität anleiten.

Lehrer und Lehrerinnen müssen sich diesen Anforderungen stellen, indem sie mit den Kindern und Jugendlichen gemeinsam suchend und lernend auf wichtige Lebensfragen Antworten finden. Die alten und neuen Lebensfragen orientieren sich an den Idealen unserer Informationsgesellschaft, an der Jugendkultur und deren Lebensprobleme, die heute oft größer sind als ihre Lernprobleme. Schule muß auf Veränderungen unserer Lebenswelt reagieren, auf Einfluß der Medien, auf die Einkindfamilie, auf die häufig zerfallende Familienstruktur, auf das Zusammenleben verschiedener Kulturen, auf die vermehrte Freizeit und die vielen Freizeitangebote und nicht zuletzt auf die Forderung nach Gleichstellung der Geschlechter.

Wie kann Schule dies alles leisten?

Größere Klassenfrequenzen und höhere Arbeitsbelastung der Lehrer und Lehrerinnen werden diesen Anforderungen nicht gerecht. Die fachlichen Qualifikationen vieler sind überzeugend, oftmals fehlt es jedoch an methodischem Know-how, wenn es um die Vermittlung von Lösungsmöglichkeiten zu Lebensfragen geht. Darauf sind Lehrerinnen und Lehrer in ihrer herkömmlichen Ausbildung oftmals nicht vorbereitet worden. Das System Schule hat manche zu isolierten Einzelkämpfern hinter verschlossenen Klassentüren gemacht.

Schule braucht also eine Neuorientierung auch in struktureller Hinsicht. Vieles ist in dieser Richtung angedacht, und in den letzten Jahren hat es wichtige Initiativen - häufig durch das Engagement einzelner - gegeben: fächerübergreifender Unterricht, Projektunterricht, Freiarbeit, meditative Verfahren, Theater, Musik- und Sporttage, Schulgarten, Schulkiosk, Mädchenraum, Kontakte zu außerschulischen Lernorten und Lernpartnern gehören mancherorts schon zum Schulalltag.

Mit dieser Neuorientierung steigt nicht nur die Qualität des Lehrens und Lernens, sondern auch die Chance zur Kompensation von familiären, sozialen, kommunikativen und möglicherweise auch wohnlichen Defiziten in der Lebenswirklichkeit der Schülerinnen und Schüler.

Schule als sinnvoller Ort von Mädchenförderung

„Nicht für die Schule, sondern für's Leben ..."

Schule ist neben der Familie der Ort schlechthin, an dem sich Mädchen- und Jungen-/Frauen- und Männerbilder reproduzieren, Rollen entsprechend „verfestigt" werden und die ganze Dynamik der Geschlechterbeziehung in ihren verschiedenen Facetten Gestaltung findet.

Mädchen lernen in der Schule für das Leben,
- daß eine Geschlechterhierarchie zu ihren Ungunsten besteht
- daß Jungen im Unterricht dominant sind und Bevorzugung erfahren
- daß „weibliche Tugenden" wie Einfühlungsvermögen, Kommunikationsfähigkeit, sich Anpassen und Rücksichtnahme zur Rollenerwartung gehören und nur bedingt als Stärken begriffen werden

- daß Vorbilder für eine selbstbestimmte weibliche Identität rar sind und stattdessen männliche Wertmaßstäbe Richtschnur für die Identifikation sind

Sie erleben,
- daß Lehrerinnen und Lehrer Geschlechtsstereotype reproduzieren
- daß Lehrerinnen eher selten in Funktionsstellen zu finden sind
- die Ambivalenz der an sie gestellten Rollenerwartungen: traditionelle Vorgaben konkurrieren mit Forderungen nach Selbstbestimmung, Durchsetzungskraft und Stärke

So ist Schule als Raum zu begreifen, der einerseits bestehende Machtverhältnisse aufrechterhält und Rollenbilder daran profiliert, andererseits jedoch Möglichkeiten anbietet, Bestehendes zu analysieren, zu hinterfragen und neu zu gestalten.

Dazu bedarf es buchstäblich freier, eigener Räume für Mädchen, um Ideen und Vorstellungen unabhängig von impliziten männlichen Vorgaben und Erwartungen zu entwickeln und Identifikationsräume zu schaffen, in denen das Weibliche Chancen zur Gestaltung erhält. Dieses sei am Beispiel der Koedukationsdebatte erläutert.

Die feministische Schulforschung zeigt, daß sich die Erwartungen an Koedukation nicht erfüllt haben.

„Gemeinsamer Unterricht heißt nicht automatisch Erziehung zur Gleichberechtigung"

Bei den Versuchen, Mädchen und Jungen gleiche Chancen einzuräumen, hat es Fehler gegeben. Falsch ist die Vorstellung, Mädchen müßten einfach ihr bisheriges Leben vergessen und anfangen, sich so zu verhalten, wie es bisher nur Jungen taten; sie müßten „Jungen werden", um der Benachteiligung zu entkommen. Dieser Weg hält an der Aufspaltung fest und ändert nichts an der herkömmlichen Sichtweise: Weiblichkeit ist weiter schlechter bewertet, Männlichkeit bleibt überlegen.

Ein wichtiges Ziel der Mädchenarbeit ist die Forderung einer gesellschaftlichen Wertschätzung von Weiblichkeit. Daher ist es sehr wichtig, Mädchen darin zu unterstützen, ihre Fähigkeiten und Eigenschaften positiv zu sehen und nicht danach zu beurteilen, in wie weit sie männlichen Normen entsprechen. Mädchen müssen verstehen und bearbeiten, auf welche Art und Weise Mädchen und Frauen an der Reproduktion der Geschlechterbeziehung beteiligt sind. Sie müssen ermuntert werden, ihre Bilder von Weiblichkeit in ihren eigenen Köpfen zu hinterfragen und nachzuforschen, wie sie selbst z. B. Aggressivität verdrängt oder passives Verhalten übernommen haben.
Die Arbeit in der Mädchengruppe bietet ihnen den notwendigen Freiraum und die Zeit zu einer Selbstfindung. Sie werden unterstützt, eigene Bedürfnisse

Mädchengruppe

Im Schuljahr 1993/94 gibt es seit September eine – aus den Projekttagen entstandene – Mädchengruppe, die wöchentlich arbeitet.

Die Inhalte der Gruppe bestimmen die Mädchen im Kontakt mit uns als Betreuerinnen selbst.

Im Oktober/November 1993 lag der Schwerpunkt auf der Renovierung, Einrichtung und Ausgestaltung des Mädchenraumes.

Seminar vom 17. – 19.10.1993 in Asendorf

Mit dieser Mädchengruppe sind wir dann von Sonntag bis Dienstag in ein Frauenseminarhaus gefahren.

Thema war: Liebe, Sexualität, Freundschaft. Wesentliche, produktive Merkmale dieser von uns als Teamerinnen durchweg als positiv erlebten Tage waren:

- die Mädchen bestimmen möglichst weitreichend Form und Inhalte der Tage. Es gab keine festgelegten Tagespläne, Essenszeiten, ins-Bett-geh-Zeiten etc. Die Planung/Verantwortlichkeiten wurden gemeinsam festgelegt bzw. offen gelassen
- Unsere Aufgabe als Teamerinnen lag in der Schaffung und Sicherung eines Rahmens sowie in der Anregung, damit die Mädchen Erfahrungen mit sich und miteinander machen können
- Die Mädchen hatten Raum und Zeit für sich ohne die Erwachsenenkontrolle
- Das Haus – ein Bildungshaus von und für Frauen – war nur mit unserer Gruppe belegt und hat eine deutlich weibliche, Vertrauen und Wohlbefinden fördernde Atmosphäre

Mädchenraum in der Schule

Mit 90 % Förderung des Frauenministeriums konnte im Herbst 1993 ein ehemaliger Klassenraum zum Mädchenraum umgestaltet werden. Die Renovierung übernahm die Mädchengruppe ebenso wie die Planung und Überlegungen zur konkreten Ausgestaltung mit uns Teamerinnen.

Im Rahmen der Förderung konnten angeschafft werden:

- Flexible Tisch- und Sitzbankkonstruktionen
- Polster; Matten
- Regale
- Teppich; Gardinen
- Lampen

Der Raum wird so eingerichet, daß er eine möglichst flexible und unterschiedliche Nutzung durch die Mädchen der Schule zuläßt:

Dabei ist an folgende Nutzungsmöglichkeiten gedacht.

- Pausenraum für alle Mädchen der Schule
- Mädchenarbeitsraum für geschlechtsdifferenzierenden Unterricht
- Raum für feste und offene Mädchengruppen am Nachmittag
- Feste und Feiern von Mädchen, Mädchengruppen
- Beratung von Mädchen

An einer ausweitenden Nutzung und Öffnung wird weiterhin gearbeitet.

herauszufinden, und eine selbständige Wahl ihres zukünftigen Lebensweges zu treffen; eigene Anliegen und eigene Zufriedenheit werden in den Mittelpunkt der Betrachtung gerückt.

Die Mädchen müssen einen Freiraum bekommen, den sie in der Schule noch nicht erlebt haben und somit die Chance wahrnehmen, sich selbst zu erfahren und ihr Selbstbewußtsein zu stärken. Indem sie sich mit der eigenen Lage und ihren Gefühlen auseinandersetzen, sollen sie die Kompetenz erhalten, gemeinsame Vorstellungen zur Gestaltung einer mädchenfreundlicheren Schule zu entwickeln.

Durch das Vorhandensein eines Mädchen-Raumes und einer eigenständigen Mädchenarbeit, die sich der männlichen Kontrolle, der Bewertung durch Jungen und Lehrer entziehen, tritt Jungen die Zweigeschlechtigkeit unserer Gesellschaft sichtbarer gegenüber.

Jungen müssen sich mit der von Mädchen entwickelten Andersartigkeit, mit ihren Wünschen, Vorstellungen.

Schwierigkeiten

Jede Lehrerin, die sich für Mädchenarbeit einsetzt, muß darauf vorbereitet sein, daß es abwehrende bis diffamierende Reaktionen im Kollegium geben kann. Neben der Suche nach schulinterner Unterstützung sollte sie sich außerschulische Hilfe holen. Diese wirkt nicht nur persönlich stärkend, sondern kann auch, aufgrund anderer Fachkompetenzen, als LehrerInnen sie haben, das Kollegium in Bewegung bringen.

Auch bei wohlwollender Unterstützung des Kollegiums wird eine Lehrerin, die mit der Mädchenarbeit anfängt, nicht den Eindruck verlieren, daß Mädchenarbeit noch etwas Exotisches ist. Sie wird das Gefühl haben, diese Arbeit laufend rechtfertigen zu müssen und psychischen Druck spüren, daß die Mädchenarbeit „erfolgreich“ sein muß. (Es werden Erwartungen an sie herangetragen, daß z. B. alle Mädchen begeistert sein müssen, daß alle Mädchen erreicht werden usw., was natürlich nicht zu leisten ist.)

Eine Lehrerin, die Mädchenarbeit in der Schule durchführt, befindet sich in einer neuen Doppelrolle, einmal als Lehrerin, d. h. Autoritätsperson, wenn auch vertrauensvoller Umgang im Unterricht mit den SchülerInnen üblich ist, andererseits in der Rolle als „Teamerin“. In dieser besonderen Rolle als „Teamerin“, d. h. in einem noch intensiveren Umgang mit den Schülerinnen, wird sie Ängste haben, ob sie dieser Rolle gerecht werden kann. Natürlich stellt sie sich die Frage, ob sie die Erwartungen, die die Mädchen an eine Mädchengruppe stellen, erfüllen kann. Sie wird Unsicherheiten spüren, weil sie letztlich nicht genau einschätzen kann, wie die Mädchen auf Erfahrungen in einer Mädchengruppe reagieren werden.

Die Erfahrung zeigt, daß Mädchen, die sich im Unterricht eher angepaßt, fleißig und kooperativ geben, in der Mädchengruppe ganz andere Verhaltensweisen von sich zeigen; sei es Sturheit, Verweigerung, Aggression usw. Dieses kann für eine Lehrerin sehr irritierend sein, weil sie auf solche Reaktionen, gerade von Mädchen, nicht gefaßt ist. Anders als im Unterricht, wo sie bei Störungen und abweichendem Verhalten mit disziplinarischen bzw. pädagogischen Maßnahmen versucht, die SchülerInnen zur Mitarbeit zu bringen, würde solches Verhalten, hier angewendet, den Zielen der Mädchenarbeit widersprechen.

In dem Augenblick, in dem eine Lehrerin als „Teamerin" in der Mädchengruppe auftritt, muß sie Autoritätsanteile, die für die Durchsetzung und Vermittlung von Lerninhalten notwendig sind, außeracht lassen und sich in die neue ungewohnte Rolle hineinbegeben.

Um produktiv mit den Mädchen zusammen arbeiten aber auch Spaß haben zu können, muß sie die Schülerinnen so annehmen, wie sie sind, ohne große Erwartungen, eben mit ihren Schwächen, Störungen, Schwierigkeiten, Ängsten aber auch ihrer Offenheit, Freundlichkeit usw.

Dieses Annehmen bedeutet z. B. für eine Lehrerin erst einmal Ruhe, Gelassenheit, innere Sicherheit bewahren und diejenigen Mädchen positiv zu unterstützen, die mitmachen und aushalten, daß andere Mädchen sich verweigern, d. h. sie gewähren lassen, d.h. auch ihnen ihre eigenen Ängste, Unsicherheiten zugestehen, ihnen Zeit lassen!

Um dieses leisten zu können, ist es notwendig, daß jede Pädagogin, die in die parteiliche Mädchenarbeit einsteigt, bereit ist, die eigene Frauenrolle laufend zu reflektieren. Sie muß den Mädchen gegenüber offen sein, viele der Übungen mitmachen und in Gesprächen Stellung beziehen.

Alle genannten Schwierigkeiten werden langfristig erheblich gemildert, wenn Lehrerinnen sich, wie anfangs erwähnt, fachliche außerschulische Unterstützung holen.

Ressourcen

Die Vernetzung sozialer und pädagogischer Dienste und Einrichtungen ermöglicht nicht allein die Entwicklung innovativer Projektideen, sondern hilft auch, die Ressourcen und die Akzeptanz für ihre Umsetzung zu sichern. Das für die Delmenhorster Projekte der Mädchenförderung geknüpfte Netzwerk kann dies exemplarisch verdeutlichen:

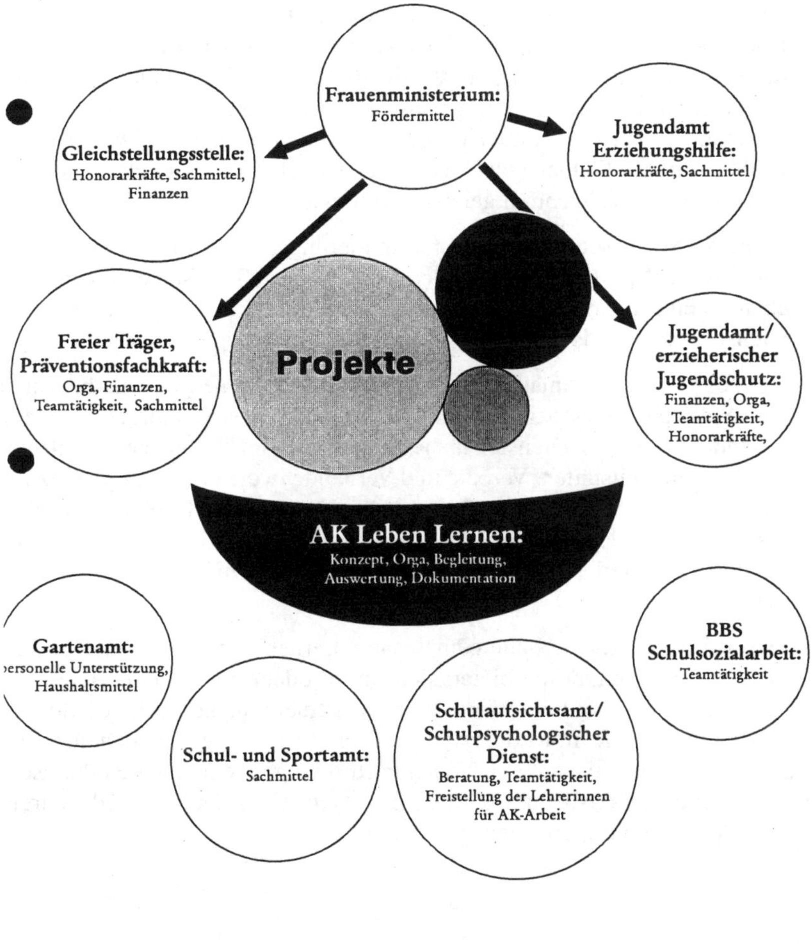

Je nach Anlage eines Projektes sind zur Unterstützung andere oder weitere Einrichtungen/Dienststellen/Finanzierungsquellen hinzuzuziehen:

- Liegt der inhaltliche Schwerpunkt auf Prävention/Gesundheitserziehung/ Sexualpädagogik sollte auch der Kontakt zu Fachkräften aus dem Gesundheitsamt, bei örtlichen Krankenkassen, in Beratungsstellen öffentlicher und freier Träger aufgenommen werden. Geschlechtsspezifische Ansätze existieren in vielen Pro-familia-Beratungsstellen und in Beratungsstellen gegen sexuelle Gewalt. Landesmittel können für solche Projekte auch beim Kinder- und Jugendschutz beantragt werden (z. Zt. max. 50 % Förderung).

- Liegt der Schwerpunkt auf der Umgestaltung von Schulgelände mit Orientierung an Mädcheninteressen und ökologischen Ansprüchen kommt der Kooperation mit dem kommunalen Gartenamt besondere Bedeutung zu. Daneben könnte Unterstützung aus dem Umweltamt, der Stadtentwicklung und der Jugendhilfeplanung wichtig werden. Kontakte zu ortsansässigen Künstlerinnen, Frauenwerkstätten und Kunstschulen sind hilfreich. Spezielle Fachberatungen können von Universitäten und Fachhochschulen, aber auch regionalen Umweltzentren geleistet werden.

- Liegt der Schwerpunkt auf Berufsorientierungsfragen, sollten die beratenden Dienste der örtlichen/regionalen Arbeitsämter (Berufsberatung und BIZ) ebenso einbezogen werden, wie berufsbildende Schulen, Einrichtungen und Dienste der Jugendsozialarbeit und Wirtschaftsbetriebe.

- Geht es schwerpunktmäßig um den Aufbau von Gemeinwesenarbeit in einem Stadtteil (z. B. sozialer Brennpunkt) sind neben den allgemeinen und besonderen sozialen Diensten insbesondere auch im Umfeld der Schule vorhandene Freizeitstätten, Vereine und Verbände in die Kooperation einzubeziehen. Für solche Projekte können unter Umständen Mittel des Sozialministeriums (Förderung von Selbsthilfegruppen und Trägern von Initiativen zur Aktivierung der Selbsthilfe in sozialen Brennpunkten) beantragt werden.

Für das dringend erforderliche gemeinsame Lernen von LehrerInnen und außerschulischen Fachkräften bieten sich im norddeutschen Raum viele Möglichkeiten: schulinterne Lehrerfortbildungen, gemeinsam konzipierte Bildungsurlaubseminare (z. B. in Kooperation des schulpsychologischen Dienstes mit Jugendamt), Teilnahme an beruflichen Fortbildungen regionaler Bildungseinrichtungen und Praxisberatung durch die regional zuständige Mädchenreferentin oder andere ExpertInnen.

6.

Frauen im Zentrum

Kerstin Tornow, Katrin Luster

Den Frauen der Stadt und im Landkreis einen Mittelpunkt geben – Frauenzentrum in Gotha

Im Sommer 1989 gründete sich in Gotha die Frauengruppe MAXI mit dem Ziel, Förderungen für Frauen am „Runden Tisch" einzubringen und durchzusetzen.

Die Hauptforderungen waren:

- Einstellungen von Gleichstellungsbeauftragten in den öffentlichen Verwaltungen und
- Einrichtungen eines Frauentreffs für die Stadt Gotha

Der damaligen politischen Situation ist es sicherlich zu verdanken, daß unsere Forderungen relativ schnell erhört werden. Im Mai 1990 wurde im Landratsamt und im Oktober 1990 in der Stadtverwaltung eine Gleichstellungsbeauftragte eingestellt. Auch die Forderung, einen Frauentreff für die Stadt Gotha einzurichten, lehnten die damaligen Kommunalpolitiker nicht ab. Schon im Sommer 1990 konnten wir die Räume des jetzigen Frauenzentrums besichtigen. Die Stadt handelte schnell und unbürokratisch und mietete drei leerstehende Wohnungen, die bis dahin von vietnamesischen Vertragsarbeitern bewohnt wurden, für die Einrichtung des Frauentreffs an.

Finanziell wurde die Stadt vom Landkreis unterstützt. Nachdem dann in beiden Behörden (Landratsamt und Stadtverwaltung) die Gleichstellungsbeauftragten tätig waren, entstand eine sehr gute funktionierende Zusammenarbeit, der es zu verdanken ist, daß noch im November 1990 das Frauenzentrum offiziell eröffnet werden konnte. Das Frauenzentrum ist seither in der Trägerschaft der Stadt Gotha und die Gleichstellungsbeauftragte ist „nebenbei" Leiterin des Frauenzentrums.

Diese Konstellation hat sich als sehr günstig erwiesen:

- kürzere Verwaltungswege,
- Festeinstellung der Mitarbeiterinnen,
- geringere Finanzsorgen, als freie Träger, da die Finanzierung des Frauenzentrums im Haushalt der Gleichstellungsbeauftragte eingebunden ist.

Das Frauenzentrum wird nun näher vorgestellt:

Die Mitarbeiterinnen

Die drei Mitarbeiterinnen - 2 Festeinstellungen und 1 Stelle, die solange befristet ist, wie Fördermittel der Thüringer Staatskanzlei bewilligt werden - sind der Gleichstellungsbeauftragten der Stadtverwaltung Gotha unterstellt. Zwei dieser Mitarbeiterinnen absolvieren derzeit ein Studium zur „Fachkraft für soziale Arbeit".

Außerdem sind im Frauenzentrum drei weitere Frauen in AB-Maßnahmen beschäftigt. Ihre Aufgabe ist es, die Betreuung bei erkrankten Kindern abzusichern, deren Mütter alleinerziehend und berufstätig sind oder sich in Aus- oder Fortbildung befinden. Die Betreuung findet in den Wohnungen der Familien während der normalen Arbeitszeit statt und ist für die Mütter kostenlos.

Angebote des Frauenzentrums

Das Hauptanliegen ist, Fraueninteressen zu unterstützen und zu fördern und Kommunikationstreffpunkt zu sein. Demzufolge richten sich die Angebote des Frauenzentrums ausschließlich nach den Wünschen und Bedürfnissen der Besucherinnen, wie z.B.:

- Bildung: Sprachkurse (u.a. Deutsch f. Ausländerinnen);
  Nachhilfeunterricht und Hausaufgabenhilfe für Kinder;
  Veranstaltungsreihen z.B.im Mietrecht, Sozialrecht, Familienrecht usw.
- Sport: Gymnastikkurse für jede Altersgruppe;
  Yoga, autogenes Training, Selbstverteidigungskurse,
  Rhythmische Gymnastik, Geburtsvorbereitung u.v.a.m.
- Kreativ-Kurse: Seidenmalerei;
  Floristik;
  Schmuckgestaltung;
  Basteln zu verschiedenen Anlässen usw.

Des weiteren stellt das Frauenzentrum Frauenvereinen, Mädchengruppen und Selbsthilfegruppen seine Räume kostenlos zur Verfügung.

Die meisten Kurse werden von den Mitarbeiterinnen des Frauenzentrums organisiert und durchgeführt. Wo dies nicht möglich ist (z.B. Geburtsvorbereitung und Sprachkurse), werden Fachfrauen bzw. Honorarkräfte herangezogen.

Das Frauenzentrum zählt monatlich etwa 1.500 Besucherinnen.

Räumliche Bedingungen / Lage

Das Frauenzentrum befindet sich am Rand eines großen Neubaugebietes am Stadtrand von Gotha.

Anfangs hielten wir das für nachteilig, aber es hat sich gezeigt, daß gerade in großen anonymen Wohngebieten ohne entsprechende Infrastruktur der Bedarf an einem solchen Kommunikationszentrum enorm groß ist.

Inzwischen ist das Frauenzentrum zu einem festen Anlaufpunkt auch für Frauen aus entfernten Stadtteilen geworden. Die Anbindung an öffentliche Verkehrsmittel ist gut.

Die Stadtverwaltung konnte 1990 drei ehemalige sogenannte „Bauarbeiterwohnungen" in einem Neubaublock (Plattenbau) anmieten.

Es sind zwei Erdgeschoßwohnungen und eine Wohnung im ersten Stockwerk. Nach einigen Umbaumaßnahmen ist jetzt Platz für das Frauencafe „lila", 2 Kinderzimmer, 1 Küche, 1 Büro, 1 Sportraum, 1 Seminarraum und 2 kleinere Beratungsräume. Sanitäre Anlagen sind in jeder Wohnung vorhanden.

Finanzierung

Die Finanzierung des Frauenzentrums erfolgt aus dem Etat der Gleichstellungsbeauftragten der Stadtverwaltung Gotha und umfaßt u.a. folgende Haushaltsstellen:

- Miete, Heizung, Beleuchtung, Wasser, Telefon
- Ausstattung und Ausrüstungsgegenstände, Verbrauchsmittel
- Reinigungsmaterial
- Aus- und Fortbildung
- Veranstaltungen
- Öffentlichkeitsarbeit
- Versicherungen
- Bürobedarf
- Bücher und Zeitschriften

„Stundenplan"

montags	dienstags	mittwochs	donnerstags	freitags
3. April 10^{00} / 13^{30} / 14^{30} } Sport 16^{00} Vereinsvers. „Konkav" 16^{00} SHG Anonym. Alkoholiker 18^{00} Jugendgemeinschaftswerk 18^{00} Rhythm. Gymn.	4. April 10^{00} Seidenmalerei 13^{30} Sprechstunde/ 14^{30} Sport f. Parkins. Kr. 14^{00} Nachhilfe 16^{30} Englisch-Kurs 18^{00} Geburtsvorbereitung	5. April 10^{00} Treffen „Seelisch Behinderter u. Depressiver" 10^{00} Gymnastik 14^{00} Nachhilfe 18^{30} Geburtsvorber.	6. April 11^{00} Sport 14^{00} Nachhilfe 15^{00} Mädchentreff 19^{00} Rhythmische Gymnastik 16^{00}–18^{00} Telefondienst „Sexueller Mißbrauch"	7. April 10^{00} „Pfund um Pfund" (Gesunde Ernährung, Sport) 15^{00} Kaffeenachmittag
10. April 10^{00} / 13^{30} / 14^{30} } Sport 16^{00} SHG Anonyme Alkoholiker 18^{00} Rhythmische Gymnastik	11. April 10^{00} Seidenmalerei 13^{30} Sprechstunde/ 14^{30} Sport für Parkinson Kranke 14^{00} Nachhilfe 18^{30} Geburtsvorbereitung 16^{30} Englisch-Kurs	12. April 10^{00} Treffen „Seelisch Behinderter und Depressiver" 10^{00} Gymnastik 14^{00} Nachhilfe 15^{00} Treffen der Naturfreunde 18^{30} Geburtsvorber.	13. April 11^{00} Sport 14^{00} Nachhilfe 15^{00} Mädchentreff 19^{00} Rhythmische Gymnastik 15^{00} Freizeitgest. „Seelisch Behinderter und Depressiver"	14. April 10^{00} „Pfund um Pfund" (Gesunde Ernährung; Sport) 15^{00} Kaffeenachmittag
17. April 	18. April 10^{00} Seidenmalerei 13^{30} Sprechstunde/ 14^{30} Sport für Parkinson-Kranke 14^{00} Nachhilfe 18^{30} Geburtsvorbereitung	19. April 10^{00} Treffen „Seelisch Behinderter und Depressiver" 10^{00} Gymnastik 14^{00} Nachhilfe 18^{30} Geburtsvorbereitung	20. April 11^{00} Sport 14^{00} Nachhilfe 15^{00} Mädchentreff 19^{00} Rhythmische Gymnastik 15^{00} Freizeitgest. „Seelisch Behinderter und Depressiver"	21. April 10^{00} „Pfund um Pfund" (Gesunde Ernährung; Sport) 15^{00} Kaffeenachmittag
24. April 10^{00} / 13^{30} / 14^{30} } Sport 16^{00} SHG Anonyme Alkoholiker 18^{00} Rhythmische Gymnastik	25. April 10^{00} Seidenmalerei 13^{30} Sprechstunde/ 14^{30} Sport für Parkinson-Kranke 14^{00} Nachhilfe 18^{30} Geburtsvorbereitung 10^{00} LAG „Frauenkasse"	26. April 10^{00} SHG „Seelisch Behinderter u. Depressiver" 10^{00} Gymnastik 14^{00} Nachhilfe 14^{00} SHG „Alleinstehende" 16^{00} SHG „Krebs" 16^{00} „Hyperaktives Kind" 18^{30} Geburtsvorber.	27. April 11^{00} Sport 14^{00} Nachhilfe 15^{00} Mädchentreff 19^{00} Rhythmische Gymnastik 15^{00} Freizeitgest. „Seelisch Behinderter u. Depressiver"	28. April 10^{00} „Pfund um Pfund" (Gesunde Ernährung; Sport) 15^{00} Kaffeenachmittag

Öffnungszeit

Frauenzentrum
Eschleber Straße 26
99867 Gotha
Tel. 03621/75 83 13

montags – freitags
10^{00} – 18^{00}

Cafe „lila"

z.Z. Ausstellung
„Gotha – Gestern + heute"
Fotos aus 30 Jahren

Bibliothek/Infothek mit:
- Romanen
- Biographien
- Reiseberichten
- frauenspezif. Literatur
- Naturheilkunde
- Rechtsinformationen

Hinweis:
am 25.4.95 um 10^{00} Uhr öffentliche Veranstaltung: „Landesarbeitsgemeinschaft „Frauenkasse" (finanzierter Schwangerschaftsabbruch)

Kinderbetreuung (für alleinsteh. Mütter bei Erkrankung d. Kinder)

7.

Geschichte der Frauen

Editha Beier
„Trümmerfrauen" – zur Geschichte der Frauen der Stadt Magdeburg

„Trümmerfrauen", das ist für uns alle sicher ein feststehender Begriff. Aber kennen Sie einen einzigen Namen, wissen Sie, wieviel Trümmerfrauen es gab und was sie und zu welchen Bedingungen geleistet haben?

Ich habe als Kind einige kennengelernt, als wir Kinder der zweiten Klasse der Leibnizschule in Magdeburg Steine stapeln mußten. Mir fiel einmal ein Stein auf den Fuß und ich heulte los. Eine von Trümmerfrauen nahm mich in die Arme und tröstete mich: „Laß man gut sein mein Kind, der Zehnagel heilt wieder und der Schmerz wird vergehen. Das ist alles nicht so schlimm. Wichtig ist, daß wir jetzt ruhig schlafen können und daß wir keine Angst mehr haben müssen. Es wird nie wieder Krieg sein!" Ich habe lange in mir getragen: Den Trost dieses Momentes und diese unabweisbare Gewißheit, daß nie wieder Krieg sein wird. Wir wissen, daß das nicht so ist.

Mit Erstellung einer Broschüre zur Situation der Frauen in der Nachkriegszeit wollte ich auf diese starken Frauen der Stadt aufmerksam machen und die Geschichtsschreibung der Stadt mit dem Namhaftmachen dieser Frauen konfrontieren. Ihre Geschichtslosigkeit hat aber auch etwas zu tun mit dem sozialen Aus, welches ihnen immer wieder geschieht. Sie werden zum Objekt der Geschichte gemacht. Sie werden gerufen, wenn sie auf dem Arbeitsmarkt gebraucht werden, wenn Trümmer weggeräumt werden müssen oder wenn ein zugrunde gegangenes System einen Wiederaufbau erfordert.
Ihnen geschieht, daß sie immer wieder plaziert und auf wenige dosierte Arbeitsfelder gesetzt werden. Werden sie aber nicht mehr gebraucht, wie wir zur Zeit auf dem Arbeitsmarkt erleben können, schickt „man" sie an den Herd zurück, ob sie qualifiziert sind oder auch nicht.

Eine Gesellschaft, die Frauen und Männer gleichwertige und gleichberechtigte Entwicklungsbedingungen ermöglicht, ist nach wie vor nicht in Sicht.
Es sei denn, wir wehren uns.
Diese Dokumentation sollte dazu wachmachen und ermutigen.

Das Projekt „Magdeburger Frauen machen Geschichte" besteht seit dem 07. September 1992 beim Magistrat der Stadt Magdeburg. In ihm arbeiten vier Frauen, ***Erika Model, Renate Nogga, Regina Linde und Angela Futterlieb.***
Das Projekt wurde initiiert, um die Rolle der Frau in der Geschichte der Stadt Magdeburg zu erforschen und zu dokumentieren, die Bedeutung der Frau in der Geschichte aufzuwerten und die Öffentlichkeit und verschiedene gesellschaftliche Kräfte für diese Problematik zu sensibilisieren.

Das Thema „Frauen in der Geschichte der Nachkriegszeit" hat wieder an Aktualität gewonnen. Es wird in der Frauenbewegung heute allgemein als notwendig betrachtet, die Parallelen in der Geschichte aufzudecken.

Eine fanden wir in der Zeit nach 1945. Denn 1989 standen die Frauen -genau wie damals- vor dem Zusammenbruch eines gesellschaftlichen Systems. Geschichtsbücher können keine Auskunft darüber geben, wie sich der Neubeginn nach dem 2. Weltkrieg aus der Sicht der Frauen darstellte.

Diese Studie wurde erstellt mit dem Ziel, die Probleme der Frauen aufzuzeigen und ihren täglichen Überlebenskampf in der Zeit des Neuaufbaus nach dem 08. Mai 1945 darzustellen.

Dazu wurde verfügbares Material aus Archiven, Bibliotheken und Museen der Stadt Magdeburg studiert und ausgewertet. Kontakte wurden hergestellt zu Parteien, zur Volkssolidarität und zu einigen Altenheimen.
Wir befragten ca. 50 Zeitzeuginnen aus den verschiedensten Bereichen.

Trotz großer Hilfsbereitschaft einiger Institutionen und besonders der befragten Frauen und deren Angehörigen war es notwendig, die Themenkomplexe der Studie einzugrenzen. Es wurden folgende drei Kapitel bearbeitet:
- Phänomen der Trümmerfrau
- die Frau und die Politik
- die Frau in Kultur und Bildung.

Dies war aufgrund des beschränkten Zeitlimits erforderlich, Recherche, Erarbeitung und anschließende Öffentlichkeitsarbeit mußten innerhalb eine Jahres erfolgen.

Als Beispiel für die Gesamtarbeit werden Auszüge aus dem Kapitel zu den Trümmerfrauen abgedruckt.

Die Trümmerfrauen - ein Phänomen der Nachkriegszeit

Trümmerfrauen bei der Arbeit

Das Bild der Trümmerfrau war prägend für die Nachkriegszeit und ein Phänomen zugleich, denn Hunderte von ihnen rückten den Trümmern zu Leibe.

Frauen der ersten Stunde gewesen zu sein, trifft für die Trümmerfrauen im besonderen Maße zu. „Da standen sie also im Schutt, den der Krieg der Männer hinterlassen hatte:
20jährige, 60jährige, angetan mit Kopftuch, Schürze, schäbigem Schuhwerk, bildeten Ketten in städtischen Bombenkratern, gaben überschwere schuttgefüllte Eimer von Hand zu Hand oder hockten mitten zwischen den Trümmern, klopften Mörtel von Ziegel und Klinker und stapelten die Steine mit bloßen Händen für den Wiederaufbau."

Ihre genaue Zahl kann nicht mehr ausgemacht werden, da Angaben dazu in statischen Jahrbüchern nicht durchgängig vorgenommen wurden. Eine Ausnahme jedoch bildet das Jahrbuch des Jahres 1948 der Stadt Magdeburg. 229 weibliche Arbeitskräfte wurden demnach zu Enttrümmerungsarbeiten im Stadtgebiet Magdeburg herangezogen. Diese Frauen wurden durch das Arbeitsamt bzw. das Amt für Arbeit in diese Tätigkeit vermittelt.

Foto: Frauen bei der Enttrümmerungsarbeit

Die gesetzliche Grundlage wurde durch den Kontrollrat auf seiner 33. Sitzung, die am 10.07.1946 stattfand, geschaffen. Die Mitglieder des Kontrollrates bestätigten und unterzeichneten das Gesetz Nr. 32, das folgenden Wortlaut hat.

Gesetz Nr. 32 Beschäftigung von Frauen bei Bau- und Wiederaufbauarbeiten

In Anbetracht des großen Mangels an tauglichen männlichen Arbeitskräften in gewissen Teilen Deutschlands erläßt der Kontrollrat das folgende Gesetz:

Artikel I

Die zuständigen deutschen Behörden dürfen weibliche Arbeitskräfte bei Bau- und Wiederaufbauarbeiten einschließlich Aufräumungsarbeiten beschäftigen beziehungsweise ihre Beschäftigung genehmigen.

Artikel II

Die Bestimmungen der Verordnung vom 30. April 1938 über die Arbeitszeit (Arbeitszeitordnung, RGBl. 1938 I. 447) und alle sonstigen gesetzlichen Bestimmungen, die im Widerspruch zu diesem Gesetz stehen, werden hiermit aufgehoben oder im Sinne dieses Gesetzes abgeändert.

Artikel III

Diese Gesetz tritt mit dem Tage seiner Verkündung in Kraft.
Ausgefertigt in Berlin, den 10. Juli 1946.
Marschall der Sowjetunion W.D. Sokolowskij
General Joseph T. Mc Narney
Marschall der Royal Air Force Sholto Douglas
Armeegeneral P. Koenig

Auf sowjetischen Druck hin erfolgte im September 1946 die Ergänzung der Kontrollratsdirektive Nr. 14, daß Frauenlöhne bei gleicher Leistung denen der Männer gleichgestellt werden „dürfen“: „Die Löhne für Frauen und Jugendliche dürfen bei gleicher Leistung bis zur Höhe für männliche Arbeitskräfte erhöht werden.“ Diese Kann-Bestimmung blieb jedoch ohne weiterreichende Konsequenzen.
Zeitzeuginnen nannten Baufirmen, die ab 1945 die Enttrümmerung organisierten. Dazu gehörten u.a. die Baufirmen „Fröhlich“ und „Karl Brandt“, das Bauunternehmen „Philipp Holzmann“, das Baugeschäft „Richard Weigt“ und die „Neuaufbau Magdeburg GmbH“. Die Tätigkeit der Trümmerfrauen wurde durch das Arbeitsamt eingetragen.

Diese Eintragungen hatten Kontrollfunktion, und zugleich berechtigten sie zum Bezug einer Lebensmittelkarte.

Hervorragende Leistungen wurden mit Prämien oder durch die Verleihung von Medaillen (Aktivistenmedaille) honoriert. Dazu mußte aber vorher eine Begründung vom Betriebsleiter oder auch dem Brigadier abgeben werden. Wenn die Gewerkschaft dem zustimmte, konnte die Auszeichnung vorgenommen werden.Solch eine Begründung enthielt drei Kriterien: Einschätzung der Arbeitsleistung, besondere Leistungen und die gesellschaftliche Einsatzbereitschaft. In der folgenden Begründung liegt die besondere Leistung darin, in der Lage zu sein, den abwesenden Brigadier voll und ganz vertreten zu haben. Ob bewußt oder unbewußt formuliert, man traute den Frauen solche Leistungen von vornherein nicht zu.

In ab 1945 erschienenen Presseveröffentlichungen (Amtliches Mitteilungsblatt, später Volksstimme und Volksblatt) wird über die Arbeit der Trümmerfrau nur sehr allgemein geschrieben. Eine konkrete Angabe kann man lediglich am 10.11.1945 im Amtlichen Mitteilungsblatt finden. Es wird dargestellt, daß 40 Frauen durch ein Bauunternehmen am Hauptbahnhof zu Aufräumungsarbeiten eingesetzt wurden.

Zeitzeuginnen berichten, daß die Enttrümmerungskolonnen zu Dreiviertel aus Frauen bestanden, wobei die leitenden Posten aber von Männern besetzt waren.

Frau Rita D., Jahrgang 1925, hat am Hauptbahnhof Steine geklopft, Schutt weggeräumt und die Loren beladen. Sie erinnert sich: „Wir waren alles Frauen, nur der Vorarbeiter war ein Mann, der hat aber nie mit angefaßt; er hat nur Steine gezählt. Aber unter uns Frauen war das Verhältnis sehr gut. Auch wir haben unseren Spaß gemacht. Wir kamen uns manchmal vor wie Zigeuner, weil wir so bunt angezogen waren. Wir haben immer versucht, irgendwie weiterzukommen.

Frau Irmgard W., Jahrgang 1920, enttrümmerte am Hauptbahnhof und in der Rogätzer Straße.

So schilderte sie ihre Erlebnisse der Jahre 1945-1947 als Trümmerfrau: „Wir Frauen haben am Förderband gearbeitet oder haben Steine geklopft. Wir alle waren die schwere Arbeit nicht gewohnt. Es kostete sehr viel Kraft, stundenlang die schwere Schippe mit dem Schutt zu heben. Wir hatten einen Polier als Aufpasser, der stand nur mit verschränkten Armen herum, hat nie mit angefaßt. Alles, was er tat, war antreiben und Steine zählen. 200 abgeklopfte Ziegel waren das Tagessoll. Manchmal konnte ich schon mittags nach Hause gehen, denn die mit Kalk verputzten Steine ließen sich leicht abklopfen."

Schiebergut für Trümmerfrauen

Trümmerfrauen, die in der Bahnhofstraße den Trümmern zu Leibe rückten, äußerten sich: „So müßte es öfter sein!" Was war geschehen? Polizeibeamte waren mit einem Wagen an die Arbeitsstelle herangefahren und verteilten Bücklinge, Heringen, Kaffee, Öl, Kakao, Trockenmilch, Brezeln ... an die Frauen. Nicht brauchten sie zu bezahlen, denn es handelte sich um Scheidegruß, das Polizisten zuvor bei einer Razzia Schiebern in der Bahnhofstraße abgenommen hatten.
Oft genug hatten sich die Schwarzhändler über die fleißigen Frauen lustig gemacht, nun konnten die Frauen einmal über jene, die mit langen Gesichtern auf der anderen Straßenseite standen, lachen. Diesmal kamen die Waren an die richtige Stelle.

Dank den Frauen!?

In der Betriebschronik des VE Industriebaukombinates Magdeburg wird den Trümmerfrauen der Nachkriegszeit Anerkennung ausgesprochen.
„Wenn man diese Jahre umfassend charakterisieren will, muß man auch den vielen Frauen ein Denkmal setzen, die aus Trümmern Steine bargen und sie für den Wiederaufbau putzten. Es war für eine zarte Frauenhand keine leichte Arbeit, und es waren viele darunter, die vorher nur mit einer Schreibmaschine umgegangen waren und später ihren Platz wieder als Sekretärin oder Sachbearbeiterin fanden.
Es gab Zeiten, da waren auf den Baustellen mehr Frauen als Männer eingesetzt. Sie verrichteten eine schwere Arbeit."

Leider findet man sehr selten anerkennende Worte für die von den Frauen geleistete Arbeit in der Presse oder anderen Veröffentlichungen.
In der Geschichtsschreibung dominieren Analysen der politischen Geschehnisse und der wirtschaftlichen Entwicklung. Die Frauen aber werden ausgespart, obwohl sie maßgeblichen Anteil am Wiederaufbau hatten.

Viele ehemalige Trümmerfrauen, heute befragt, sind enttäuscht, daß sie nur so eine kleine Rente zugesprochen bekommen haben, obwohl sie in den Nachkriegsjahren hart gearbeitet und ihre Gesundheit aufs Spiel gesetzt haben.

Schlußbetrachtung

Aus den Darstellungen der Studie wird erkennbar, daß die Frauen in der Nachkriegszeit Immenses leisten mußten. Sie übernahmen die Alleinverantwortung für die Restfamilie. Viele waren deshalb gezwungen, die finanzielle Grundlage durch Erwerbstätigkeit zu schaffen. Obwohl ein enormer Frauenüberschuß vorhanden war, gab es große Widerstände, sie in den Arbeitsprozeß einzugliedern. Ihnen wurden körperlich schwere Hilfsarbeiten mit der geringsten Entlohnung zugewiesen.
Neben der Erwerbstätigkeit bewältigten sie die Haushaltspflichten und entwickelten Findigkeiten bei Tausch- und Schwarzmarktgeschäften und auf Hamsterfahrten. Sie opferten Zeit und Energie beim „Organisieren" von Lebensmitteln, Brennstoffen und Gebrauchsgütern. Ein enormes Improvisationstalent entwickelten die Frauen beim Herstellen von Kleidungsstücken und Speisen. Dazu veröffentlichte die Nachkriegspresse hilfreiche Tips.
Gefährliche Krankheiten wie z.B. Typhus und Diphtherie bekämpften sie mit eigener Lebensenergie und uralten Hausmitteln.

Politisch interessierte Frauen wollten teilhaben am Aufbau eines „neuen" Deutschlands. Die Vorstellungen jedoch, wie und mit welchen Ergebnissen sie bei der Lösung von politischen und wirtschaftlichen Fragen einbezogen werden sollten, waren von Seiten der Frauen unkonkret. Sie ließen sich in frauentypische Bereiche abdrängen und ordneten sich der männlichen Dominanz unter.

In der Schulbildung erhielten die Frauen die Chance, sich zu Neulehrerinnen ausbilden zu lassen: Dennoch waren sie in den Kursen nur zu einem Drittel vertreten.
Viel krasser sah es in der Berufsausbildung aus. Lehrstellen waren für Mädchen nicht ausreichend vorhanden.

Die Kultur erhielt in den Nachkriegsjahren eine Aufwertung. Beim Aufbau des Kulturlebens leisteten die Frauen sehr viel, in führenden Positionen aber fand man sie nur äußerst selten.

Das Resultat der vorliegenden Studie stellt einen Anfang dar, das Wirken von Magdeburger Frauen darzustellen und damit ein Versäumnis der Geschichtsschreibung nachzuholen.

Lena Kreie

Ausstellungen für Frauenbüros – Konzeption, Planung und Durchführung

Beispiel: Fotodokumentation zur Geschichte der Frauenarbeit

Im Zeitraum von 1991 bis 1994 haben wir im Frauenbüro Salzgitter eine umfassende Fotodokumentation zur Geschichte der Frauenarbeit von der Jahrhundertwende bis heute (am Beispiel Salzgitter) erarbeitet, untergliedert in drei Teilbereiche (Landwirtschaft/Industrie/ Dienstleistungsbereich), die jeweils in einer Ausstellung der Öffentlichkeit präsentiert wurden. Im folgenden sollen anhand dieses Beispiels Fragen zur Konzeption, Planung und Durchführung von Ausstellungen für Frauenbüros erörtert werden.

Vorbemerkung

Warum haben wir uns für das Vorhaben einer Ausstellung zur Geschichte der Frauenarbeit Salzgitters entschieden?

Immer wieder mußten wir uns bei der Vorbereitung und Durchführung dieses Projektes zur Geschichte der Frauenarbeit in Salzgitter mit der Frage auseinandersetzen, warum wir soviel Zeit, Energie und Geld (das bei Frauenbeauftragten bekanntlich immer knapp ist) in ein Vorhaben investiert haben, das sich „nur" mit der Geschichte beschäftigt, also mit der Erforschung der Vergangenheit und nicht mit der Lösung aktueller Probleme. Dieser Gegensatz zwischen Vergangenheitserforschung und Gegenwartsbewältigung besteht jedoch nur vordergründig und ist bei näherer Betrachtung nicht aufrecht zu halten.

- Es ist notwendig, die immer noch zu wenig bekannte Geschichte von Frauen in unseren Städten zu erforschen und sichtbar zu machen. Was oft vergessen wird: Frauen haben, genau wie Männer, mit ihren Leistungen dazu beigetragen, unsere Städte zu entwickeln und aufzubauen - allerdings sind ihre Leistungen meist nicht in Bauwerken und Denkmälern deutlich sichtbar, sondern müssen als Alltagshandeln mühsam aufgespürt und dokumentiert werden. Nur wenn wir uns diese Leistungen von Frauen durch die Jahrhunderte hindurch bewußt machen, nur wenn wir Frauen uns unsere Geschichte erarbeiten, können wir eine eigene Identität entwickeln und uns selbstbewußt der Bewältigung aktueller Aufgaben stellen. „Historische Vergewisserungen sind zum Aufbau einer stabilen Ich-Identität und zur gemeinsamen politischen Handlungsorientierung (...) unerläßlich. Der Verzicht auf die Frauengeschichte als Mittel der individuellen und gesellschaftlichen Handlungsorientierung stellt eine Selbstbehinderung beider Geschlechter dar." (Annette Kuhn, Identitätsgewinnung durch Frauengeschichte - Gefahren, Grenzen, Möglichkeiten, S.117, in: Geschichtsdidaktik, 10. Jahrgang 1985, Heft 2, Düsseldorf)

- Nicht die Aufarbeitung der regionalen Frauengeschichte um ihrer selbst willen war Ziel unseres Projektes, wir wollten vielmehr deutlich machen, daß die gegenwärtige Lebenssituation von Frauen nicht „naturgegeben", sondern historisch gewachsen und damit veränderbar ist. „Emanzipation als Ziel und Prozeß macht einen Rückgriff auf Geschichte unabdingbar (...) Nur durch die Einbeziehung der historischen Dimension kann aufgezeigt werden, daß der Jetzt-Zustand nicht etwas Gegebenes, Unveränderbares, sondern Gemachtes, damit Veränderbares ist..." (zit. nach Gisela Lüking, Die bürgerliche und proletarische Frauenbewegung des 19. Jahrhunderts in Deutschland, S. 173, in: Geschichtsdidaktik, 10. Jahrgang 1985, Heft 2, Düsseldorf). Folgerichtig enthielten unsere Ausstellungen immer auch einen aktuellen Teil, der sich mit der Arbeitssituation von Frauen in der Gegenwart beschäftigte.

- Wird die Aufarbeitung regionaler Frauengeschichte unter diesem aktuellen Blickwinkel betrieben, lassen sich viele „Rote Fäden" finden, die die Vergangenheit mit der Gegenwart verbinden: So wurde die Frage der Berufstätigkeit von Müttern und Ehefrauen im vorigen Jahrhundert genauso heiß und kontrovers diskutiert wie heute; so erschlossen sich Frauen früher genau wie heute immer dann neue Berufsfelder, wenn dort billige Arbeitskräfte gebraucht wurden, nicht genügend männliche Arbeitskräfte zur Verfügung standen und Anforderungen und Ansehen des betreffenden Berufes sanken. Diese historische Spiegelung und Brechung gegenwärtiger frauenpolitischer Themen ermöglichen oftmals eine neue Sichtweise aktueller Probleme, verleihen Fragestellungen ein größeres Gewicht, lösen Betroffenheit darüber aus, daß Frauen sich schon solange mit den gleichen Fragen auseinandersetzen.

- In Salzgitter gewinnt die Beschäftigung mit der Geschichte der Frauenarbeit eine besondere Dringlichkeit, läßt sich hier doch ein ganz besonderer „Roter Faden" durch die Geschichte verfolgen: Niemals gab es hier genug Arbeitsplätze für Frauen, immer zeichnete sich diese Stadt durch eine überdurchschnittlich geringe Beteiligung von Frauen am Erwerbsleben und eine überdurchschnittlich hohe Frauenarbeitslosigkeit aus. Deshalb schien es uns hier besonders wichtig, das Thema Frauenarbeit einmal in den Mittelpunkt zu stellen und in seiner historischen Entwicklung zu dokumentieren.

„...da gab's keinen Sonnabend und Sonntag“

Fotodokumentation zur Frauenarbeit in der Landwirtschaft Salzgitters von der Jahrhundertwende bis heute

Salzgitter

Referat für Gleichstellung in Zusammenarbeit mit dem Stadtarchiv

1. Genauere Bestimmung und Eingrenzung des Vorhabens

Vor Beginn der Planungen für ein Ausstellungsvorhaben muß zuerst die Frage geklärt werden, ob es sinnvoll ist, zu der gewünschten Thematik eine eigene Ausstellung zu erarbeiten, oder ob es nicht günstiger ist, eine bereits anderen Orts vorhandene Ausstellung auszuleihen. Für das Ausleihen sprechen vor allem zwei Argumente: Der Arbeitsaufwand ist wesentlich geringer, und es kostet sehr viel weniger. In Salzgitter haben wir uns trotzdem dafür entschieden, eine eigene Ausstellung zu erarbeiten. Ich habe in der Vorbemerkung schon die Gründe für diese Entscheidung angeführt. Während der Durchführung unseres Projektes kamen zusätzliche Argumente für unser Vorgehen hinzu: Stammt das Material einer Ausstellung aus der eigenen Stadt, erhöht sich der Anreiz, die Ausstellung zu besuchen, die Tafeln genau zu betrachten (weil vielleicht bekannte Personen darauf abgebildet sind) und sich mit den inhaltlichen Aussagen auseinanderzusetzen. Außerdem entstanden bei den Recherchen neue Kontakte zu Firmen und Privatpersonen, die auch für die weitere Arbeit des Frauenbüros sinnvoll genutzt werden können.

Wesentliches Kriterium für die Gestaltung unseres Projektes zur Frauenarbeit war die Anschaulichkeit und Vermittelbarkeit der gewonnenen Erkenntnisse. Aus diesem Grund entschieden wir uns für die Form einer Fotodokumentation, d.h. vor allem mit Fotos, aber auch mit anderen Dokumenten wollten wir die historische Entwicklung der Frauenarbeit in Salzgitter aufzeigen. Ein kommentierender Text sollte die historischen Dokumente ergänzen. Um die Anziehungskraft einer solchen Fotodokumentation zu erhöhen, wollten wir zusätzlich Gegenstände (Arbeitsgeräte, Arbeitskleidung, Arbeitsprodukte) ausstellen.

Durch die Entscheidung für eine Darstellung mit Fotografien war von vornherein eine zeitliche Eingrenzung vorgegeben, die Zeit vor der Erfindung der Fotografie ausgeschlossen. Im Verlaufe unserer Recherchen zeigte sich, daß erst seit der Jahrhundertwende Fotos in ausreichendem Maße zur Verfügung standen, dies schränkte den zeitlichen Rahmen weiter ein.

Da das Thema Frauenarbeit sehr verschiedenartige Gebiete umschließt, teilten wir es in drei große Bereiche ein: Landwirtschaft, Industrie, Dienstleistungsbereich. Für jeden Teilbereich planten wir ein Jahr Vorbereitungszeit ein, also insgesamt 3 Jahre.

2. Recherchen

Forschungsarbeiten und Materialsuche für die Fotodokumentation gingen von Anfang an Hand in Hand. Wir forschten in Archiven und Museen nach Dokumenten, Fotos und Gegenständen, besichtigten Betriebe, werteten Tageszeitungen, Firmenzeitungen und Chroniken (von Firmen, Familien und Ortsteilen) aus. Den größten Teil unseres Materials (z.B. auch Zeugnisse, Arbeitspässe, Verdienstbescheinigungen, Lehrbücher) erhielten wir von Privatpersonen, die wir durch persönliche Kontakte, über Vereine, Verbände, Gewerkschaften und durch einen Zeitungsaufruf erreichten.

2.1 Fotosuche

Bei der Materialbeschaffung ergaben sich zahlreiche Schwierigkeiten, exemplarisch möchte ich hier die Probleme bei der Fotosuche nennen:

- Das Thema „Frauenarbeit" war (und ist) bisher meist kein Sammlungsgesichtspunkt in Archiven und Museen, erst in den letzten Jahren begann dort eine intensivere Beschäftigung mit Bereichen der Alltagsgeschichte. Fotos sind dort nicht nach sozialgeschichtlichen Themen sortiert, sondern werden meist entweder nach Orten oder nach Namen der abgebildeten Personen geordnet. Um Fotos zum Thema „Frauenarbeit" zu finden, muß frau also geduldig Mappe für Mappe verschiedenster Fotosammlungen nach eventuell brauchbaren Aufnahmen durchforsten.
- Fotos zum Thema „Frauenarbeit" sind aber nicht nur bisher wenig systematisch gesammelt worden, es existieren auch relativ wenig Fotos, die Frauen in typischen Arbeitssituationen zeigen. Dies hat mehrere Ursachen.

a) Es wurde früher allgemein weniger fotografiert. Vor allem ärmere Schichten der Bevölkerung, zu denen ja viele arbeitende Frauen gehörten, besaßen oft keinen Fotoapparat.

b) Meist wurden herausragende Ereignisse fotografiert (Jubiläen, Feiern), nicht der normale Arbeitsalltag.

c) Große Teile von Arbeit fanden in Gebäuden statt. Fotos, die die Arbeitssituation anschaulich wiedergeben sollten, erforderten als Innenaufnahmen eine aufwendigere Technik. Ältere Fotografien zeigen deshalb oft nur die Belegschaft eines Betriebes, die sich vor dem Fabrikgebäude ordentlich aufgestellt hat, nicht aber die Arbeit in den Gebäuden.

d) Die meisten Fotos sind gestellte, bewußt arrangierte Aufnahmen. Oft hatten sich die Fotografierten besonders hübsch angezogen, sich gesäubert, sie wollten ja einen guten Eindruck auf dem Foto hinterlassen.

e) In vielen Betrieben durften (und dürfen) die Beschäftigten nicht am Arbeitsplatz fotografieren.

f) Fotos, die eine Firma erstellen ließ, hatten meist nicht das Ziel, die Arbeitssituation anschaulich und realistisch zu zeigen. Sie dienten oft Werbezwecken und waren dementsprechend gestaltet. Oft galt das Interesse hier mehr den Gebäuden und Maschinen als den Arbeitenden.

g) Besonders selten wurden hauswirtschaftliche Arbeiten fotografiert. Das hängt - neben der generellen Problematik von Innenaufnahmen - sicher auch damit zusammen, daß Hausarbeit nicht als wichtige Arbeit angesehen wurde (und wird).

All diese Einschränkungen und Probleme mußten wir bei der Interpretation und Auswahl der Fotos für unsere Dokumentation berücksichtigen.

2.2 Forschung/Informationsbeschaffung

Nicht nur die Suche nach Fotos, auch die Suche nach Informationen über Arbeitsstätten und Arbeitsbedingungen von Frauen gestaltete sich schwierig. Neben den traditionellen, meist schriftlichen Quellen aus Archiven, Bibliotheken und Museen mußten wir uns neue Quellen erschließen. Dies geschah in der Befragung von Zeitzeuginnen und in Gesprächen mit ExpertInnen.

2.2.1 Befragung von Zeitzeuginnen

Im Verlaufe der Forschungsarbeiten für unser Vorhaben habe ich ungefähr 40 Frauen zu ihrem persönlichen Arbeitsleben befragt - aus verschiedenen Arbeitsbereichen, verschiedenen Berufen, verschiedenen Generationen (die ältesten waren bereits über 80 Jahre alt). Für mich war dies der spannendste und beeindruckendste Teil der Arbeit, zu sehen, wie hier allgemeine historische und frauenpolitische Entwicklungen, die ich aus Büchern kannte, in persönlichen Lebensgeschichten ihren Ausdruck fanden.

2.2.1.1 Auswahl der Zeitzeuginnen

Die meisten der von mir befragten Zeitzeuginnen fand ich durch persönliche Kontakte und über Frauenverbände, einige auch durch einen Zeitungsaufruf. Diese eher zufällige Auswahl erfüllt sicher nicht die Voraussetzungen für eine wissenschaftliche Stichprobe, ich habe mich jedoch bemüht, möglichst aus allen typischen Arbeitsgebieten von Frauen Zeitzeuginnen zu finden und auch die verschiedenen Altersgruppen zu berücksichtigen.

2.2.1.2 Durchführung der Interviews

Den ersten Kontakt zu den Frauen stellte ich meist telefonisch her, meist unter Bezug auf eine bekannte Person. Fast alle Frauen waren relativ schnell dazu bereit, mir von ihren Arbeitserfahrungen zu berichten. Diese Gesprächsbereitschaft gründete sich neben der persönlichen Vermittlung der Kontakte wohl auch darauf, daß Frauen nicht so oft nach ihren Arbeitserfahrungen gefragt werden und daß es für sie ein gutes Gefühl ist, mit ihren Arbeitserfahrungen einmal ernst genommen zu werden.

Um die Interviews durchzuführen, besuchte ich die Frauen meist in ihrer Wohnung, seltener am Arbeitsplatz. Die Gespräche dauerten meist ca. 1 1/2 Stunden und wurden von mir auf Kassetten aufgezeichnet.

Vor jedem Interview erstellte ich eine Art Checkliste mit Stichpunkten, die ich bei dem Gespräch im Auge behalten wollte. Niemals entwickelten sich die Interviews zu einer routinemäßigen Befragung mit vorgegebenen Rastern; oft verlief das Gespräch anders, als ich es geplant hatte. Beim späteren Anhören stellten sich oft gerade die Passagen als besonders interessant heraus, bei denen ich die Frauen möglichst wenig unterbrochen hatte und das Gespräch von meiner Checkliste abgewichen war. Aufschlußreich war es jedoch auch dann, wenn meine Fragekategorien auf Unverständnis bei den Frauen trafen, weil sie sich in ganz anderen Denkmustern bewegten oder sich manchen Fragen nicht stellen wollten. So reagierte eine Frau folgendermaßen auf die Stichworte 'Ausbildung' und 'Traumberuf' : „Ausbildung kann man bei mir nicht sagen; da bin ich drei Jahre im Haushalt gewesen, es gab ja zu der Zeit nichts... Wenn man so eine Kindheit hatte, wo man sich keinen Traumberuf aussuchen konnte, dann hat man keinen Traumberuf. Also praktisch hat man ja nur gearbeitet und sich nichts überlegt, weil man ja gar nicht dazu gekommen ist. Man hat da gearbeitet, und man hat da sein Geld verdient und hat sein einigermaßen Auskommen gehabt, und man hat damit gelebt." (Arbeiterin, 1939 geboren)

Die Qualität der Interviews steht und fällt mit der Fähigkeit, im Gespräch eine Beziehung zu der befragten Frau herzustellen. Dazu gehörte es auch, daß ich als Interviewerin zur *Person* wurde und oftmals Fragen zu meinem eigenen Lebenslauf beantworten mußte. Trotzdem muß natürlich immer die befragte Frau im Mittelpunkt des Gesprächs stehen, eigene Meinungen und Betroffenheiten der Interviewerin sollten den Verlauf möglichst wenig beeinflussen.

Nach der Durchführung eines Interviews habe ich jeweils ein kurzes Gedächtnisprotokoll angefertigt und dabei auch festgehalten, welchen Eindruck ich vom Gesprächsverlauf hatte, wie ich mit der Interviewpartnerin zurechtgekommen war, welches die wesentlichen Punkte des Gesprächs waren. Dieses Kurzprotokoll erleichterte die Auswertung der Interviews, es ergab einen roten Faden beim Anhören der Aufnahmen, und es lieferte eine Einschätzung der Gesprächssituation als Hintergrund für die Interpretation der Aussagen.

2.2.1.3 Auswertung der Interviews

Leider standen uns nicht genügend Gelder zur Verfügung, die Aufnahmen der Gespräche vollständig zu verschriftlichen. Ich habe deshalb jeweils den Inhalt des gesamten Interviews nach dem Anhören sinngemäß zusammengefaßt und nur einzelne, besonders markante Passagen wörtlich festgehalten. Bei der Interpretation dieser lebensgeschichtlichen Aussagen *„... muß davon ausgegangen werden, daß Lebensgeschichte und gelebtes Leben nicht identisch sind, da während und vor dem Prozeß des Erinnerns selektiert, strukturiert, interpretiert und auch phantasiert wird. (...) Für die in einem offenen Interview erzählte Lebensgeschichte bedeutet dies, daß von der Erzählerin die reflektierte, strukturierte und auch zum Teil manipulierte Vergangenheit aus heutiger Sicht, aus der Retrospektive, dargestellt wird und in die Schilderung derzeitig aktuel-*

le Meinungen und Haltungen ebenso wie Zukunftshoffnungen und -erwartungen eingehen. Außerdem wird die Präsentation der Lebensgeschichte beinflußt von der Zuhörerin, denn ihre verbale und nonverbale Reaktion auf das Erzählte beieinflussen in nicht zu unterschätzender Weise die Erzählweise, die Themen und die Ausführlichkeit ihrer Behandlung. Desweiteren orientieren sich Lebensgeschichten nicht an historischen Zeiteinteilungen. Zwar spiegeln sich viele Zeitereignisse und deren Auswirkungen in Lebensgeschichten wider, wenn jedoch bestimmte Ereignisse, politischer oder gesellschaftlicher Art, lebensgeschichtlich unbedeutsam waren, tauchen sie auch in der Rekonstruktion der Lebensgeschichte nicht auf.“ (Petra Clephas-Möcker/Kristina Krallmann, Akademische Bildung - eine Chance zur Selbstverwirklichung für Frauen? S. 15 f, Weinheim 1988) Die aus den lebensgeschichtlichen Interviews gewonnenen Erkenntnisse lassen sich also nur mit Einschränkungen verallgemeinern, ermöglichen jedoch oftmals eine beeindruckend anschauliche Darstellung historischer Entwicklungen.

2.2.2 ExpertInnengespräche

Neben den Interviews mit Zeitzeuginnen führte ich zahlreiche Gespräche mit ExpertInnen: VertreterInnen von Firmen, Gewerkschaften und Verbänden. Die hierbei gewonnenen Informationen ergänzten das Bild aus den lebensgeschichtlichen Interviews. So erhielt ich z.B. Informationen über den Frauenanteil in einem Betrieb (auch in der historischen Entwicklung), über Aufstiegschancen und spezielle Fördermaßnahmen für Frauen. In der Regel erwiesen sich die Firmen als kooperationsbereit und erteilten bereitwillig Auskunft, nur in zwei Fällen gab es größere Schwierigkeiten: In einem Betrieb kam trotz wiederholter Nachfragen kein Gesprächstermin zustande; später stellte sich heraus, daß die Firma ihr Zweigwerk in Salzgitter schließen wollte. Ein anderer Betrieb war wohl deshalb so zögerlich mit seinen Auskünften, weil die Zahlen zur Entwicklung der Belegschaft dem nach außen vorgetragenen Anspruch auf eine fortschrittliche Frauenförderung widersprachen.

3. Konzeption der Fotodokumentation

3.1 Ordnung des Materials

Das mit den verschiedenen Recherchemethoden gewonnene Material mußte zuerst geordnet werden. Dies hätte nach verschiedenen Gesichtspunkten geschehen können: erstens nach einer Einteilung in verschiedene Zeitabschnitte, zweitens nach verschiedenen Berufszweigen, drittens nach einzelnen Schwerpunktthemen (z.B. Karriere oder Familie, Aufstiegschancen von Frauen, Frauen in Männerberufen usw.). Als sinnvoll erschien uns eine „gemischte“ Ordnung; zum Teil gliederten wir die Dokumentation in zeitliche Abschnitte (z.B. Zeit des Nationalsozialismus, Nachkriegszeit), zum Teil nach verschiedenen Industrie- und Berufszweigen (z.B. Arbeit in der Konservenindustrie, Arbeit im Büro, Arbeit in der Krankenpflege), zum Teil nach thematischen Schwerpunkten. Nur so konnten wir den Gegebenheiten des gesammelten Materials und den verschiedenen Aspekten des Themas gerecht werden.

3.2 Auswahl des Materials

Mindestens so schwierig wie die Ordnung war die Auswahl der Materialien, die in die Dokumentation aufgenommen werden sollten. Dies ist sicher immer eine subjektive Entscheidung: Welches Foto spricht mich besonders an, welches Zitat erscheint mir besonders aussagekräftig? Es sollte jedoch auf jeden Fall darauf geachtet werden, die Fotodokumentation nicht zu überfrachten. Zwar fällt es meist schwer, auf mühsam gesammelte Dokumente zu verzichten, doch zuviele Einzelheiten können den Blick für das Wesentliche verstellen.

3.3 Kommentartexte

Zum besseren Verständnis der Dokumente erschien es uns notwendig, diese durch Kommentartexte zu ergänzen. Wichtig: knapp und verständlich formulieren.

3.4 Kapitelüberschriften

Alle Überschriften haben wir als wörtliche Zitate aus den lebensgeschichtlichen Interviews übernommen. Dies wirkt ansprechender und lenkt den Blick sofort auf wesentliche Aussagen (z.B. „Die Männer haben uns als Konkurrenz angesehen“ „Eine Verkäuferin soll ja eine Augenweide sein“). Zur besseren Orientierung für AusstellungsbesucherInnen erhielt jedes Kapitel jedoch auch eine sachliche Kennzeichnung, die oben auf jeder Schautafel deutlich markiert wurde (z.B. Handel, Büro, Bäuerin).

3.5 Entwürfe der Ausstellungstafeln

Nach den beschriebenen Vorarbeiten mußten die einzelnen Ausstellungstafeln im Groben entworfen werden. Folgende Fragen mußten dabei geklärt werden:
Welche Fotos und welche Zitate sollen zusammen mit welchem Kommentartext auf eine Tafel?
Wieviele Tafeln sollen überhaupt erstellt werden?
Wie groß soll eine einzelne Tafel sein?
Wieviel Text paßt auf eine Tafel?
Welches Format sollen die Fotos haben?
Damit nähern wir uns dem Problem der graphischen Umsetzung unserer Ausstellungskonzeption.

4. Graphische Umsetzung

4.1 Layout der Schautafeln

Da die Stadtverwaltung nur über eingeschränkte graphische Gestaltungsmöglichkeiten verfügt, haben wir uns für die Vergabe dieser Arbeiten an eine Graphische Werkstatt entschieden. Hier wurden die Texte gesetzt, die Fotos formatiert und eingeplant, Dokumente kopiert und in das Layout eingearbeitet. Zum Schluß wurden von den Entwürfen der einzelnen Tafeln Negative angefertigt. Bei 30 Ausstellungstafeln benötigte die von uns beauftragte Graphische Werkstatt für diese Arbeiten insgesamt ca. 14 Tage. Es entstanden Kosten von ca. 150 DM pro Ausstellungstafel (inklusive Negativ).

Achtung: Gründlichst Korrektur lesen! Auch korrigierte Texte nochmals überprüfen!

4.2 Fotos

Verschiedene Fotoarbeiten müssen bei der Vorbereitung der Ausstellung erledigt werden. Zuerst einmal müssen alle gesammelten Fotos reproduziert werden, da die Originale nicht für die Ausstellung genutzt werden können und meist auch schon vorher den LeihgeberInnen zurückgegeben werden müssen. Von den Negativen sollten dann zuerst einmal einfache Abzüge gemacht werden, da dies die genaue Betrachtung und Auswahl der Fotos erleichtert. Außerdem werden Abzüge von besonders guten Fotos für die Werbung benötigt (oder für einen Ausstellungskatalog). Diesen Teil der Fotoarbeiten übernahm für uns die Fotografin des Stadtarchivs, so daß für das Frauenbüro keine Kosten entstanden.

Zum Schluß müssen die für die Dokumentation ausgewählten Fotos auf die im Layout geplanten Formate vergrößert werden. Diese Aufgabe übernahm für uns ein Fotofachlabor. Die Kosten dafür richteten sich nach der jeweiligen Größe der Abzüge.

4.3 Erstellen der Schautafeln

Auch diese Arbeit übernahm für uns das Fotofachlabor. Zuerst mußten wir das Material für die Ausstellungstafeln auswählen. Wir entschieden uns nach fachlichem Rat für Kapaline (besteht aus aufgeschäumtem Kunststoff), da bei diesem Material auch große Tafeln (unser vom Layout vorgegebenes Format: 90cm breit, 106cm hoch) relativ leicht sind und sich nicht durchbiegen. Im Fotofachlabor wurde das Material auf die geplante Tafelgröße zugeschnitten, von den Tafelnegativen wurden entsprechende Vergrößerungen hergestellt und auf die Tafeln aufgezogen. Anschließend wurden die Vergrößerungen der Fotos an den im Layout geplanten Stellen aufgeklebt. Da das Tafelmaterial Kapaline recht stoßempfindlich ist, wurden die Tafeln zur besseren Sicherung mit Aluschienen gerahmt. Bei 30 Schautafeln benötigte das Fotofachlabor für diese Arbeiten insgesamt ca. 14 Tage. Es entstanden Kosten von ca. 250 DM pro Tafel (inklusive Material, Vergrößerung der Fotos, Vergrößerung der Tafelnegative, Aufziehen der Vergrößerungen, Alurahmen).

Achtung: Stabile Aufhängevorrichtungen an den Tafeln nicht vergessen!

5. Planung und Durchführung

5.1 Ort und Art der Präsentation

Bei der Auswahl des Ortes, an dem die Ausstellung der Öffentlichkeit präsentiert werden soll, müssen Größe, Lage und Zugänglichkeit (Öffnungszeiten) der Räume beachtet werden. Die Schautafeln brauchen genügend Platz, um ihre Wirkung zu entfalten. Der Ausstellungsort sollte zentral gelegen sein und auch mit öffentlichen Verkehrsmitteln gut zu erreichen sein. Museen sind geeignet, aber auch größere Eingangshallen und Flure von öffentlichen Gebäuden (Rathäuser, Sparkassen, Schulen) bieten Vorteile für die Präsentation, da hier nicht nur gezielte BesucherInnen, sondern auch zufällig Vorbeikommende erreicht werden können. In Salzgitter konnten wir unsere Fotodokumentation im Atrium des Rathauses präsentieren, das besonders gut für Ausstellungen jeder Art geeignet ist.

Achtung: Stellwände eignen sich besonders gut zum Aufhängen der Schautafeln! Für ausreichende Beleuchtung der Schautafeln sorgen!

Sollen gleichzeitig mit der Fotodokumentation auch Gegenstände ausgestellt werden, so ist zu beachten, daß diese während der Ausstellungszeit ausreichend gegen Beschädigung und Diebstahl gesichert werden können. Ist keine ausreichende Aufsicht möglich, müssen kleinere Gegenstände in verschlossenen Vitrinen präsentiert werden, größere können eventuell angekettet werden.

Außerdem muß darauf geachtet werden, daß nicht zuviele schöne alte Gegenstände ausgestellt werden, da dadurch die kritischen historischen Aussagen der Schautafeln verharmlost und verniedlicht werden könnten - ein Effekt, der in vielen Heimatmuseen anzutreffen ist. Beispiel: Beim Thema „Frauenarbeit in der Landwirtschaft“ sollte statt einer schönen Bäuerinnentracht lieber die normale Arbeitskleidung der Landfrauen gezeigt werden. *„Es geht also nicht darum, dem ästhetisch verwöhnten Blick des Kunstliebhabers die rührende Schönheit einer Scheunenkultur anzupreisen, sondern dem traditionellen Prinzip der musealen ‘Schönheit des Einzelgegenstandes’ ein funktionales Verständnisprinzip entgegenzusetzen: Was bedeuteten die Gegenstände für die Menschen, die mit ihnen umgingen?“* (Ingeborg Weber-Kellermann, Alltag und Ausstellung, S. 17 f, in: Johanna Werckmeister (Hg.), Land-Frauen-Alltag, Marburg 1989)

5.2 Werbung

Die Werbung für die Ausstellung muß rechtzeitig geplant werden. Plakate, Programme und Einladungen müssen entworfen, gedruckt und verteilt werden. Für ansprechende Entwürfe konnten wir in Salzgitter Materialien aus der Fotodokumentation nutzen: Fotos, Zitate, Zeugnisse usw. Die örtlichen Zeitungen sollten frühzeitig informiert werden (ein Artikel, der begleitend zur Ausstellung in der Sonntagsbeilage der überregionalen Zeitung erschienen ist, brauchte z.B. vier Wochen Vorlaufzeit), Ankündigungen in Veranstaltungskalendern müssen organisiert werden. Selbstverständlich sollten der Presse Fotos aus der Ausstellung zur Verfügung gestellt werden. Schulen, Verbände, Parteien, Gewerkschaften sollten Einladungen und Informationsmaterial zur Ausstellung erhalten.

5.3 Rahmenprogramm

Eine Ausstellung wird erst lebendig durch ein Rahmenprogramm. Unverzichtbar ist eine attraktive Eröffnungsveranstaltung, mit Musik, Kabarett oder anderen ansprechenden Aktionen, Essen, Trinken - und möglichst wenig langweiligen Reden. Für das weitere Programm sind viele Möglichkeiten denkbar: Vorträge, Podiumsdiskussionen, praktische Vorführungen, Theateraufführungen. Wir haben bei unseren Ausstellungen verschiedene Veranstaltungsformen ausprobiert: Zum Thema „Frauenarbeit in der Landwirtschaft" haben wir praktische Vorführungen von Landfrauen organisiert (Buttern, Erntekronebinden, Sirupkochen, Stuhlflechten), zum Thema „Frauenarbeit in der Industrie" haben verschiedene Betriebe ihre Ausbildungsmöglichkeiten präsentiert, zum Thema „Frauenarbeit im Dienstleistungsbereich" haben wir eine Podiumsdiskussion mit Schülerinnen, Berufsrückkehrerinnen und 'Karrierefrauen' veranstaltet. Der Phantasie sind hier keine, den finanziellen Mitteln meist sehr schnell Grenzen gesetzt. In jedem Fall sollten aber regelmäßig Führungen durch die Ausstellung angeboten werden, speziell für Schulklassen (bei dieser Zielgruppe ist es sinnvoll, die traditionelle Form der Führung durch Aktionen, z.B. Ausfüllen eines Fragebogens oder Preisausschreibens, aufzulockern).

5.4 Katalog

Es ist wünschenswert, die Ausstellung mit einem Katalog zu ergänzen (wenn die finanziellen Mittel es zulassen). Konzept, Layout und Druck müssen rechtzeitig geplant und organisiert werden. Bei der Finanzierung ist zu bedenken, daß die Herstellungskosten umso höher sind, je mehr Fotos der Katalog enthält. Wir konnten in Salzgitter zwei Kataloge durch eine finanzielle Kooperation mit dem Stadtarchiv in ansprechender Form drucken lassen. Die Katologtexte wurden dabei hausintern im Fotosatz gesetzt, mit dem Druck wurde eine externe Druckerei beauftragt. Bei einer Auflagenhöhe von 500 Exemplaren entstanden für einen Katalog (mit 24 Fotoabbildungen und 36 Seiten) Druckkosten von ca. 5300 DM. Obwohl wir diese Kataloge für 5 DM pro Exemplar verkauften, deckten die Einnahmen nur einen Teil der Herstellungskosten. Beim dritten Teil unserer Fotodokumentation hatten wir kein Geld für einen aufwendigen Katalog. Wir nutzten hier die Entwürfe der Ausstellungstafeln als Druckvorlage für eine einfache Broschüre, die in der Hausdruckerei der Stadtverwaltung erstellt wurde.

5.5 Aufbau/Abbau

Vor Beginn der Ausstellung sollte ein genauer Plan für den Aufbau erstellt werden: Wieviel Platz benötigen die einzelnen Ausstellungsteile? In welcher Reihenfolge sollen sie präsentiert werden? Der Transport von Gegenständen, Stellwänden, Ausstellungstafeln muß organisiert werden. Für den Auf- und Abbau sollten genügend Hilfskräfte zur Verfügung stehen, die die Stellwände aufbauen, die Ausstellungstafeln aufhängen, die Vitrinen für die Präsentation von Originaldokumenten und wertvollen Gegenständen aufstellen (und putzen!). Gegenstände müssen passend zu den Tafeln arrangiert und mit Hinweisschildern versehen werden.

Achtung: Nicht vergessen, die LeihgeberInnen zu erwähnen! Alle Ausstellungsstücke müssen ausreichend gegen Diebstahl und Beschädigung versichert werden! Für den Abbau der Ausstellung muß die Verpackung und Aufbewahrung der Ausstellungstafeln organisiert werden!

5.6 Finanzielle Planung

Vor Beginn des Projektes müssen die Kosten grob kalkuliert werden. Dazu müssen Kostenvoranschläge verschiedener Firmen eingeholt werden. Der vorläufige Finanzplan ist auch die Grundlage für Anträge auf Bezuschussung des Vorhabens.

Neben den bereits erwähnten Kosten für Layout und Erstellung der Ausstellungstafeln und Druckkosten des Katalogs müssen folgende Faktoren bei der Kostenkalkulation berücksichtigt werden:
Transporte (z.B. für Ausstellungsgegenstände)
Auf- und Abbau der Ausstellung (evtl. Hausmeister, Reinigungskräfte)
Versicherungen
Werbung (Plakate, Programme, Einladungskarten)
Eröffnungsveranstaltung (Getränke, Essen, Vorträge, Schmuck)
Beiprogramm (Vorträge, Führungen, Film, Theater)

5.6.1 Zusätzliche Arbeitskräfte

Will ein Frauenbüro eine Fotodokumentation zur regionalen Frauengeschichte selbst erstellen, wird dafür eine geschichts- oder sozialwissenschaftlich qualifizierte Arbeitskraft (mit pädagogischen Fähigkeiten) benötigt. Ihre Aufgaben: Recherche (inklusive lebensgeschichtlicher Interviews), Beschaffung des Ausstellungsmaterials (Fotos, andere Dokumente, Gegenstände), Entwicklung des

Konzepts, Erstellen der Texte für Ausstellungstafeln und Katalog, Grob-Layout der Ausstellungstafeln, Mitarbeit bei Planung, Werbung und Rahmenprogramm (z.B. Führungen).

Diese Arbeitskraft muß sicherlich zusätzlich zur normalen Belegschaft des Frauenbüros beschäftigt werden. In Salzgitter wurde sie zeitweise im Werkvertrag (bezahlt werden die Ergebnisse der Arbeit) engagiert, zeitweise im Rahmen einer Arbeitsbeschaffungsmaßnahme (vom Arbeitsamt finanziert) bei der Stadt angestellt.

Alle übrigen Arbeiten (vor allem organisatorische Aufgaben und Schreibarbeiten) wurden bei unserem Vorhaben in Salzgitter von der normalen Besetzung des Frauenbüros mit übernommen, so daß keine zusätzlichen Kosten entstanden.

5.6.2 Finanzquellen

Wie stark das Vorhaben den eigenen Etat des Frauenbüros belastet, hängt sicher davon ab, ob rechtzeitig und phantasiereich andere Quellen ausgeschöpft werden.

Eine Möglichkeit, eigene Mittel zu sparen, ist die Zusammenarbeit mit anderen Ämtern der Stadtverwaltung. Hier bieten sich vor allem Stadtarchive und Museen an, aber auch Bibliotheken (z.B. für das Rahmenprogramm). Neben dem finanziellen Nutzen hat die Zusammenarbeit einen weiteren Vorteil; so können neue Bereiche der Öffentlichkeit auf das Vorhaben aufmerksam gemacht werden, da erfahrungsgemäß jedes Amt seinen eigenen Kreis von AnsprechpartnerInnen hat.

Zur Finanzierung von zusätzlichen Arbeitskräften sollten Arbeitsamtsmittel beantragt werden.

Anträge auf Zuschüsse sollten rechtzeitig an verschiedene Institutionen gestellt werden: Frauenministerium, regionale Stiftungen, Firmen, Banken, Versicherungen usw. In der Regel müssen dafür ein Finanzplan und ein Konzept des Vorhabens vorliegen. Wir konnten bei unserem Vorhaben in Salzgitter auf Mittel des Niedersächsischen Frauenministeriums zurückgreifen und erhielten Zuschüsse von der Raffeisen-Volksbank.

Achtung: Bitte unbedingt beachten, daß das Projekt nicht eher starten darf, ehe die Zuschüsse genehmigt sind („vorzeitiger Maßnahmebeginn“ führt zum Verlust der Zuschüsse)!

6. Fazit: *„Hauptsache wir hatten Arbeit...“*

Dieser Titel des zweiten Ausstellungsteils (zur Frauenarbeit in der Industrie) wurde teilweise zum Motto unserer Arbeit während des Vorhabens. Keine von uns Mitarbeiterinnen des Frauenbüros hatte sich wohl vorher ganz genau die

Menge der Arbeit vorstellen können, die da auf uns zukam. Ohne Engagement und guten Willen und ohne gute Zusammenarbeit im Team des Frauenbüros wären die zahlreichen Aufgaben nicht zu bewältigen gewesen. So haben wir alle z.B. Einladungen eingetütet, Stühle aufgestellt, Vitrinen geputzt, Schilder geschrieben, Tafeln aufgehängt, Ausstellungsgegenstände transportiert - alles Aufgaben, die nicht in unserer Arbeitsplatzbeschreibung vorkamen.

Unser Arbeitsaufwand wurde jedoch auch belohnt, die Resonanz auf die Ausstellungen war positiv und ging über die Grenzen Salzgitters hinaus. Nach einer Veröffentlichung im Mitteilungsblatt des Städtetages forderten Interessierte aus verschiedensten Teilen Deutschlands unsere Ausstellungskataloge an. Zwei Nachbarstädte liehen sich die Ausstellung aus und präsentierten sie in ihrem Rathaus bzw. Museum. Sogar das niedersächsische Landwirtschaftsministerium zeigte Interesse an dem Dokumentationsteil zur Frauenarbeit in der Landwirtschaft und stellte ihn anläßlich des internationalen Frauentages in seinen Räumen aus.

Die Ausstellungen in Salzgitter zogen viele BesucherInnen an. Zum einen kamen natürlich die Frauen, deren Arbeitsbereiche hier dargestellt wurden. Für sie war es eine völlig neues und wichtiges Erlebnis, einmal mit ihren Lebenserfahrungen im Mittelpunkt des öffentlichen Interesses zu stehen und mit ihren Arbeitsleistungen gewürdigt zu werden. Bei vielen älteren BesucherInnen wurden Erinnerungen geweckt, sie bestätigten und ergänzten die Aussagen der Ausstellung, sie konnten sich in den Inhalten wiedererkennen (manchmal sogar im wahren Wortsinne, da sie auf den ausgestellten Fotos abgebildet waren). Für diese Zielgruppe war die Ausstellung ein Anstoß, die eigene Lebensgeschichte aus dem Gedächtnis hervorzuholen, sie neu zu betrachten und weiter zu bearbeiten.

Doch auch jüngere Menschen interessierten sich für die Fotodokumentationen. So führten wir zahlreiche Schulklassen durch die Ausstellungen. Hier ging es uns vor allem darum, Verknüpfungen zwischen der regionalen Geschichte der Frauenarbeit und der eigenen aktuellen Lebenssituation herzustellen, z.B. einmal die eigene Berufswahl und Lebensplanung unter historischen Gesichtspunkten zu betrachten und anhand der Berufserfahrungen früherer Frauengenerationen zu hinterfragen. Besonders erfolgreich erscheint mir dazu der Ansatz, Frauen verschiedener Generationen und Lebensbereiche in Gesprächen zusammenzubringen (z.B. bei einer Podiumsdiskussion). An einzelnen Punkten ließen sich hier immer wieder auch für SchülerInnen nachvollziehbare Verbindungen zwischen Geschichte und Gegenwart herstellen (Beispiele zur Frauenarbeit im Dienstleistungsbereich: Auch heute noch sollen Verkäuferinnen in Modegeschäften sich ansprechend kleiden, auch heute noch arbeiten in der Krankenpflege hauptsächlich Frauen; der Beruf der Lehrerin ist heute zwar im Gegensatz zum vorigen Jahrhundert vollständig akzeptiert, doch sind Frauen in der Schulleitung immer noch unterrepräsentiert).

Es erscheint mir sehr wichtig, durch Ausstellungen und begleitende Aktionen in den Schulen Interesse für die regionale Frauengeschichte zu wecken und anzuregen, daß dieses Thema auch über den Ausstellungsbesuch hinaus in den Unterricht einbezogen wird. Denn nur wenn SchülerInnen sich kritisch mit der Frauengeschichte auseinandersetzen und daraus lernen, können wir uns Veränderungen für die Zukunft erwarten.

8.

Stadt und Raumplanung

Kirsten Müller-Lehnen
Frauen planen ihre Stadt

Im kommunalen Interessenausgleich ist die Wahrnehmung von Fraueninteressen historisch neu. Auch bei den räumlichen Planungen, d. h. beim Wohnungsbau, bei der Stadtentwicklung und bei Verkehrsfragen hatte die Kategorie der Geschlechtergerechtigkeit bisher keine Relevanz. Ihre Negation beinhaltete jedoch geschlechtsspezifische Benachteiligungen, die Frauen veranlaßten, Bestandsaufnahme zu machen und ihre Probleme auf den Tisch zu legen:
Frauen sind wirtschaftlich überwiegend in unteren Einkommensbereichen angesiedelt, daher überproportional auf den öffentlich geförderten Wohnungsbau angewiesen. Der Mangel an Wohnraum führt zur Konkurrenz unter den Wohnungssuchenden und bei Vorhandensein mehrerer strukturell bedingter Nachteilsfaktoren, einer frauentypischen monetären Unterlegenheit gegenüber Männern zur Chancenlosigkeit, den notwendigen Wohnungsbedarf am Markt zu realisieren.

Ungerecht, weil Frauenbelange übergehend, wird auch empfunden, daß Frauen zwar für Hausarbeit und Kindererziehung zuständig erklärt werden, die dafür gesellschaftlich notwendige Arbeit jedoch keine Raumzuweisung erhält. Weder die Arbeit der Frauen in den Wohnungen wird planerisch berücksichtigt - die meisten Wohnungszuschnitte sind auf Ruhebedürfnisse ausgerichtet - noch wird das unmittelbare Wohnumfeld im Arbeitszusammenhang der Kinderbetreuung gesehen.
Im Gegenteil, durch fehlende wohnungsnahe Versorgungsangebote und steigenden motorisierten Individualverkehr erhöht sich die **Begleitmobilität**, die Frauen für Kinder und alte Menschen erbringen, immer mehr.
Schlechte Wohnverhältnisse, mangelnde Infrastrukturverzahnungen, funktionsgetrennte Baugebiete und ein fehlender Nahverkehrsverbund benachteiligen Frauen in viel erheblicherem Ausmaß als Männer, weil sie - bedingt durch ihre Aufgabenwahrnehmung - ein Problembündel zu tragen haben, dem sich Männer nur selten stellen.

Für erwerbstätige Vollzeitberufler autogerecht geplante Städte erzwingen zeitintensive Wegeketten für diejenigen, die Familienarbeit leisten und dies noch - wie die Erwerbsquote von Frauen belegt - mit einer Erwerbstätigkeit verbinden. Frauen, die Kinder betreuen, müssen häufig auf eine Berufsausübung verzichten, wenn die Anfahrtswege zu möglichen Arbeitsplätzen wegen des damit verbundenen Zeit- und Kraftaufwandes dies nicht zulassen. Ergebnis dieses Opfers ist wirtschaftliche, ggf. auch soziale Abhängigkeit.
Um eine Vereinbarkeit von Beruf und Familie zu erreichen, scheint die alte Idee der **„Stadt der kurzen Wege“**, in dem Maße an Attraktivität zu gewin-

nen, wie Frauen ins Berufsleben eindringen, das damit verbundene Verkehrsaufkommen anwächst und auch Männer von der Zeitenteignung durch Planungsfehler betroffen sind.

Der im Entwurf befindliche Landesentwicklungsplan (LEP NRW) spricht bereits von einer Vorrangigkeit der Förderung des ÖPNV-Verbundes, vom Leitbild der dezentralen Konzentration, von einer Verbesserung des Ausstattungsstandards der Wohngebiete, einer sozial verträglichen Freiraumplanung und von einer verbesserten Zuordnung von Arbeitsplätzen und Wohnstandorten.

Die Forderungen nach einem bedarfsentsprechenden Wohnungsbau, nach kurzen Wegen zu den Einrichtungen der öffentlichen und privaten Versorgung, nach einer gleichberechtigten Verkehrsteilnahme, ausgerichtet an den spezifischen Mobilitäts- und Sicherheitsbedürfnissen insbesondere von Frauen, und nach einer an ökologischem Gleichgewicht orientierten Landschaftsplanung sind geschlechtsübergreifend und nicht abhandelbar unter der Rubrik „weibliche Sonderinteressen“. Das Frauenbüro ist bestrebt, diesen Zusammenhang deutlich zu machen.

Der seit Anfang 1992 in Aachen tätige **Arbeitskreis „Frauen in der Wohnungs- und Stadtplanung“**, an dem Ratsfrauen, Planerinnen aus der freien Wirtschaft und Verwaltungsfachfrauen teilnehmen, geht mit diesem Vorverständnis an die Arbeit, wenn z. B. Gebrauchswertqualitäten im Wohnungsbau erörtert, eine Befragung zu den Wohnwünschen Alleinerziehender durchgeführt oder Ausstellungen und Fachkonferenzen zum gemeinschaftlichen und generativen Wohnen organisiert werden.
Auch die Teilnahme der Frauenbeauftragten als Sachverständige an Wettbewerben der Stadt Aachen trägt zur Beachtung sozialräumlicher Qualitäten bei, die letztlich allen zugute kommen.

Ein Beispiel für die Übernahme von frauenspezifischen Bewertungsmaßstäben durch Männer ist das Thema **Sicherheit im öffentlichen Raum**. Als das Frauenbüro Ansprüche an die Sicherheit von Tiefgaragen stellte, waren die Parkhausbetreiber einhellig der Meinung, es sei besser, das gesamte Haus wäre für Frauen und Männer ein angstfreier Ort. Dabei sind Frauen durchaus nicht auf Reservate erpicht und begrüßen es, wenn ihre Anliegen zum gemeinsam gefundenen Konsens führen.

Daß nur der stete Tropfen den Stein höhlt, wurde und wird bei Wohnumfeldverbesserungsmaßnahmen klar. Ende 1991 machte das Frauenbüro in einer Aktion zum Nikolaustag Vätern mit Kindern deutlich, welche Barrieren zu Fuß Gehende in Begleitung kleiner Kinder und bei Mitführen von Kinderwagen zu überwinden haben (z. B. Unterführungen). Ein Jahr später wurde die Aktion von Ratsmitgliedern wiederholt, partiell wurden Änderungen vorgenommen, zu tun bleibt noch viel.
Direkt sichtbaren Erfolg hatte das Frauenbüro mit der Sicherheitsprüfung von 11 Aachener Mittel- und Großgaragen. Nicht nur die Betreibenden der Tiefga-

ragen reagierten mit Verbesserungen auf die Empfehlungen des Frauenbüros, auch der Regierungspräsident wies die unteren Aufsichtsbehörden an, künftig sicherzustellen, daß die Einhaltung der Garagenverordnung überprüft wird und die Frauenbüros dabei zu beteiligen sind.

Von Ende April 1994 bis Mitte Mai 1994 werden in NRW landesweit Aktionswochen zum Thema: **„FRAUEN PLANEN IHRE STADT - Standtentwicklungs-, Verkehrs- und Wohnungsplanung aus weiblicher Sicht“** durchgeführt. Es beteiligen sich die Ministerien für die Gleichstellung von Frau und Mann (MGFM), für Bauen und Wohnen (MBW), für Stadtentwicklung und Verkehr (MSV) und für Umwelt, Raumordnung und Landwirtschaft (MURL) in Zusammenarbeit mit den kommunalen Gleichstellungsstellen. Das Aachener Frauenbüro war maßgeblich in die Vorbereitungen einbezogen.

In der Stadt Aachen ist während der Aktionswochen eine Reihe von Veranstaltungen geplant. Frauen werden ihren räumlichen Anspruch dokumentieren und (sich) Platz nehmen - auch im öffentlichen Raum. Diese **„Inbesitznahme“** wird auf den moralischen Zeigefinger verzichten und durch Selbstverständlichkeit und Lebensfreude überzeugen.

Das Aachener Projekt von Frauenbüro und VHS **Visionen vom Wohnen**, in dem die späteren Bewohnerinnen und Bewohner gemeinschaftlich ihr Wohnmodell planen, zieht immer mehr Interessierte an und beschreitet ebenfalls den Weg der konkreten Utopie.

Den Veränderungswillen dokumentiert auch die Ende 1993 vom Deutschen Städtetag herausgegebene Broschüre zur Wohnungspolitik mit dem Titel: **„Frauen verändern ihre Stadt“.** Ein zweites Heft zur Verkehrspolitik ist in Arbeit.

In der Landesbauordnung Hessen sind Frauenbüros bereits als Trägerinnen öffentlicher Belange anerkannt, in NRW haben sich dazu landesweite Initiativen gebildet. Seit gut einem Jahr hat das Ministerium für Bauen und Wohnen (MBW) eine Beraterinnen-Gruppe eingerichtet. Das Aachener Frauenbüro ist Mitglied dieser Gruppe.

Im folgenden wird ein Positionspapier veröffentlicht, das ein Arbeitsergebnis dieser Gruppe darstellt.

Trotz Wohnungsmangel Gemeinschaftsräume im sozialen Wohnungsbau?

Problemaufriß

Preiswerte Wohnungen fehlen im gesamten Bundesgebiet, so auch in NRW. Die Wohlfahrtsorganisationen weisen auf den Anstieg der Obdachlosigkeit hin; betroffen davon sind auch besonders Frauen.

Obwohl also einem Teil der Bevölkerung ein Dach über dem Kopf fehlt, plädieren die Beraterinnen für die Einrichtung von Gemeinschaftsräumen im Sozialen Wohnungsbau.

Im folgenden wird die Flächenbereitstellung zur Einrichtung von Gemeinschaftsräumen begründet.

Sie wird hergeleitet aus

- den soziostrukturellen Veränderungen
- der Berücksichtigung der Bedürfnisse der Nutzerinnen und Nutzer von Wohnungen.

1. Quantitative und qualitative Auswirkungen soziostruktureller Veränderungen auf den Wohnungsbedarf

Ganz offensichtlich haben sich die Haushaltsstrukturen in den letzten Jahren gewandelt, was sowohl zu einer Veränderung des Wohnbedarfs, aber auch zu einer Veränderung der eine soziale Gemeinschaft konstituierenden Faktoren führt. Quantitative Folge des Anwachsens der kleineren Haushalte ist die Zunahme des Bedarfs an Kleinwohnungen, und dadurch bedingt die Zunahme des durchschnittlichen Wohnflächenbedarfs. Kleinere Wohnungen erfordern mehr Wohnfläche pro Person und verursachen höhere Kosten als das gemeinschaftliche Wohnen einer Familie (vgl. Wohnflächenobergrenzen für verschiedene Haushaltsgrößen im Sozialen Wohnungsbau).

Mit der Zunahme von Kleinhaushalten bzw. Kleinwohnungen verändert sich aber auch die Qualität des Wohnens. Soziale Bezüge gehen verloren, die Vereinzelung nimmt zu; es besteht die Gefahr der Entfremdung bis hin zur Ausgrenzung. In Ein-Personen-Haushalten werden alte Menschen Wochen und Monate nach ihrem - von anderen unbemerkten Tod - aufgefunden.

Die Konflikte zwischen deutschen und ausländischen Menschen steigen an, nicht zuletzt wegen der Konkurrenz um Wohnungen. Menschen aller Altersgruppen erleben häufiger als früher im Laufe ihres Lebens Trennungen aus dem ursprünglichen Lebensverbund. Bei der Wiederaufnahme sozialer Bezüge brauchen sie Unterstützung. Die in sich abgeschlossene Kleinfamilie gerät mehr und mehr in die Isolation. Indikatoren dafür sind beispielsweise die bekanntgewordenen Fallzahlen mißhandelter Kinder und Frauen.

Sowohl soziale Isolation als auch soziale Segregation sind Faktoren, die Anonymität und gegenseitige Gleichgültigkeit fördern, parallel dazu nehmen persönliche Verantwortungsbereitschaft und gegenseitige Anteilnahme ab.

Die Begründung für die Einrichtung von Gemeinschaftsräumen ergibt sich aus der Notwendigkeit der Bildung einer sozialen Gemeinschaft, in die sich sowohl Einzelpersonen, größere Lebensgemeinschaften und alle Altersgruppen einbinden können. Hierfür muß es ein Flächenangebot zur gemeinschaftlichen Nutzung geben.

2. Notwendigkeit zur Schaffung sozialer Gemeinschaften

Seit Jahren läßt sich anhand der langen Wartelisten der Ämter für Wohnungswesen nachweisen, daß nur die dringlichsten Fälle mit Sozialwohnungen versorgt werden können. Diese Notlagenversorgung der untersten Einkommensbezieher hat zur Folge, daß sich vornehmlich in Neubausiedlungen soziostrukturelle Ungleichgewichte entwickeln. Ohne hier diskutieren zu wollen, ob eine Mischung der sozialen Schichten über den Wohnungsmarkt vorstellbar wäre, sind wir der Meinung, daß nur durch das einfache Addieren verschieden gelagerter Haushalte keine soziale Gemeinschaft entsteht. Um eine Gemeinschaft entstehen zu lassen, braucht es Akteure. Es bedarf eines **Motivs** und einer Begleitung, damit Menschen aufeinander zugehen.

3. Berücksichtigung der Bedürfnisse von Nutzerinnen und Nutzern - Hausgemeinschaften und Gemeinschaftsräume -

Gemeinschaftsräume, d. h. Räume zur unterschiedlichen Nutzung sollen sich stetig den wandelnden Bedürfnissen der Mieterinnen und Mieter anpassen und die räumlichen Vorbedingungen schaffen, aus den verschiedenen isolierten Haushalten eine **Hausgemeinschaft** werden zu lassen.

Vorteile von Gemeinschaftsräumen

- Es wird eine Basis geschaffen, damit sich Menschen begegnen können.
- Die Gemeinschaft verbindet, jede/r kennt jede/n, es entsteht eine Identifikation mit dem Haus und mit den Bewohnerinnen und Bewohnern.
- Lernen am Modell des Verhaltens unterschiedlicher Menschen. Die Zahl der erreichbaren Ansprechpartnerinnen und -partner geht über den Familienverband hinaus. Erwachsene und Kinder können mehrere Bezugspersonen wählen und die Möglichkeit nutzen, sich vielfältiger zu orienterien.
- In einer aktiven Hausgemeinschaft leben alte Menschen nicht isoliert. In Gemeinschaftsräumen können alte Menschen am Leben im Haus teilnehmen.
- Isolation, Ausgrenzung und Ablehnung wird gemindert. Angehörige verschiedener Altersgruppen und Nationalitäten haben Raum, einander zu begegnen, und durch das Zusammentreffen und Sich-Kennenlernen ihre Vorurteile abzubauen.
- Es entstehen basisdemokratische Handlungsformen durch: Mitbestimmung, Mitwirkung und Selbstverwaltung; die gegenseitige Toleranz steigt.
- Jede Person im Haus kann mehr Wohnfläche nutzen, als ihr durch die eigene Wohnung zusteht, der Bewegungsraum wird vervielfältigt.
- Kinder wollen sich austoben, dafür sind die Individualwohnungen zu begrenzt. In Gemeinschaftsräumen in bevorzugter Lage in Verbindung mit Freiflächen kann das Bewegungsbedürfnis befriedigt werden.
- Auch bei geringem Einkommen kann durch teilweise gemeinsames Wirtschaften ein höherer Lebensstandard erreicht werden.

Eine Hausgemeinschaft muß wachsen

Das Engagement der Mitbewohnerinnen und Mitbewohner ergibt sich aus ihren Motiven, in ein „Gemeinschaftshaus“ zu ziehen, was noch nicht heißt, daß jede und jeder in der Lage ist, die eigenen Bedürfnisse frei zu äußern und selbst Angebote zu machen.

Welche Rolle Mieterinnen- und Mieterbeiräte oder ähnliche Gremien und Personen übernehmen können, muß erprobt werden. Gemeinschaft muß wachsen, der Prozeß erfordert Zeit.

Bisher gibt es Erfahrungen in Städten, die Aufträge zur Nutzerinnen- und Nutzerbeteiligung an spezielle Einrichtungen vergeben haben, z. B. der Wohnbund e. V. Die Finanzierung dieser Leistungen, die meist mit dem Einzug der Mieterinnen und Mieter endeten, blieb jedoch nur für den Einzelfall gültig.

An eine langfristige Begleitung, wie es z. B. das betreute Wohnen darstellt, ist nicht gedacht, eher an einen Anschub und eine Anleitung zur Selbstverwaltung.

Der Wohnungsbau-Träger soll mit einer kommunikativen Hausordnung die entsprechenden Voraussetzungen zur Nutzerinnen- und Nutzerbeteiligung schaffen. Die Bereitschaft der Träger zur Initiierung einer Hausgemeinschaft soll durch die Bindung der Fördermittel an eine Anleitung gesichert werden.

4. Förderung von Gemeinschaftsräumen

Gemeinschaftsräume sind Aufenthaltsräume und sollen möglichst die Größe von 2 - 4 % der maximal möglichen Wohnfläche des Gesamtobjektes haben, jedoch **mindestens** 20 qm groß sein und bei Bauvorhaben von 6 Wohnungen an eingerichtet werden. Gemeinschaftsräume sollen sich in signifikanter Lage und an einem bevorzugten Ort befinden, sowie Zugang zu einer Freifläche ermöglichen.

Die vorhandene Regelung bei IBA-Projekten, eine/mehrere Wohnung/en als Gemeinschaftsflächen freizustellen, ist eine praktikable Variante.
Die Fläche des Gemeinschaftsraumes könnte durch anteilige Reduzierung der einzelnen Wohneinheiten gefördert werden. Die Betriebskosten sind Bestandteil der Miete.

EINLADUNG

zur Pressekonferenz am 20.4.1994, 11.00 Uhr im Haus Löwenstein

Thema: Frauen planen ihre Stadt
Stadtentwicklungs-, Verkehrs- und Wohnungsplanung
aus weiblicher Sicht

Beginn der
AKTIONSWOCHEN 1994

Sehr geehrte Damen und Herren,

landesweit machen sich die Frauen daran, ihren Städten ein „weibliches Gesicht“ zu geben. Damit meinen wir, sie so zu gestalten, daß alle Planungen auch den Bedürfnissen der Frauen gerecht werden.

Wäre es nicht wunderbar, wenn
- Hausgemeinschaften der Isolation entgegenwirkten
- zum Aufenthalt einladende Grünbereiche die öden Abstandsflächen ablösten
- gemütliche Wohnhöfe Alt und Jung vereinten
- auch am späten Abend jede Frau sicher heimkäme
- niemand mehr zum Automobil genötigt würde, weil die öffentlichen Verkehrsmittel gut funktionieren
- Wohnungen und Arbeitsplätze miteinander verzahnt wären, so daß weite Anfahrtswege entfielen
- Kinderbetreuung und Berufstätigkeit miteinander verbunden werden könnten, weil Kindergarten, Schulen, Geschäfte und Arbeitsplätze zu Fuß erreichbar sind
- jeder Haushalt aus dem vielfältigen Angebot an Wohnungen diejenige auswählen könnte, die auf die eigenen Bedürfnisse zugeschnitten ist

In den vor uns liegenden Aktionswochen vom 18.4.1994 bis 21.5.1994 werden diese Wünsche zur Diskussion gestellt, werden in Begehungen Beispiele und Modelle gezeigt. 20 Veranstaltungen sind geplant, über die ich Sie gern informieren möchte. In der Anlage finden Sie drei Handzettel mit Übersichten zu verschiedenen Schwerpunkten.
Ich würde mich über Ihre Interesse an der Pressekonferenz freuen und hoffe, daß durch Ihre Berichterstattung Aachens Bürgerinnen und Bürger zur Teilnahme motiviert werden.

Mit freundlichen Grüßen

Im Auftrag

Müller-Lehnen

(Kirsten Müller-Lehnen)
Gleichstellungsbeauftragte

AKTIONSWOCHEN IN AACHEN

AUFTAKT - GRUNDSTEINLEGUNG für eine frauengerechte Stadt, Donnerstag, 28.04.94, Marktplatz, 11.00 Uhr

BISS ZUM ERFOLG - THEATER WILDE MISCHUNG, Freitag, 29.04.94, Rheumaklinik Aachen, Burtscheider Markt 24, Kinosaal, 20.00 Uhr, Eintritt 8,00 DM

WALPURIGS-NACHTSPAZIERGANG, Samstag, 30.04.94, Treffpunkt: Bushof, ASEAG-Büro, Eingang Peterstraße, 20.30 Uhr

WENDO-AUSSTELLUNG, Montag, 02.05.94 bis Freitag, 13.05.94, Gesamtschule Rombachstraße

GEMEINSAM WOHNEN, Dienstag, 03.05.94, Kindergalerie im Ludwig-Forum, 15.30 - 17.30 Uhr

WORKSHOP zum Europatag, **EUROPÄISCHE PERSPEKTIVEN** - Auswirkungen weiblicher Berufstätigkeit auf räumliche Planung, Donnerstag, 05.05.94 an der RWTH-Aachen, Fakultät für Architektur, Lehr- und Forschungsgebiet Entwerfen und Gebäudekunde, Reiffmuseum, Schinkelstr. 1, R. 19, 10.00 Uhr

MÄDCHENSPIELPLATZ, Freitag, 06.05.94, Spielplatz Franzstr., 15.00 - 17.00 Uhr

VISIONEN VOM WOHNEN, Samstag, 07.05.94, Frauenbüro, Markt 39, 14.00 - 17.30 Uhr

BAHN FREI! Schwimmen für Mädchen, Samstag, 07.05.94, Elisabethhalle, 15.00 - 16.30 Uhr

FRAUEN NEHMEN (SICH) PLATZ, Muttertag, 08.05.94, Komphausbadstr. am Brunnen „Wasserspiele“, 11.00 - 13.00 Uhr

PLATZ DA - FRAU PARKT HIER! Dienstag, 10.05.94, Treffpunkt: Frauenbüro, Haus Löwenstein, Markt 39, 17.00 Uhr

MOBILITÄT VON FRAUEN, Samstag, 14.05.94, Marktplatz, Treffpunkt: Frauenbüro, Haus Löwenstein, Markt 39, 9.00 Uhr

WALDSPAZIERGANG mit Picknick, Sonntag, 15.05.94, Treffpunkt: Waldschänke, Lütticher Straße, 12.00 Uhr

ALLTAGSWEGE - Verkehrsunternehmen Mutter, Montag, 16.05.94, 15.00 Uhr, SPD-Haus, Heinrichsallee 50/54

VERKEHRSKONZEPTE IM SINNE DER FRAUEN, Dienstag, 17.05.94, Sitzungssaal Haus Löwenstein, Markt 39, 2. Etage, 20.00 Uhr

SELBSTVERTEIDIGUNGSKURS FÜR MÄDCHEN (Alter: 8 - 11 Jahre) Mittwoch, 18.05.94 bis Freitag, 20.05.94, Offene Tür Talstraße

WIE WOLLEN ALLEINERZIEHENDE WOHNEN? Freitag, 20.05.94, VAMV, Vaalser Str. 108, 15.00 - 18.00 Uhr

ABSCHIED VOM MAULWURFSLEBEN - FRAUEN TAUCHEN AUF ABSCHLUSSVERANSTALTUNG
Samstag, 21.05.94, Unterführung Bushof, 20.00 - 22.00 Uhr

STADTGESCHICHTE UND FRAUENLEBEN
Begleitend zu den Aktionswochen, Gespräche mit älteren Aachener BürgerInnen

AUSSTELLUNG ANGSTRAUM - ALPTRAUM
Begleitend zu den Aktionswochen im Frauenbüro, Markt 39, montags bis freitags zu den Dienstzeiten

Interview

Frauen planen ihre Stadt

In den letzten Wochen sind in NRW landesweit Aktionen zum Thema „Frauen planen ihre Stadt" durchgeführt worden. Das Frauenbüro war maßgeblich daran beteiligt. Fragen an die Gleichstellungsbeauftragte Kirsten Müller-Lehnen.

Kirsten Müller-Lehnen, Gleichstellungsbeauftragte der Stadt Aachen

Klenkes: Stadtplanung aus weiblicher Sicht, was heißt das?
Müller-Lehnen: In der Regel werden Städte nach wirtschaftlichen Gesichtspunkten gebaut. Die Wirtschaft ist aber sehr häufig durch männliche Interessen vertreten. Hier geht es in erster Linie um Funktionalität, der Verkehr muß fließen, und das bedeutet auch die räumliche Trennung von Arbeit und Wohnen. Aus weiblicher Perspektive gilt es aber, eben diese Trennung aufzuheben, eine Verbindung von Arbeitsplatz, Wohnung, Kindergarten etc. herzustellen, Wege zu verkürzen. Wir wünschen uns, daß qualifizierte Arbeitsplätze auch in einzelnen Stadtteilen anzutreffen sind, daß die soziale Infrastruktur dichter wird.

Klenkes: Wie sieht die Bereitschaft in den einzelnen Gremien und Fachausschüssen aus, auf die Bedürfnisse der Frauen entsprechend zu reagieren?
Müller-Lehnen: Reine Wohngebiete können ohne weiteres in Mischgebiete umgewandelt werden. Ich denke, da sind die Widerstände nicht sehr groß. Man fragt sich vielmehr, wie bestehende Gebiete verändert werden können. Hier muß die fehlende soziale Infrastruktur hergestellt werden. Zunächst heißt das, die Erkenntnis zu fördern, daß es keinen weiteren Nutzen bringt, sämtliche Angebote zu zentralisieren, dadurch wird das Verkehrsaufkommen nur höher. Dafür muß das Bewußtsein gestärkt werden. In der Gesetzgebung sind bereits viele Verbesserungen angedacht, es gilt, sie nur tatsächlich auch zu realisieren.

Klenkes: Wo sehen sie die Schwerpunkte für Aachen, wo muß Aachen frauenfreundlicher werden?
Müller-Lehnen: Ich sehe für Aachen drei Schwerpunkte. Zum einen in der Wohnungspolitik. Wir haben hier bereits begonnen, verschiedene Modellvorhaben – siehe Vaalser Str. – auf den Weg zu bringen. Stichwort: Gemeinschaftliches Wohnen. Zum anderen Stadtentwicklungspolitik, hier insbesondere das, was wir unter Wohnumfeldverbesserung angehen. Eine Lebendigkeit herstellen auf verschiedenen Plätzen und in Wohngebieten. Verweilqualität sollte gewährleistet sein. Und zum Schluß die Verkehrspolitik, das Zufußgehen wie auch das Radfahren müssen gefahrloser sein, die Nutzung der öffentlichen Verkehrsmittel muß in den Vordergrund gestellt werden. Tempo 30-Zonen in Wohngebieten. Das ist zwar alles schon angedacht und zum Teil auch realisiert, doch scheinen es viele noch nicht realisieren zu wollen.

Klenkes: Diese Schwerpunkte sind nicht ausgesprochen frauenspezifisch.
Müller-Lehnen: Ganz richtig! Aber das wollen wir ja auch gerade. Es sind allgemeingültige Konzepte, wo sich wirklich jeder wiederfinden kann. Im „Sinne der Frau" beinhaltet genau, Veränderungen für alle nutzbar zu machen. Wir sind eben nicht auf den schnellen Manager mit Köfferchen ausgerichtet, der über alles hinweggeht.

Klenkes: Welche Forderungen stellt das Frauenbüro konkret?
Müller-Lehnen: Beteiligungen nicht nur bei der Konzeptionierung, sondern auch in Entscheidungsfragen. Bisher wird das Frauenbüro nur gesehen als Problemmilderungsbüro für spezifisch weibliche Anliegen. Wir wollen aber die detaillierte Arbeitsbeteiligung, beispielsweise an Bebauungsplänen. ■

9.

Gewalt

Mechthild Schramme-Haack
Ein langer Weg zum Ziel Ein Frauenhaus für den Landkreis Hannover

Als Anfang 1989 die ersten kommunalen Frauenbeauftragten in den kreisangehörigen Städten und Gemeinden und die Frauenbeauftragte des Landkreises Hannover die ersten Kontakte zu Frauenprojekten knüpften, standen Besuche in den beiden Frauenhäusern in der Landeshauptstadt Hannover an erster Stelle. Diese beiden Zufluchtsstätten, ein Frauen- und Kinderschutzhaus und ein autonomes Frauenhaus, sind mit 14 bzw. 15 Plätzen für Frauen und ihre Kinder relativ große Einrichtungen. Die Gespräche mit den Mitarbeiterinnen ergaben für die Frauenbeauftragten, daß die Platzkapazität der Häuser für die Versorgung der Region Hannover als ausreichend eingeschätzt wurde.

Erste Hinweise auf die Veränderung, Verschlechterung dieser Situation zeigten sich den Frauenbeauftragten, als 1990 erste Frauen in der Beratung berichteten, daß sie von den Frauenhäusern abgewiesen worden seien. Die Arbeitsgemeinschaft der Frauenbeauftragten, zu der inzwischen schon 15 Kolleginnen gehörten, griff im Sommer 1991 diese Problemlage auf. Zunächst wurde auf der Basis der polizeilichen Kriminalstatistik über Gewalttaten gegenüber Frauen in den Jahren 1979 bis 1989 ein Maßnahmenkatalog entwickelt. In diesem Maßnahmenkatalog wurde die Schaffung von vier kleineren Zufluchtsstätten in den vier Regionen des Landkreises gefordert sowie die Unterstützung von Notrufgruppen empfohlen. Neben der Öffentlichkeitsarbeit zu diesem Maßnahmenkatalog brachten die meisten Frauenbeauftragten in Form von Informationsdrucksachen die Problemlagen in die Räte der Städte und Gemeinden des Landkreises und in die Gremien des Kreistages.

Im Rahmen der Haushaltsberatungen 1992 konnten zwei Frauenbeauftragte - in Lehrte und in Garbsen - ihre Räte zu einem Beschluß für ein Frauenhausprojekt motivieren; die eingestellten Haushaltsmittel betrugen 100.000,00 DM. Auch in anderen Kommunen wurden positive „Frauenhaus-Beschlüsse" gefaßt. Sie hatten zumeist die Absicht, sich an der Finanzierung eines Frauenhauses in den jeweiligen Nachbargemeinden zu beteiligen. In der Arbeitsgemeinschaft der Frauenbeauftragten wurden sowohl konzeptionelle Fragen als auch die daraus resultierenden Finanzierungsfragen intensiv beraten. Die Rückmeldungen aus den Fraktionen zeigten bald sehr klar, daß die Bereitschaft zur Finanzierung eines autonomen Frauenhauses gering, d. h. nicht mehrheitsfähig war. Somit liefen die Finanzierungsvorstellungen bald in die Richtung, die

Einrichtung der Frauenhäuser kommunal zu übernehmen, um anschließend die laufenden Kosten über Tagessatzvereinbarungen mit dem örtlichen Träger der Sozialhilfe zu sichern.

Die Phase der Überzeugung von Politikerinnen und Politikern zog sich relativ lange hin. Nachdem die Vorstellung gewachsen war, daß etwa fünf Kommunen die Errichtungskosten in gemeinsamer Finanzierung übernehmen sollten, zeigte es sich bald, daß es ausgeschlossen war, jeweils fünf Kommunen zu einem gleichen Stand der Bereitschaft, ein Frauenhaus mitzufinanzieren, zu motivieren.

Im Mai 1993 wurde im Landkreis unter Teilnahme der vier bereits durch politische Beschlüsse gebundenen Kommunen eine koordinierende Arbeitsgruppe gebildet. An dieser Arbeitsgruppe nahmen Sozialdezernentinnen oder -dezernenten und das Sozialamt des Landkreises unter Federführung der Frauenbeauftragten des Landkreises teil.
Auch hier erwies sich der Prozeß der Verständigung auf Kostengrößen, die Suche nach einem geeigneten Haus als außerordentlich schwierig.

Unter dem zunehmenden Druck aus den Räten trat im Sommer 1993 die Arbeitsgemeinschaft der Stadt- und Gemeindedirektoren an den Landkreis Hannover heran, das Projekt Frauenhaus zur Kreisangelegenheit zu machen. Der Informationsstand der Politikerinnen und Politiker der Fraktionen des Kreistages war durch die örtlichen Beratungen inzwischen so angewachsen, daß im August 1993 ein einstimmiger Kreistagsbeschluß zur Schaffung eines Frauenhauses möglich wurde. Dadurch, daß der Landkreis über ein geeignetes leerstehendes Gebäude verfügte, war das vorher fast unlösbare Problem - Neubau oder Umbau eines bestehenden Gebäudes - schlagartig gelöst. Mit diesem Kreistagsbeschluß wurden in beachtlicher Schnelligkeit die für den Umbau, die Sicherungsmaßnahmen und die Einrichtung erforderlichen Mittel in den Nachtragshaushalt eingestellt. Da das Land Niedersachsen im Rahmen seiner Frauenhausförderung für die Gewährung von Zuschüssen die freie Trägerschaft für ein Frauenhaus vorschreibt, war es selbstverständlich, daß ein geeigneter Träger gesucht werden mußte.

Die nicht zu verleugnende „Mutterschaft" der Arbeitsgemeinschaft der Frauenbeauftragten für das Thema „Frauenhaus" führte im Landkreis dazu, daß die Federführung für sämtliche Verhandlungen mit in Frage kommenden Trägern und die haushaltsrechtliche Zuständigkeit bei der Frauenbeauftragten lagen. Die politische Begleitung der Einrichtung des Frauenhauses lag im Landkreis beim Ausschuß für Gleichstellungsfragen, der auch zur Frage der Trägerauswahl eine Anhörung durchführte. Die Verhandlungen über die Trägerschaft mit einem renommierten Trägerverein der Region erwies sich unerwarteterweise als außerordentlich schwierig. Nach etwa einem halben Jahr wurden die Verhandlungen, die gemeinsam von der Frauenbeauftragten und dem Leiter des Sozialamtes geführt wurden, mit Zustimmung der Verwaltungsspitze und

nach Unterrichtung der Frauenbeauftragten in den Städten und Gemeinden abgebrochen.
Unterdessen wurden aber durch das Bauamt die Umbaumaßnahmen durchgeführt und erste Einrichtungsgegenstände bestellt.

Die Arbeiterwohlfahrt, Kreisverband Hannover-Land e. V., die immer auch als möglicher Träger zur Debatte stand, stellte sich relativ rasch der Aufgabe und nach einer einvernehmlichen kurzen Verhandlungsphase als Träger zur Verfügung.

Obwohl die Bauleitung für die Umbaumaßnahmen in den Händen einer sehr engagierten Bauleiterin des Hochbauamtes des Landkreises lag, stellte es sich heraus, daß viele praktische Fragen des Frauenhausalltages fachlicher Beratung bedurften. Im Juli 1994 wurde im Rahmen eines befristeten Vertrages eine Mitarbeiterin eingestellt. Durch ihre mehrjährige berufliche Erfahrung in einem Frauenhaus konnte sie viele Details der Einrichtung und des Umbaus hilfreich beeinflussen. Dem Träger wurde zur Auflage gemacht, diese Mitarbeiterin für das Frauenhaus einzustellen.

Die Frauenbeauftragte erarbeitete in mehreren Abstimmungssitzungen mit den Vertretern des Trägers und dem Leiter des Sozialamtes eine allgemeine Trägerschaftsvereinbarung und eine Tagessatzvereinbarung, die zukünftig jährlich fortgeschrieben wird.

Im Dezember 1994 war es soweit: Mit Wirkung vom 01. Dezember 1994 traten die Verträge in Kraft und am 07. Dezember 1994 wurde die Eröffnung gefeiert. Inzwischen waren durch den Träger schon einige Mitarbeiterinnen und die Leiterin eingestellt. Da das Frauenhausteam jedoch noch nicht komplett war, wurde die Eröffnung für die Aufnahme von Frauen und Kindern für den 02. Januar 1995 festgelegt.

Das Interesse an der Eröffnungsfeier war außerordentlich hoch. Vor dem Hintergrund des ständigen Bemühens, den Ort des Frauenhauses nicht öffentlich werden zu lassen, wurde nur ein eingegrenzter Kreis dazu eingeladen. Selbstverständlich nahmen die Frauenbeauftragten aus den Städten und Gemeinden an der Feier teil, Vertreterinnen und Vertreter des Vorstandes des Trägers, Politikerinnen und Politiker des Kreistages, Frauen aus dem örtlichen Frauenzentrum und der örtlichen Notrufgruppe und die Beteiligten aus der Verwaltung. Die Frauenministerin mußte ihre Zusage wegen einer wichtigen Plenarsitzung kurzfristig zurückziehen.

Die weitere Begleitung der Arbeit des Frauenhauses wird über die Mitarbeit in einem Beirat gesichert, der im Frühjar 1995 installiert werden wird. Über die Zusammensetzung entscheidet der Ausschuß für Gleichstellungsfragen des Landkreises Hannover. Es ist davon auszugehen, daß neben der örtlichen und der Landkreis-Frauenbeauftragten und Vertreterinnen des Trägers sowohl Politikerinnen aus den Fraktionen und Expertinnen in diesem Beirat zusammenarbeiten.

Der Landkreis eröffnet jetzt sein Frauenhaus

Verträge perfekt / Personal noch nicht vollständig

joe. **Landkreis Hannover** Seit Donnerstag hat der Landkreis offiziell ein Frauenhaus. Mit zwölf Plätzen für die Bewohnerinnen und 18 für die Kinder gehört es zu den größten in Niedersachsen. Wie die Kreis-Frauenbeauftragte Mechthild Schramme-Haack mitteilte, ist das Gebäude jetzt umgebaut, eingerichtet und mit Monitoren und Gittern gegen ungebetene Gäste gesichert. Die Vereinbarungen mit dem Träger, der Arbeiterwohlfahrt (AWO), gelten vom 1. Dezember an, werden jedoch erst nächste Woche während einer Eröffnungsfeier unterzeichnet.

Von Gewalt bedrohte Frauen sind bisher noch nicht in das renovierte Gebäude eingezogen, das dem Landkreis gehört. „Die ersten werden demnächst kommen“, kündigte die Frauenbeauftragte an. Noch habe die AWO nicht das gesamte Personal eingestellt. Eine erfahrene Heimleiterin sei schon gefunden, und mehrere der acht Mitarbeiterinnen hätten schon in einem Frauenhaus gearbeitet. Für drei von ihnen übernimmt das Land die Hälfte der Personalkosten - rund 130 000 Mark im Jahr. Der Finanzminister habe den Landeszuschuß inzwischen freigegeben, berichtete Schramme-Haack.

Schon im August 1993 hatte sich der Kreistag einstimmig für ein Frauenhaus ausgesprochen. Die Suche nach einem Träger erwies sich, wie berichtet, jedoch als schwierig. „Wir waren durchaus in Versuchung, das Haus selbst zu betreiben“, erläuterte die Frauenbeauftragte. Nach den Richtlinien des Landes gebe es jedoch nur dann Zuschüsse zu den Personalkosten, wenn ein freier Träger gefunden sei. Finanziert wird das Haus in erster Linie aus dem Sozialhilfetopf. Der Landkreis erwartet, daß die meisten Bewohnerinnen Hilfe zum Lebensunterhalt bekommen. Im ersten Vierteljahr , wenn das Gebäude noch nicht voll bewohnt ist, wird nicht der vereinbarte Tagessatz, sondern eine Pauschale gezahlt.

Die Nachfrage nach Plätzen ist groß. In den beiden hannoverschen Frauenhäusern stammen 25 bis 30 Prozent der Bewohnerinnen aus dem Landkreis. „Gewalt gibt es auf dem Lande ebenso wie in der Stadt“, betonte Schramme-Haack. „In den Dörfern fällt der Schritt viel schwerer, Konsequenzen zu ziehen.“ Von Gewalt bedroht seien Frauen aus allen Gesellschaftsschichten. Diejenigen, die finanziell besser gestellt seien, könnten sich jedoch eher allein helfen: „Sie haben das Geld, sich eine Fahrkarte zu kaufen und mit den Kindern zu einer Freundin nach Süddeutschland zu fahren.“

Das 40. Frauenhaus des Landes ist gerüstet

Vertrag mit Arbeiterwohlfahrt unterzeichnet / Erste Bewohnerinnen kommen im Januar

joe. **Landkreis Hannover**

Die Räume erstrahlen in frischem Weiß, die Möbel sind geliefert, im Bereich für die Kleinkinder liegt das Spielzeug bereit, und den Monitor im Personalzimmer versorgt eine Überwachungskamera mit Bildern von der Eingangstür: Die Zufluchtsstätte für mißhandelte Frauen und ihre Kinder kann ihre Arbeit bald aufnehmen. Nur ein Hindernis gibt es noch. Das Personal ist bisher nicht so zahlreich, daß es eine Betreuung rund um die Uhr leisten kann. „Wir rechnen am 2. Januar mit den ersten Bewohnerinnen", erläutert die Leiterin des neuen Frauenhauses. Ihren Namen möchte sie aus Sicherheitsgründen öffentlich nicht nennen. Am Mittwoch haben Landrat Eberhard Wicke und der Vorsitzende der Arbeiterwohlfahrt Hannover-Land, Erich Panitz, die Verträge für das Frauenhaus offiziell unterzeichnet.

Vertreter der Fraktionen und der Verwaltung konnten sich davon überzeugen, daß das 325. Frauenhaus in der Bundesrepublik und das 40. in Niedersachsen der Aufgabe gewachsen scheint. Die Frauenbeauftrage des Landkreises, Mechthild Schramme-Haack, betonte, „ein guter, geschützter Ort" sei gefunden worden, mit dem richtigen Umfeld für eine Zufluchtsstätte.

Landrat Eberhard Wicke sprach sich dafür aus, „durch eine intensive Öffentlichkeitsarbeit Gewalthandlungen von Männern gegen Frauen und Kinder kontinuierlich in die öffentliche Diskussion zu tragen." Dies könne zur Gewaltfreiheit in den Familien beitragen.

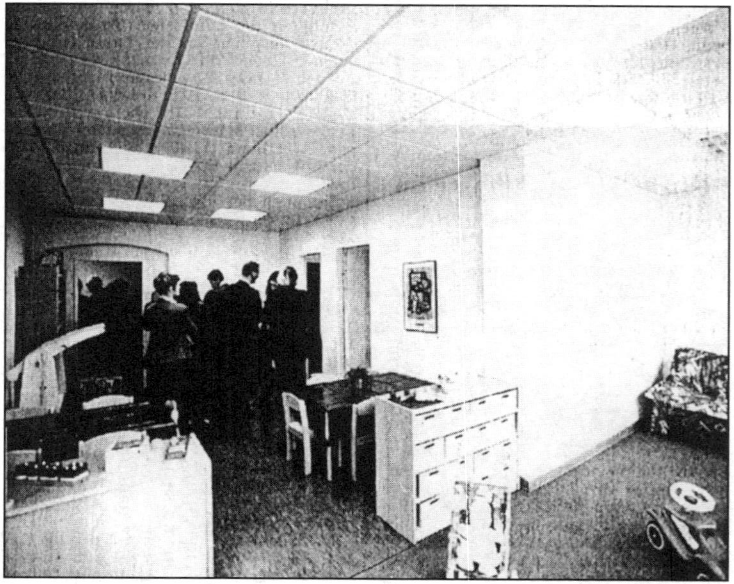

Viel Bewegungsfreiheit bietet das Frauenhaus seinen Bewohnerinnen. Aufn. (2): Udo Heuer

Das kreiseigene Gebäude bietet zwölf Frauen und 18 Kindern Platz. In den Umbau und die Einrichtung hat der Landkreis 450 000 Mark investiert. Der Träger, die Arbeiterwohlfahrt, will demnächst die Telefonnummer bekanntgeben, unter der das Frauenhaus ständig erreichbar ist. Die beantragte Nummer soll keinen Hinweis auf das Ortsnetz enthalten.

Julika Vatter

Keine Angst vor Telefonterror – Ratschläge für den Umgang mit obszönen Anrufen

Mit der Thematik Gewalt gegen Frauen beschäftigt sich jedes Frauenbüro. In Zusammenarbeit mit Selbsthilfegruppen, mit Frauenhäusern, mit Beratungsstellen wird versucht, Frauen zu ermutigen, Gewalt nicht hinzunehmen, sondern sich zu wehren. Dabei sind sich die Frauenbeauftragten bewußt, daß sie mehrgleisig arbeiten müssen: einerseits gilt es, aktuelle Hilfe zu leisten, andererseits ist es Ziel, die gesellschaftlichen Strukturen so zu verändern, daß direkte personale Gewaltakte unterbleiben, aber auch Deprivationen wie Unterdrückung und Armut als Elemente des Gewaltgeschehens begriffen werden.

Am Beispiel Ludwigshafen soll gezeigt werden, wie ein Frauenbüro sich eines aktuellen Gewaltproblems angenommen hat, dem Telefonterror.

Das Faltblatt „Keine Angst vor Telefonterror" ist 1994 aus der Situation heraus entstanden, daß eine Serie obszöner Telefonanrufe über mehrere Wochen Frauen und Kinder im Stadtgebiet in Angst und Schrecken versetzt hat.

Die für Sexualdelikte und Gewalttaten gegen Frauen und Kinder zuständige Kriminalinspektion des Polizeipräsidiums und die Gleichstellungsstelle der Stadt machten es sich in dieser Situation zur Aufgabe, einerseits den Betroffenen Hilfestellung zu geben und andererseits den Telefonterror als eine Form der strukturellen Gewalt gegen Frauen zu enttarnen und aus dem Bereich des Privaten herauszuholen.

Das Faltblatt ist damit ein Beispiel für praktische Netzwerkarbeit auf kommunaler Ebene.

TECHNIK NUTZEN

Anrufbeantworter

Ein Anrufbeantworter bietet u.a. die Möglichkeit, ankommende Nachrichten mitzuhören. Das hat den Vorteil, daß ein fragwürdiger Anrufer schon ausgemacht werden kann, noch bevor der Hörer abgenommen ist.

Ein unseriöser Anruf braucht somit erst gar nicht angenommen zu werden.

Mit einigen Geräten ist es zudem möglich, Telefongespräche aufzuzeichnen und sie ggf. als Beweismittel zu verwenden.

Anrufbeantworter sind erhältlich in Kaufhäusern, in Fachgeschäften und im Telekom-Laden, Bismarckstr. 76.
Die Telekom bietet Anrufbeantworter auch auf Mietbasis an.

Digitale Telekommunikation

Mit der digitalen Telekommunikation, kurz ISDN, ist es möglich, schon beim Klingeln des Telefons den Anrufer zu erkennen.
Ein Blick auf das Sichtfenster des Gerätes genügt - dort erscheint die Rufnummer des Anrufers.
Einen unseriösen anonymen Anrufer über seine Rufnummer zu identifizieren, ist für die Strafverfolgung i.d.R. kein Problem.

ISDN-Telefone sind im Telekom-Laden erhältlich. Technische Voraussetzung ist ein ISDN-Basisanschluß, der von jedem einzelnen Haushalt beantragt werden kann im Telekom-Laden, Bismarckstraße 76 oder telefonisch unter der Rufnummer 01114.

Fangschaltung

Bei wiederholten Anrufen ein und desselben Täters besteht die Chance, diesen über eine Fangschaltung ausfindig zu machen. Wenn sich der Anrufer meldet, gibt die Angerufene eine bestimmte Ziffer in ihren Apparat ein. Dadurch wird die Leitung festgehalten und kann zurückverfolgt werden.

Es ist zu bedenken, daß nach neuster Rechtsprechung ein „gefangener" Anrufer Kenntnis darüber erhalten muß, in wessen Auftrag die Fangschaltung aufgebaut war. Nur wer glaubhaft versichern kann, daß durch eine solche Mitteilung Nachteile entstehen, die höher wiegen als das Persönlichkeitsrecht des Anrufers, kann eine Nichtbenachrichtigung erreichen.

Eine Fangschaltung kann beantragt werden im Telekom-Laden, Bismarckstraße 76, im Verkaufsbezirk Ludwigshafen, Schulstr. 6 oder telefonisch unter der Rufnummer 01114.

Die Kosten für eine Fangschaltung betragen für den ersten Tag 20 DM, für den 2. bis 4. Tag je 10 DM, für den 5. bis 9. Tag je 5 DM und für jeden weiteren Tag 1 DM. Der Betrag muß zu Beginn der Aktion bezahlt werden und kann im Erfolgsfall auf dem Rechtsweg vom Täter zurückgefordert werden.

KEINE ANGST VOR TELEFON TERROR

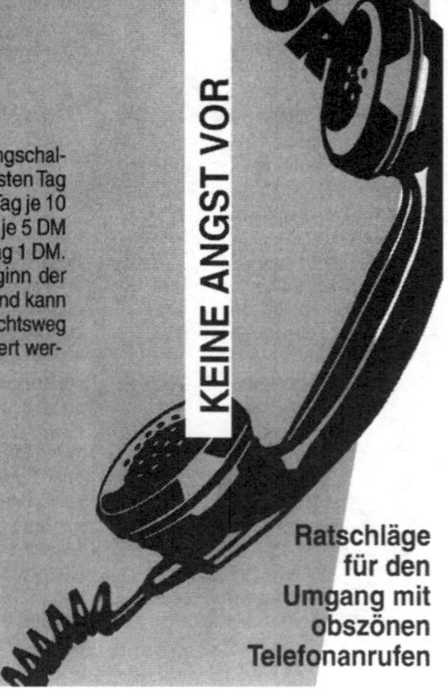

Ratschläge für den Umgang mit obszönen Telefonanrufen

Einfache Verhaltensregeln

Frauen müssen Belästigern nicht chancenlos ausgeliefert sein. Es gibt Möglichkeiten, sich gegen Telefonterror zu wehren.

Mit obszönen Telefonanrufen werden vor allem Frauen belästigt. Gezielt ausgewählt werden nicht nur Privatanschlüsse, sondern auch Büros, öffentliche Einrichtungen und Beratungsstellen, bei denen der Anrufer mit einer weiblichen Person am Telefon rechnen kann.
Sogar vor Kindern machen solche Anrufer nicht Halt. Viele Täter geben sich als Autoritätsperson (z.B. Arzt, Beamter einer Aufsichtsbehörde) aus und nutzen das entgegengebrachte Vertrauen schamlos aus.

Andere versetzen mit ihren Anrufen ihre Opfer in Angst und Schrekken und verlangen ihnen sexuell motivierte und entwürdigende Handlungen und Äußerungen ab.

Oft rufen die Täter bei ein und derselben Frau nur einmal an. Es kommt aber auch vor, daß Frauen mehrmals - auch nachts - von solchen „Verbalerotikern" terrorisiert werden.

Das Ausmaß solchen Telefonterrors zahlenmäßig zu fassen, ist schwierig. In der Regel behalten die geschädigten Frauen aus Scham ihre Erfahrungen für sich, nur wenige bringen sie zur Anzeige. Die Polizei geht deshalb von einer hohen Dunkelziffer aus.

Telefonterror bleibt für viele Frauen nicht ohne gesundheitliche Folgen. Streß- und Angstzustände beeinträchtigen ihre Lebensführung und machen in extremen Fällen sogar ärztliche Hilfe erforderlich.

Bedenken Sie, daß Ärzte Befunde niemals telefonisch mitteilen und fernmündlich auch keine Befragungen durchführen. In der Regel werden dafür Gesprächstermine in der Arztpraxis/im Gesundheitsamt vereinbart.

Seien Sie deshalb skeptisch! Geben Sie unbekannten Anrufern keine Auskünfte über Ihre persönlichen Verhältnisse. Lassen Sie sich im Verdachtsfall auf kein Gespräch mit dem Anrufer ein. Legen Sie den Hörer auf oder fragen Sie den Anrufer nach seiner Adresse und Telefonnummer.

Bieten Sie ihm an, daß Sie ihn zurückrufen, sobald es Ihre Zeit zuläßt. Nutzen Sie die gewonnene Zeit, um seine Angaben zum Zweck seines Anrufes zu überprüfen.

Wenn Sie mit obszönen Telefonanrufen belästigt werden, „antworten" Sie mit dem schrillen Ton einer Trillerpfeife.
Der Ohrschmerz wird dem Belästiger in Erinnerung bleiben und ihn von einem erneuten Anruf absehen lassen.

Anrufer mit unlauteren Absichten suchen sich ihre weiblichen Opfer nicht selten anhand des Telefonbuches aus. Sie können von solchen Tätern nicht eindeutig als Frau ausgemacht werden, wenn Sie Ihren Vornamen nur abgekürzt abdrucken lassen. Noch wirkungsvoller ist es, auf einen Telefonbucheintrag gänzlich zu verzichten. Wenn Sie terrorisierenden Anrufern bereits ausgesetzt sind, bietet es sich an, bei der Telekom eine Geheimnummer zu beantragen. Eine solche Geheimnummer sollten Sie nur einem ausgewählten Personenkreis mitteilen.

Anzeige erstatten

Der Inhalt obszöner Telefonanrufe kann einen Straftatbestand erfüllen, z.B. Beleidigung, Nötigung bis hin zur Körperverletzung.

In solchen Fällen ist es für die Täterermittlung wichtig, daß die Polizei über die Vorkommnisse Bescheid weiß. Einer besonderen Form der Anzeige bedarf es dabei nicht. Sie kann sowohl telefonisch als auch schriftlich oder durch persönliche Vorsprache erfolgen.

Selbst wenn im Einzelfall der Anrufer nicht ermittelt werden kann, besteht durch mehrere Anzeigen dennoch eine Chance, dem Täter auf die Spur zu kommen. Durch Vergleich der Angaben können u.U. Rückschlüsse auf ein und denselben Belästiger gezogen werden.

Anzeigen nehmen alle Polizeidienststellen entgegen:

Kriminaldauerdienst,
Tel. 5613-167

Polizeiinspektion 1,
Tel. 5613-158 und 5613-159

Polizeiinspektion 2,
Tel. 657440

Polizeiwache Oggersheim,
Tel. 5613-294 und 5613-394

Stadt Ludwigshafen am Rhein
Gleichstellungsstelle

Polizeipräsidium Rheinpfalz
Kriminalinspektion 12

Gestaltung + Satz · Gisela Koch

Gisela Schlüter-Preuß

Vernetzung von Institutionen am Beispiel „Sexueller Mißbrauch"

Wollten Frauenbeauftragte heute über erfolgreiche Strategieformen berichten, so stünde die Schaffung von Netzwerken zur Unterstützung von Frauenpolitik und als ein Weg, frauenpolitische Themen zu befördern, an erster Stelle. Netzwerke sind gute Strukturen, Informationen und Kompetenzen weiterzugeben und Frauen miteinander zu verbinden. Frauenbeauftragte, die ihre ersten frauenpolitischen Erfahrungen in der Neuen Frauenbewegung gesammelt haben, brachten dieses Wissen, daß Netzwerke Ideen und Projekte befördern, mit. Frauengruppen und später Frauenprojekte bündelten ihren Einfluß, den sie durchaus hatten, und ihre Forderungen, um gemeinsam beispielsweise Personalkosten für Frauenbildungsarbeit oder Frauenhausarbeit durchzusetzen. Der Slogan: „Gemeinsam sind wir stark!" gilt eben nicht nur auf der Straße, sondern auch gegenüber der staatlichen Verwaltung. So die Erfahrung.

Fast jede Frauenbeauftragte verfügt in ihrer Kommune oder ihrem Kreis sowie regional über ein Netzwerk: Tagungen der Frauenbeauftragten der Region, Frauenforen, Arbeitsgemeinschaft von Frauengruppen u. v. m.; dies sind sowohl offizielle als auch inoffizielle Netzwerke. Viele Frauenbeauftragte haben sich und andere vernetzt, um ein Thema zu befördern oder Unterstützung zu organisieren. Die Berufsgruppe gegen den sexuellen Mißbrauch von Mädchen und Jungen im Kreisgebiet Minden-Lübbecke, welche im Herbst 1987 entstand, ist nur ein Beispiel unter vielen. Der Aufbau der Berufsgruppe demonstriert augenfällig, wie notwendig und sinnvoll ein Netzwerk bei diesem Thema: „Sexueller Mißbrauch" als Antwort auf Vereinzelung und Hilflosigkeit ist. Zugleich zeigt das Beispiel, daß auch unterschiedliche Einrichtungen sich über Jahre zusammentun können und daß Frauenbeauftragte eine Integrationsfigur und ein „Wendepunkt" sein können.

Im Frühherbst 1987, ich war seit Mai 1987 Gleichstellungsbeauftragte des Kreises Minden-Lübbecke und der Stadt Minden in Personalunion, erfuhr ich, daß das Kreisjugendamt das Bremer Schnürschuh-Theater mit dem Stück „Püppchen" engagiert habe. Bis dahin hatte ich noch nicht wahrgenommen, daß es eine Berufsgruppe oder Arbeitsgemeinschaft zu diesem Problemfeld gäbe. Auch hatte ich bei meinen bis dahin geführten Gesprächen in verschiedenen Beratungsstellen im Kreisgebiet oder auch bei Kontakten mit den Jugendämtern im Kreisgebiet keinen Hinweis erhalten, daß das Thema in irgendeiner Weise aktuell thematisiert worden sei.

Meine sofortige Kontaktaufnahme mit dem Kreisjugendamt bestätigte meine Vermutung, daß der sexuelle Mißbrauch bisher vollständig unbearbeitet war. Da das Püppchen-Stück, welches die sexuelle Mißbrauchssituation eines Mädchens und ihre schließliche Gegenwehr zeigt, aber vor Jugendlichen aufgeführt werden sollte, stellt sich für mich zwangsläufig die Frage: Wer wird Betroffenen helfen? Jede Präventionsbemühung trifft immer auch auf Betroffene, die aktuell in diese Situation verstrickt sind. Meine Einwände, daß es keine entsprechend kompetente „helfende Hand" für betroffene Mädchen gäbe, fanden nach anfänglicher Irritation Gehör. Ich, die Frauenbeauftragte, und der Kreisjugendpfleger luden die örtliche Erziehungsberatungsstelle und die städtischen Jugendämter Minden und Bad Oeynhausen zu gemeinsamen Gesprächen ein. Es bildete sich ein kollegialer Austausch in Form einer Gruppe, die die weiteren Schritte bis zu der Gründung einer interdisziplinären Berufsgruppe im April 1988 vorbereitete und oftmals heftig diskutierte. Im November 1987 wurde „Püppchen" teilöffentlich aufgeführt; angehende Erzieherinnen und Erzieher sowie Mitarbeiterinnen und Mitarbeiter aus den Beratungsstellen und Institutionen der Jugendarbeit waren das Publikum.
Im Februar 1988 organisierte die Kerngruppe eine kreisweite Fortbildungsveranstaltung mit Rosemarie Steinhage (Wildwasser Wiesbaden) und Vertreterinnen einer bestehenden Berufsgruppe aus Rheine. Die ersten Gespräche waren nun geführt, ein erster Austausch in themenzentrierten Arbeitsgruppen hatte stattgefunden und bei vielen waren Interesse und Engagement geweckt worden. Eine Unzahl von Fragen blieb unbeantwortet und einige davon machten die TeilnehmerInnen scheinbar vollends hilflos. So manchen war aber klargeworden: Nur gemeinsam können wir darüber sprechen und nur gemeinsam können wir Betroffenen und uns helfen.

Diese unerwartete Resonanz auf den „blinden Fleck" in der Beratungs- und Jugendarbeit im Kreisgebiet Minden-Lübbecke traf nicht bei allen auf uneingeschränktes Wohlwollen. Dies umso mehr, als eine fachfremde und parteiliche Einrichtung, die Gleichstellungsstelle, zum Motor der Gruppenbildung und Aufklärung wurde. Punktuelle Zusammenarbeit zu bestimmten Themen und geronnene Formen offizieller Kooperation hatte es in der Jugend- und Sozialarbeit im Kreis und in den Städten bis dato gegeben, jedoch keine Bewegung, um ein Thema der Gewalt und des sexualisierten Übergriffs aus der bisherigen Sprach- und Handlungsunfähigkeit zu befördern. Meine Tätigkeit in der Frauenhausarbeit und -bewegung und meine ersten Auseinandersetzungen mit dem Tabu des sexuellen Mißbrauchs zeigten mir Wege auf, die zu gehen waren. Diese Erfahrungen machten mir jedoch auch jederzeit bewußt, daß eine Stigmatisierung eintreten würde. Diejenigen, die Gewaltstrukturen offenlegen, werden mit dieser auch identifiziert.

Im März 1988 gründete sich die interdisziplinär arbeitende Berufsgruppe im Kreisgebiet. Koordination und Impulsgabe lagen bei der Gleichstellungsstelle, die in Zusammenarbeit mit der „Präventionsgruppe" die weiteren Schritte und Veranstaltungen plante. Es gründeten sich Untergruppen der kollegialen Beratung, die die Kolleginnen und Kollegen bei der Aufdeckungs- und Interventionsarbeit unterstützten, ihnen „Rat“ und „Begleitung“ gaben. Mit diesen Gruppen wurden Institutionsgrenzen überschritten, direkte Wege zwischen Kolleginnen und Kollegen geschaffen und mehr Verständnis füreinander aufgebaut, so daß auch das Verhalten in den Grenzen der Institutionen, beispielsweise des Jugendamtes, verstehbar wurde.

Diese direkte Zusammenarbeit der Berufsgruppe und deren Untergruppen wurde begleitet durch Fortbildungs- und Öffentlichkeitsarbeit der Präventionsgruppe. Theater- und andere Aufführungen zur Prophylaxe bzw. zur Stärkung der Mädchen und Jungen wurden in das jährliche Jugendschutzprogramm aufgenommen. Wildwasser Minden führte regelmäßig Fortbildungen für bestimmte Zielgruppen wie ErzieherInnen, Sozialpädagogische Familienhilfe oder den Allgemeinen Sozialdienst durch. Eigene Angebote wurden mit der Zeit entwickelt: Der Schulpsychologische Dienst bot und bietet Fortbildungen für LehrerInnen an; Veranstaltungen in Familienbildungsstätten, in Schulen und Kindergärten u. v. m. wurden konzipiert und durchgeführt. Noch heute gibt es eine Vielzahl von Angeboten, die in der Zielrichtung weiterentwickelt worden sind und deren präventive Effekte heute realistischer eingeschätzt werden, als dies damals möglich war. Präventionsarbeit heißt immer auch Aufdeckung und kann Gewalt nur einschränken und nicht verhindern.

Weitere Arbeitsgruppen haben sich in der Zwischenzeit zusammengeschlossen. Einige Regionen haben sich neu organisiert, um ortsnahe Angebote zu verankern, und die Erzieherinnen haben sich regionalisiert. Eine „Männergruppe“ ging in der Vergangenheit das Thema der Gewalt, die von Männern ausgeht, intensiv an, und sie beförderte die Befassung der Berufsgruppe mit dem sexuellen Mißbrauch an Jungen.

Doch zuvor waren zur Vernetzung der Berufsgruppe noch zwei wichtige Aktivitäten förderlich: 1989 wurde die Ausstellung „Sexueller Mißbrauch an Mädchen“ eröffnet und zugleich die Frauenprojektgruppe „Wildwasser Minden“ gegründet.

Die Gleichstellungsstelle hatte mit einer Gruppe von ca. zwölf Frauen aus der Berufsgruppe und mit Unterstützung der Präventionsgruppe diese Ausstellung inhaltlich entwickelt und gestalterisch möglich gemacht. In langen Diskussionsabenden und noch längeren Abenden der gestalterischen Ausarbeitung wurden die Ausstellungswände „bestückt“. Die Ausstellung wurde in ihrer bis dahin noch vorläufigen Form in fünf kreisangehörigen Städten gezeigt und durch Veranstaltungen begleitet. Jederzeit während der Ausstellung ansprechbar waren die Frauen aus der Berufsgruppe, die sich als „Wildwasser-Frauen“ verstanden, und Frauen und Männer der Berufsgruppe selber. Der Verein war nun gegründet und das Thema endgültig von uns als die Aktiven und Informierten fachlich besetzt worden.

1990/91 wurde die „vorläufige", d. h., aus Pappe und Handarbeit bestehende Ausstellung in der Gleichstellungsstelle durch eine Wildwasser-Frau, die eine zeitlich befristete Stelle als Sozialarbeiterin hierfür bekam, professionell aufgearbeitet. Die Jugendwohlfahrtsausschüsse des Kreises und der zwei Städte finanzierten den sächlichen Aufwand. Im Januar 1991 wurde die Ausstellung erneut eröffnet und ging von da an auf Wanderschaft. Die Ausleiherin ist der Wildwasser-Verein Minden. Die Frauen tragen die Organisation, die Reparatur- und Aktualisierungskosten und verfügen über die Einnahmen aus dem Verleih. Sie dient noch heute als Einnahmequelle, so wie von der Berufsgruppe gewünscht, und sie kompensiert auch einen Teil der verfügbaren unbezahlten Arbeit der Vereins-Frauen.
Nach Trennung der öffentlich-rechtlichen Vereinbarung des Kreises und der Stadt Minden über die Einrichtung einer gemeinsamen Gleichstellungsstelle ist die Koordination der Berufsgruppe in die Hände einer Gruppe „Koordination" übergegangen. Diese Gruppe organisiert die vier Treffen der gesamten Berufsgruppe im Jahr. Zu diesen Treffen kommen durchschnittlich 50 bis 70 Personen, um sich über Struktur der Gruppe und ihrer Untergruppen zu informieren, um Absprachen zu treffen und um thematisch zu diskutieren. Eingeladen sind immer Referentinnen und Referenten zu Themen wie: „Tätertherapie", „Multiple Persönlichkeitsstörungen", „Feministische Therapie", „Juristischer Umgang mit sexuellem Mißbrauch". Fast jährlich werden Fortbildungskonferenzen durchgeführt, deren Zulauf bis zu 200 Personen mißt. Das Thema ist gegenwärtig, es wurde „entschleiert" und örtlich verankert.
Die entstehende Gegenbewegung des „Mißbrauchs mit dem Mißbrauch" trifft auf eine informierte Gruppe von SozialarbeiterInnen, SozialpädagogInnen, PsychologInnen, LehrerInnen und ErzieherInnen. Sie bestätigt diejenigen, die uns immer schon mißtrauten, und bewegt einen Teil der Zaudernden, sich mit unserer Gruppe zu verbinden.
Noch ist die Finanzierung der Beratungsstelle „Wildwasser" nicht gesichert. Einnahmen der Ausstellung, Spendengelder, beispielsweise 10.000,- DM von einer örtlichen Firma, deren Mitarbeiterinnen und Mitarbeiter auf eine Betriebsfeier verzichteten, und FörderInnen-Beiträge zusammen ermöglichen derzeit nur die Zufinanzierung für eine Arbeitsbeschaffungsmaßnahme. Einer Fachfrau wird damit ermöglicht, Präventionskonzepte für Kindergärten und Schulen zu erarbeiten. Die Beratung von Mädchen, Müttern und Bezugspersonen und die Leitung von Selbsthilfegruppen für betroffene Frauen erfolgt nach Jahren weiterhin unbezahlt.
Damit durchleben die Frauen von Wildwasser eine Situation, die sie mit vielen Frauenprojekten in der Vergangenheit und gegenwärtig gemeinsam haben. Ihre Parteilichkeit, ihre Konzentration auf weibliche Lebenszusammenhänge und ihre wohlbegründete Ausschließlichkeit der Arbeit von Frauen für Mädchen und Frauen stößt auf altbekannten Widerstand. Besonders in der auf Koedukation ausgerichteten Jugendarbeit (= Jugenarbeit) sind parteiliche Arbeitsansätze oftmals unerwünscht, da positive und negative Vorurteile aufgegeben wer-

den müßten. Scheinbar Sicheres und Erlerntes stünden zur Disposition, Rollen- und Geschlechtsidentitäten müßten hinterfragt und vor allen Dingen müßten eigene und emanzipatorische (= antisexistische) Angebote von Männern für Jungen entwickelt werden.
Im letzten Jahr, im Herbst 1994, führte die Berufsgruppe daher eine Anhörung im Kreishaus mit dem Schwerpunkt durch, die bestehenden Hilfsangebote und gewünschten weiteren Angebote darzustellen. Aus dem gesamten Kreisgebiet und seinem institutionalisierten Beratungs- und Sozialangebot wurden Sachverständigengruppen gebildet. So nahm ein Familienrichter in Absprache mit seinen Kolleginnen und Kollegen Stellung; eine Fachärztin der Psychiatrie und Psychotherapie des Kreisgesundheitsamtes erkundigte sich bei ihren niedergelassenen Kolleginnen und Kollegen nach deren Wissen und Umgang mit sexuellen Mißhandlungen und trug ihre Erkenntnisse vor. Es nahmen jeweils eine Expertin oder ein Experte Stellung für die Kolleginnen und Kollegen in gleichen oder ähnlichen Institutionen.
Die Vernetzung wurde zur Vorbereitung dieser kreisweiten Anhörung zum Programm. Insgesamt nahmen zwölf Expertinnen und Experten die Gelegenheit zur Darstellung vorhandener Hilfsmöglichkeiten, deren Stärken und Schwächen, wahr. Thematisiert wurden auch die parteiliche Mädchenarbeit und die antisexistische Jungenarbeit sowie die parteiliche Hilfe für betroffene Jungen. Eine Dokumentation dieser Veranstaltung wird zur Zeit erstellt. Deutlich geworden war, daß Wildwasser ein unverzichtbares Angebot ist. Für alle hörbar war, daß es am Engagement von Männern für Jungen mangelt und daß dieses nicht von Frauen kompensiert werden kann und sollte. Unterstützung fanden alle, die in ihren Beratungsstellen und Ämtern Supervision einfordern.
Die Berufsgruppe ist nach fast sieben Jahren ein unüberblickbares Netz von Personen und Institutionen geworden. Nicht alle sind aktiv dabei, aber „frau" und „man" kennen sich, hatten und haben Verbindungen und wissen um den jeweiligen Standpunkt und sind der Unterstützung gewiß. Die Aktiven planen und übernehmen für aktuelle Vorhaben Verantwortung in der Berufsgruppe und in den Institutionen. Einige sind nur eine Zeit dabei und wechseln in eine überregionale Fach(verbands)gruppe und manches andere mehr. Ein Kern in der Gesamtgruppe bleibt erhalten und die Untergruppen bestehen über Jahre mit geringem Wechsel konstant.
Diese aufgezeigte bewegliche Struktur verdeutlicht, daß nichts geronnen ist, daß kein offizieller Habitus sich ermüdend auf die Gruppe gelegt hat und daß Veränderungen nicht abgewehrt werden. Gleichzeitig wird die Berufsgruppe auch „ernst"-genommen: Sie erhält Räume, Zeit und Aufmerksamkeit, ohne eine Vereins- oder Förderstruktur zu haben. Sie ist eine Gruppe von Menschen und steht gegen ein noch weitgehendes Tabu innerhalb der Institutionen und Verbände oder homogener beruflicher Gruppen: Persönlicher und fachlicher Austausch über Grenzen hinweg, Zusammenarbeit fachbezogen und zielorientiert. Die Berufsgruppe ist ein Netzwerk mit dem Slogan: „Gemeinsam sind wir stark!"

BERUFSGRUPPE

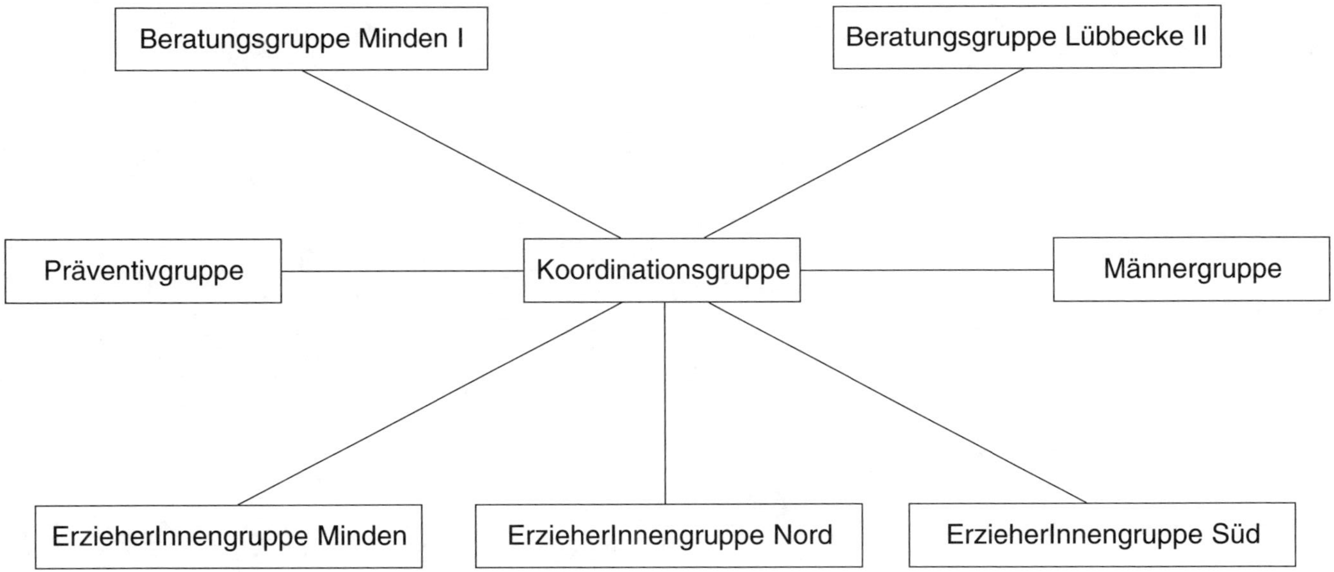

10.

Öffentlichkeitsarbeit

Gesine Spieß
Zur effektiven Öffentlichkeitsarbeit am Beispiel des Düsseldorfer Frauenbüros

„Frauen müssen feministische Klettergerüste bauen, weibliche Seilschaften bilden und rundherum ein filigranes Geflecht von Frauennetzwerken knüpfen“ (Heide Pfarr).

1. Zum Vorverständnis

Jedes Frauenbüro leistet Pionierarbeit. - Weder konzeptionell noch praktisch sind kommunalpolitische Belange in der langen Geschichte der Städte und Gemeinden unter dem Gesichtspunkt der Geschlechtergerechtigkeit wahrgenommen und vertreten worden. Bisher gab es allenfalls die „soziale Frage“ oder „das Bürgerinteresse“; die Zweigeschlechtlichkeit und die mit dem jeweiligen Geschlecht verbundenen Chancen und Begrenzungen, Bevorzugungen und Benachteiligung wahrzunehmen und zu berücksichtigen - das ist neu, ungewohnt und unbequem. Man hat schließlich genug Probleme!

Die Frauenbeauftragte mischt sich nun ein, bringt alles durcheinander und stört. Sie zieht den Schleier der Geschlechterneutralität weg und zeigt beharrlich qua Amt auf die Kategorie „Frau“ oder „Mann“. Sie macht das zum Problem, was bisher problemlos funktionierte:

- die Übergeneralisierung der männlichen Lebenswirklichkeit als eine „allgemein menschliche“
- die stillschweigende Geschlechterhierarchie und damit verwoben, die einseitige Ausrichtung der kommunalen Entscheidungen an den Interessen männlicher Tradition.

Neben den pseudoneutralen Bürger stellt jedes Frauenbüro die Bürgerin. Diese Aufklärungsarbeit trifft auf eine sensible, abwehrende Aufmerksamkeit. Denn einerseits ist der Zustand der Unwissenheit bequem - andererseits weckt das Exotische und Unbekannte Neugierde. So kommt es zu einer widersprüchlichen Lage: obgleich ohne Macht und Kompetenzen ausgestattet, genießen Frauenbüros im Verhältnis dazu eine überproportional große öffentliche Aufmerksamkeit. Diese gilt es zu nutzen!

Doch so, daß sich Aufsehen und Aufmerksamkeit nicht abschleifen. Der viel zu schnell wachsende Effekt „Ach-jetzt-kommt-die-schon-wieder“ macht alles kaputt, was so mühsam aufgebaut wurde. Die Schlußfolgerung: Frauen-Öffentlichkeit muß immer wieder überraschen. Irritation muß Programm sein - und möglichst ein Unterhaltsames. Nichts zerstört mehr als der gelangweilte Überdruß, weil man schon alles zum tausendstenmal gehört hat. Tritt das ein, kann die Frauenbeauftragte ihre Reden und Stellungnahmen „einpacken" - sie wird nicht mehr gehört, das Anliegen kann noch so richtig sein.

Unterhaltsamkeit ist nicht zu verwechseln mit Anpassung - im Gegenteil; der Anspruch unterhaltsam zu sein, bedeutet, auf Phrasen, eingeschliffene Wendungen und sattsam bekannte Verlautbarungen, dieselben moralisierenden Appelle oder Klagelieder zu verzichten. Das Quer-gegen-die-Tradition-Denken und Handeln, der neue Blick, das sperrig-unbekannte Wort, die verblüffende Form, die eindeutige Parteilichkeit sind gefragt. So kann es gelingen, Perspektiven, Interessen sowie Leiden und Rechte der Frauen wirksam zu veröffentlichen. Verquaste und eherne Frauenbilder müssen umgestoßen, andere lebendige entworfen werden. Was für ein Kraftakt - aber auch was für eine Lust!

Fazit: immer wieder neue Ideen in veränderten Formen beleben das feministische Geschäft. Freche, pointierte Zuspitzungen, Provokationen und eine klare Sprache, die das benennt, was ist, wirken anregend in einer Umgebung der Verschleierungen, Doppelbödigkeit, Tabuisierungen und der Wortblasen. Aus eigener Erfahrung weiß ich, daß Klarheit und Wahrheit Überwindung kosten. - Doch, wie heißt es so schön? Der Mutigen gehört die Welt ... zumindest die kommunale Aufmerksamkeit!

2. Theorie und Praxis in der Öffentlichkeitsarbeit des Düsseldorfer Frauenbüros

Kaum ein Amt in der Verwaltung arbeitet mit so vielen, so unterschiedlichen Zielgruppen und Personen zusammen, wie das Frauenbüro. Der Bogen spannt sich über die Gruppen der Frauenvereine- und Initiativen, den Männerbünden- und Vereinen, über politische Gremien, öffentliche Kammern, Verbänden, Interessenvertretungen, Ministerien bis hin zu Unternehmen jeder Größe.

Die Kunst besteht darin, zielgruppengerecht vorzugehen, ohne das eigene Ziel und die eigene Identität zu verwässern. Das Rückgrat muß gestärkt werden! Hier helfen Personen (Kolleginnen, Freundinnen, Töchter - manchmal Partner usw.) und die selbst aufgestellten Grund- und Leitsätze.

Ein wesentlicher Handlungsgrundsatz ist zu vernetzen und zu bündeln.

Die Arbeit verläuft in zwei Richtungen:

– einerseits stößt und regt das Frauenbüro an (anstößig und anregend) und konzentriert Kräfte,

- andererseits vernetzt es Ideen, Personen, Kräfte und sorgt für eine Verzweigung der Kräfte und Ideen.

Das bedeutet Bündelung und gleichzeitig Streuung von Ideen- und Sachressourcen sowie Personalressourcen. Nur dies zweiseitige Vorgehen ermöglicht eine Vervielfältigung der eigenen, meist viel zu gering durch den Stellenplan festgelegten Kräfte.

Das Frauenbüro nutzt systematisch Handlungslücken, um im feinmaschigen Netz von Vorschriften und Regelungen, Verboten und Verfügungen das „filigrane Geflecht" von Fraueninteressen zu knüpfen. Nützlich ist es, meinungsbildend zu sein, indem Neues gedacht und gemacht wird.

3. Zur Praxis in der öffentlichen Selbst- und Fremdstärkung von Frauen

Im praktischen Teil beziehe ich mich auf die Erfahrungen des Düsseldorfer Frauenbüros, die ich von 1989 - 1994 selbst mitgestaltet habe. Nicht berücksichtigt ist dabei die besondere Situation der öffentlichen kommunalen Ausschüsse, also die schwierige Gratwanderung zwischen der „allgemeinen Verwaltungsmeinung" und der konkreten Meinung der Frauenbeauftragten, die aus der „Naturgesetzlichkeit partriarchaler Tradition" dem Allgemeinen widerspricht. (Der Widerspruch wurde in Düsseldorf meist aus einem sprichwörtlichen gentlemen-agreement oder aus der Einsicht „sie- muß- es- eben tun" geduldet – frauenpolitisch befriedigend waren und sind diese Duldungen aber keinesfalls!)

Gute Erfahrungen haben wir immer dann gemacht, wenn das Frauenbüro selbst meinungsbildend wurde! Konkret: wir waren häufig schneller, als die „Allgemeine Verwaltungsmeinung".

3.1 Praktische Leitsätze in der parteilichen Öffentlichkeitsarbeit für Frauen

Das „Andere Geschlecht" ist keine soziale Gruppe, die Interessen und Lebenswirklichkeiten des Geschlechts sind so vielfältig wie die Frauen. Die Unterschiedlichkeit ist historisch immer wieder genutzt worden. Frauen haben sich auseinanderdividieren lassen und es selbst getan. - Diese Tradition gilt es zu brechen und die gemeinsamen Nenner zu finden, ohne dabei die Widersprüche zu verkleistern. Ein Frauenbüro ist erst einmal für alle Frauen da (selbst wenn sie nicht dem eigenen Frauenbild entsprechen). Das bedeutet konkret, das Frauenbüro

- ist für alle ansprechbar
- unterstützt und integriert, anstatt abzugrenzen
- vermittelt zwischen Personen und gesellschaftlichen Gruppen

- bringt Menschen und Ideen zusammen, die sonst nie oder extrem selten zusammenkämen
- bindet an vorhandenem Bewußtsein und Wissen an und „holt die Leute da ab, wo sie sind", damit sie weitergehen können
- verstärkt positiv und vermeidet Schuldzuweisungen, Strafpredigten und Klagelieder
- nutzt thematische Lücken
- arbeitet mit Verfremdungen, Überraschungen und Irritationen
- spricht dabei eine offene, klare und verständliche Sprache, die die „Dinge beim Namen nennt"
- ist unterhaltsam (auch für sich selbst)
- **entwickelt eigene Maßstäbe (einer der wichtigsten Handlungen).**

Das Frauenbüro nutzt nicht nur ungewöhnlich vielfältige, z. T. völlig neue Formen der Veröffentlichungen - sondern bringt auch neue Themen zur Sprache. Im Folgenden soll stichwortartig eine Auswahl der genutzten print medien, Merkposten zur Medienarbeit und-damit-verbunden zur Medien-Kontaktpflege gegeben werden.

3.2 Print Medien

- Herausgabe von Büchern - möglichst in Kooperation mit anderen
- Broschüren und Faltblätter, in denen ungewöhnliche Formen wie Rätsel, Märchen, Witze genutzt werden
- Erstellen von Postkarten oder Lesezeichen, z. B. mit Zitaten berühmter Frauen
- Herstellung von Aufklebern mit Sätzen, die zur Diskussion anregen
- Vergabe von Auszeichnungen, z. B. die der „Frauenfreundlichkeit"
- Stempelaufdrucke beim Verwaltungsbriefversand, z. B. mit Art. 3 GG

3.2 Medien-Zusammenarbeit

- regelmäßige Pressegespräche und Mitteilungen
- Hintergrunds- und Fachgespräche mit der Presse
- Bereitschaft zu spontanen Telefoninterviews, auch selbst initiierte
- Interviews in Funk und Fernsehen

3.3 Public Relationship und Kontaktpflege

- Vorträge, Teilnahme an Podiumsdiskussionen
- Anhörungen, z. B. im Landtag
- Festreden, Grußworte und Gratulationen bei Eröffnungen, Einweihungen, Preisverleihungen, Jubiläen, Festakten usw.
- Teilnahme an Empfängen und offiziellen Einladungen
- Empfang von Besuchsgruppen und Delegationen im Frauenbüro, z. B. Gästen aus aller Welt, in Düsseldorf vermittelt durch das Goetheinstitut.

- Initiierung von Wettbewerben, z. B. bei der Fachhochschule für Design über den Internationalen Frauentag ein Plakat zu erstellen
- Kooperation mit Museen bei Ausstellungen

4. Erfolgreiche Beispiele in der Öffentlichkeitsarbeit

Das Düsseldorfer Frauenbüro ist inzwischen zu einer begehrten Gesprächspartnerin, einer angefragten Meinungsvertreterin und Repräsentantin geworden. Die Leiterin oder die Mitarbeiterinnen sind auf den unterschiedlichsten Ebenen des öffentlichen Lebens präsent. Man holt sie zu offiziellen Anlässen, bittet um ihre Stellungnahme und hört zu. Das Frauenbüro ist „hoffähig", aber nicht Teil des Hofes geworden. Es öffnet anderen die Türen. - Das alles war nicht immer so, sondern Produkt von intensiver Arbeit auf der Grundlage der bereits beschriebenen Philosophie und Leitlinien.

Das Frauenbüro legt einen Schwerpunkt in der **Zusammenarbeit** und **Vernetzung** innerhalb und außerhalb der Verwaltung. Es zitiert andere und macht die Leistungen der anderen deutlich.

Dabei bringt es gezielt **Perspektiven und Personen** zusammen, die in getrennten Welten leben. Ein Beispiel: auf Intervention des Frauenbüros spendet der Düsseldorfer Heimat und Schützenverein an den Verein „Frauen in Not".

Wichtig ist, daß das Frauenbüro die Kritik der anderen ernst nimmt, sie prüft und wenn als berechtigt empfunden, auch im weiteren Vorgehen berücksichtigt. Es versucht, nicht „vor die Köpfe zu stoßen" ... sondern andere Sichtweisen in andere Köpfe zu bringen.

Für erfolgreiches „In-die-Köpfe-dringen" hier einige Beispiele:

4.1 Beispiele für andere Formen der Öffentlichkeitsarbeit

- mit dem Straßenverkehrsamt wurden „Knöllchen" für Autofahrer entwickelt, die sich auf Frauenparkplätze stellen. Die kleine Tat hatte ein ungewöhnlich großes Medienecho.
- mit dem Werbe- und Wirtschaftsamt wurden *Kriterien für ein frauenfreundliches Hotel* entwickelt; einige Düsseldorfer Hotels werden mit dem Merkmal „frauenfreundlich" ausgezeichnet; die Kriterien werden in die „touristische - Information - Norm für den deutschen Fremdenverkehr" aufgenommen.
- Das Frauenbüro initiierte einen *deutsch-japanischen Frauenstammtisch* im Rathaus innerhalb der offiziellen deutsch-japanischen Wochen (der Stammtisch wird inzwischen in vielen „kleinen Ablegern" fortgeführt).
- Das Frauenbüro bringt Menschen zusammen (z. B. alle, die sich in Düssel-

dorf mit der Selbstverteidigung von Mädchen und Frauen beschäftigen) und an einen *runden Tisch.*

- Das Frauenbüro verschafft denen Öffentlichkeit, die sonst keine haben, z. B. führt die Frauenbeauftragte ein öffentliches Gespräch mit den Schaustellerfrauen der großen Düsseldorfer Kirmes.
- Das Frauenbüro arbeitet mit an der kontinuierlichen *Frauen-Geschichtssicherung* in Düsseldorf (z. B. durch die Broschüre „Frauenstadtrundgang durch Düsseldorf) und initiierte einen runden Tisch für alle, die sich mit Frauengeschichte beschäftigen.
- Das Frauenbüro *enttabuisierte* die quälenden und verdrängten Verhältnisse zwischen Männern und Frauen (Vergewaltigung, Mißbrauch, körperliche Gewalt in der Ehe usw.) und veröffentlicht diese in Pressegesprächen, Stellungnahmen und Broschüren.
- Das Frauenbüro *setzt eigene Maßstäbe*, z. B. im Lob (Vergabe der Auszeichnungen „frauenfreundlich").
- Das Frauenbüro macht *Taten und Personen* „hoffähig" (z. B. wird der Internationale Frauentag seit 1988 im Rathaus gefeiert).
- Das Frauenbüro verweist systematisch, gezielt und kontinuierlich auf andere Frauen, zitiert sie, hebt sie hervor und stellt sie und ihre Leistungen ins Licht der Öffentlichkeit.

Doch halten wir bei all den schönen Taten abschließend fest: die kommunale Machtverteilung ist durch den besten Willen nicht berührt, ... allenfalls die Perspektiven auf Alltägliches. z. B. in Ausschußsitzungen braucht die Frauenbeauftragte oft nicht selbst zu sprechen - ihre Perspektive wird spekuliert. Antizipierte Kommentierungen im Sinne: „Sie würden jetzt wahrscheinlich sagen ..." wecken die Neugierde auf das, was sie wirklich sagt.

Besonders reizvoll ist es, anderen Personen öffentlichen Lebens frauenrechtlerische Ausführungen „in den Mund zu legen". Daher greift das Frauenbüro zu, wenn es heißt, für den Oberstadtdirektor oder andere Würdenträger Grußworte, Reden o. ä. zu schreiben. Häufig führen solche Redeanlässe zu „kognitiven Dissonanzen", die die Zuhörenden lebendig machen!

Last not least: das Frauenbüro scheut sich nicht vor der Macht - es begibt sich sogar bewußt in ihre Zentren, auch unaufgefordert und z. T. unerwünscht; es nutzt Konventionen und patriarchale Rituale ... im Interesse von Frauen und Mädchen!

Inge Höhne

Tue Gutes und schreibe darüber – ein Bericht über den Faktor „fiff" in der Öffentlichkeitsarbeit der Münchner Gleichstellungsstelle

Gewöhnlich beschreibt man sie als hysterische Emanzen, frustrierte Eiferinnen, wahlweise auch als ebenso lust- wie leibfeindliche Blaustrümpfe. Ebenso bekannt ist das Exemplar der theorielastigen Sozio- bzw. Politologin oder - je nach Landstrich - auch der Prototyp zopfige Kummerkasten-Sozialtante. Was diese besondere Spezies der Kategorie 'frauenbewegte Frau' sonst noch ist oder tut, das erschließt sich den geneigten LeserInnen relativ einfach: wenn sie nicht gerade verbissen die Sprache feminisiert, in höchst bürokratischer Weise die Hälfte des Himmels einklagt und/oder gegen den Rest der bundesdeutschen Frauenbewegung zu Felde zieht, dann trachtet sie sicher wieder einmal danach, kommunale Behördenapparate mittels gezielter Provokationen lahmzulegen, wie z. B. dem (natürlich schrillen) Ruf nach einer geschlechtergerechten Verwaltungsreform samt funktionierendem Frauenförderplan. Nicht erkannt? Dabei ist die Rede von uns, den bundesdeutschen Gleichstellungsfrauen. So oder so ähnlich reden, besser gesagt schreiben sie doch über uns. Die Medien.

Allen, denen diese Analyse zu einseitig geraten ist, sei zugegeben: sachliche Berichterstattung, die gibt es natürlich auch. Hin und wieder. Sogar im Bayernland. Informative Artikel über einzelne Aktionen und Veranstaltungen, Hinweise auf Veröffentlichungen oder längere, themenbezogene Interviews sind mittlerweile nicht mehr ganz so seltene Lichtblicke im Alltag kommunaler Frauenbüros. In den Akten der Münchner Gleichstellungsstelle beispielsweise finden sich sogar mehrere zustimmende Kommentierungen zu der einen oder anderen Meinung, die vom Frauenbüro geäußert wurde. Die Berichterstattung nicht nur über das Münchner kommunale Frauenbüro hat sich, insgesamt gesehen, in den letzten Jahren zunehmend verbessert.

Ein Fakt aber bleibt: Allein schon aufgrund der gesellschaftlichen Strukturen, denen die Frauenbüros ihre Daseinsberechtigung zu 'verdanken' haben, können sich Gleichstellungsfrauen in Sachen Selbstdarstellung und authentischer Information über ihre Arbeit nicht (oder zumindest nicht allein) auf Zeitungen und andere Medien verlassen. Mehr als die meisten anderen Verwaltungsstellen müssen sie eigene und professionelle Strategien zur Präsentation ihrer Tätigkeit finden, müssen eigene Wege gehen, um in Verwaltung und Öffentlichkeit ausreichend wahrgenommen zu werden. Nur so können sie einen ihrer zentralen Arbeitsaufträge, nämlich „Bewußtseinsarbeit“ zu leisten, überhaupt erfüllen.

Das Münchner Frauenbüro gibt seit bald fünf Jahren eine kleine Zeitung heraus: „*fiff*, Frauen informieren Frauen“.
Was konkret können die Leserinnen von *fiff* erwarten und welchen Stellenwert hat die Zeitung für die Herausgeberinnen? Oder anders gefragt: Steht der Arbeitsaufwand, den die Münchner Gleichstellungsstelle mit *fiff* betreibt, in angemessener Relation zum Nutzen, der sich aus dem Info-Blatt ergibt? Mit diesem Beitrag wollen wir auf Funktion und Wirkung von *fiff* genauer eingehen. Und, damit nehmen wir ein erstes Fazit bereits vorweg, natürlich kommen wir nicht umhin, die entschieden segensreichen Wirkungen unserer Info-Zeitung besonders herauszustreichen.

Daten, Fakten, Hintergründe

Vor allem für diejenigen, die *fiff* (noch) nicht kennen, zunächst einige kurze Informationen: Etwa alle drei Monate erscheint eine *fiff*-Ausgabe. In der Regel mit einem Umfang von vier DIN a 3 Seiten. Seit der ersten *fiff*-Nummer im Herbst 1990, wurden 15 Standard- und fünf *fiff*-Extra-Ausgaben zu einzelnen Schwerpunktthemen herausgegeben: zum FrauenStreikTag, dem Thema Gesundheit, zum Problemfeld 590-Mark-Jobs, zur Sexuellen Belästigung oder beispielsweise im letzten Jahr zur Verwaltungsreform bei der Stadt. Nur mit Hilfe der kollegialen Unterstützung aus der städtischen Druckerei ist es möglich, die stattliche Auflagenhöhe von 23.000 Exemplaren pro *fiff*-Ausgabe zu halten.

Für wen wird *fiff* geschrieben, wer sollte *fiff* lesen oder wer bekommt die GST-Zeitung überhaupt? Je besser die Zielgruppe einzugrenzen ist, umso leichter gelingt es, ein passendes Konzept zur Öffentlichkeitsarbeit zu entwickeln. Das erheben zumindest die Fachleute aus dem Mediengeschäft zum Credo. Diesen wichtigen Satz im Ohr sowie die für eine Millionenstadt wie München doch niedrige Auflagenhöhe im Blick, entschied die Gleichstellungsstelle *fiff* im wesentlichen für eine große Zielgruppe zu konzipieren: für die städtischen Beschäftigten - übrigens beiderlei Geschlechts. Daneben geht es darum, eine schnell und leicht lesbare Publikation für frauenbewegte, bzw. fraueninteressierte MünchnerInnen, vor allem aus den zahlreichen Frauen-Projekten und Organisationen, herauszugeben. Regelmäßig werden etwa 16.00 *fiff*-Exemplare unter den rund 50 000 städtischen MitarbeiterInnen verbreitet. Eine Aufgabe, die im wesentlichen von den einzelnen städtischen Referaten und Dienststellen selbst übernommen werden muß, und eine Arbeit, die die zuständigen MitarbeiterInnen mit höchst unterschiedlichem Elan und Erfolg übernehmen.

Im externen Adressverteiler für die verbleibenden 7 000 *fiff* pro Ausgabe sind derzeit knapp 270 Namen und Adressen von Organisationen, Medien und Einzelpersonen gespeichert, darunter auch viele Gleichstellungsstellen aus dem gesamten Bundesgebiet. Daß allein die Pflege der Adressdatei und der regelmäßige Vertrieb von *fiff* einen erheblichen Zeit- und Organisationsaufwand gerade für die Mitarbeiterinnen im Vorzimmer des Münchner Frauenbüros verursachen, läßt sich sicher leicht vorstellen.

Wird nach einer realistischen Einschätzung des Zeit- und Kostenaufwandes für die Herstellung und den Vertrieb einer *fiff*-Ausgabe gefragt, so ist zunächst einmal festzustellen, daß auch dieses Produkt des Frauenbüros durchaus seinen (stolzen) Preis hat. Auch eine nur vierteljährlich erscheinende Kleinzeitung kann nach den Münchner Erfahrungen nicht so einfach nebenbei gemacht werden.

Mit dem Produzieren einer *fiff*-Ausgabe ist allein die zuständige Mitarbeiterin der Gleichstellungsstelle (im Nebenjob stellvertretende Leiterin) vier bis sechs Arbeitstage bestens ausgelastet. Daneben entstehen externe Kosten, die für das zweite Standbein anfallen, auf dem die *fiff*-Redaktion ruht. Gemeint ist die Honorarmitarbeiterin, eine freie Journalistin, die das Frauenbüro in Fachfragen rund um das Zeitungsmachen kompetent unterstützt. Bezahlt werden muß auch für das professionelle lay-out.

Rechnen wir die Herstellungskosten, die aus den Haushaltsmitteln des Frauenbüros aufzubringen sind, auf ein *fiff*-Exemplar um, so kommen wir auf den Betrag von etwa dreißig Pfennig. Ein vergleichsweise noch recht günstiger Herstellungspreis. Andererseits bindet *fiff* damit einen beträchtlichen Teil des nicht gerade üppigen Etats der Münchner Gleichstellungsstelle.

Eng verbunden mit der Einschätzung des Aufwandes und der Kosten ist die Frage nach Ertrag und Nutzen, den LeserInnen und Herausgeberin selbst dem Produkt *fiff* zumessen.

Ob das Frauenbüro nun mit seiner Zeitung städtische Finanzmittel für einen unnötigen Luxusartikel verschleudert, oder mit dem Info-Blatt durchaus wirtschaftlich und effektiv eine sinnvolle kommunale (Pflicht-)Aufgabe erfüllt, darüber gehen die Meinungen wohl zwangsläufig weit auseinander. Wer die Sinnhaftigkeit kommunaler Gleichstellungsstellen insgesamt bezweifelt, wird eher dazu neigen, auch deren Produkte als durchaus entbehrlich zu klassifizieren. Nicht alle LeserInnen, beispielsweise aus dem autonomen Spektrum der Frauenbewegung, halten *fiff* für ausreichend informativ. Vielen ist sie ganz einfach zu brav. Zu provokativ, zu einseitig und das Papier nicht wert, auf dem sie gedruckt wird, das dagegen befinden manche MitarbeiterInnen der Stadtverwaltung.

Gibt es überhaupt gültige Kriterien und wenn ja, welche, mit denen wir den „Erfolg" einer Gleichstellungszeitung einschätzen können? Kann beispielsweise das Maß der Zustimmung, das die LeserInnen zu Inhalt und Aufmachung einer GST-Zeitung zeigen, ein - oder sogar das alleinige - Kriterium zur Erfolgskontrolle sein? Fragen wie diese ziehen rasch weitere nach sich: Wieviel Zustimmung aus Bevölkerung und Verwaltung kann eine Gleichstellungsstelle und damit auch ihre Publikationen eigentlich erzielen?; wieviel ist normal?; Kann es vielleicht sogar ein Zuviel an Zustimmung und Akzeptanz geben? Die meisten Gleichstellungsstellen haben sich mit Recht auch vor dem berüchtigten Lob von der falschen Seite zu hüten.

Wie auch immer die Antwort auf diese Fragen ausfallen mag, Fakt ist: die Indikatoren für erfolgreiches Arbeiten ergeben sich stets auch aus den formulierten Zielbestimmungen. Mit *fiff* verbindet das Münchner Frauenbüro in erster Linie drei wesentliche Absichten:

- für die LeserInnen, also speziell für die städtischen MitarbeiterInnen, wichtige Informationen zu frauenspezifischen Themen aus ihren Arbeits- und Lebenszusammenhängen liefern
- frauen- und gleichstellungspolitische Diskussionen und Aktionen anregen und kritisch begleiten
- Frauen über ihre Rechte, speziell im Arbeitsleben, und die laufende Rechtssprechung informieren.

Sinn und Zweck von *fiff* ist es natürlich auch - und das nicht zuletzt - den „eigenen Laden“, sprich die Münchner Gleichstellungsstelle, möglichst gut zu verkaufen. In dieser Beziehung steht auch die Zeitung des Münchner Frauenbüros den meisten anderen aus der Produktfamilie „Betriebszeitungen“ in nichts nach. Ob die *fiff*-Macherinnen die große Kunst, dabei mit einem Mindestmaß an Hofberichterstattung und Selbstbeweihräucherung auszukommen, schon perfekt beherrschen, darüber - auch das möchten wir hier nicht ganz verschweigen - kommt es im (ansonsten äußerst harmonischen) Redaktionsteam manchmal doch zu heftigeren Debatten ...

Konfliktträchtig und entschieden sitzungsverlängernd können übrigens auch Redaktionssitzungen zu einem weiteren, in Gleichstellungskreisen nicht unbekannten, Thema verlaufen, nämlich der Frage: wie gut muß, darf oder kann die Gleichstellungsstelle München den „Laden Stadtverwaltung München“ eigentlich verkaufen?

Zum Beispiel *fiff*-extra zur Verwaltungsreform

Mit einer *fiff*-extra Ausgabe haben wir im Herbst 1994 ausschließlich über die Verwaltungsreform in München berichtet. Diese Sonder-Nummer scheint uns ein gutes Beispiel zu sein, um genauer auf die vielfältigen, teilweise sogar unbeabsichtigten Funktionen einzugehen, die eine GST-Zeitung für LeserInnen und Herausgeberinnen erfüllen kann.

Das Szenario und die Schlagworte zum Thema sind den meisten Gleichstellungsfrauen ziemlich vertraut: Neues Steuerungsmodell, schlanker Dienstleistungsbetrieb mit flacherer Hierarchie, Zielvorgaben und effektives, wahlweise strategisch oder operativ angelegtes Controlling, Doppik, Budgetierung und vieles mehr.

Überall im Land wird die Verwaltung kräftig reformiert. Wie reagiert eine Frauenbeauftragte auf diese „neue Herausforderung“? Möglicherweise kommt auch bei der nachfolgenden kurzen Beschreibung einigen einiges bekannt vor ...

Zumindest die Frauen aus der Münchner GST paukten zunächst einmal die modernen Sprachregelungen, eigneten sich neues Fachwissen an, bzw. freuten sich auf die Chance, endlich langjährig vorhandenes Management-know-how zu betrieblicher Personalpolitik effektiv einsetzen zu können. Doch - auch da dürfte München keine Ausnahme sein - die vielen großen und kleinen Steuermänner der Jahrhundertreform entwickeln bei der Frauenfrage wieder einmal beträchtliche Widerstände. Was hat das neue Rechnungswesen mit der Frauenfrage zu tun?!, was die Produktdefinition im Gartenbau mit der Geschlechtergerechtigkeit in einer Kommune?! Frauenbeauftragte können mit ihren spezifischen Fragestellungen und ihren als „andersartig“ empfundenen Denk- und Problemlösungsansätzen die patriarchalen Sandkastenspiele mancher Reformspezialisten ganz empfindlich stören. Anders und vielleicht etwas zurückhaltender ausgedrückt: sich in den Prozess der Verwaltungsreform wirksam einzumischen, gleichstellungsrelevante Zielvorgaben festzuschreiben und entsprechend effektive Controlling-Verfahren zu implementieren, gehört heute sicher zu den schwierigsten Aufgaben einer Gleichstellungsstelle.

Die ausführliche Vorrede ist möglicherweise behilflich, wenn gezeigt werden soll, daß und in welcher Weise die *fiff*-Sondernummer zur Verwaltungsreform die angesprochene Aufgabenerledigung der Münchner GST positiv beeinflußt hat.

Vorab einige Stichworte zum Inhalt der *fiff*-extra: Mit dem Aufmacher „Fragt doch einfach mal die Frauen ...“ informierten wir über bemerkenswerte, bis dato jedoch vielfach unbemerkt gebliebene Frauen-Aktivitäten in Sachen Verwaltungsreform. Wir kommentierten die (fehlende) „Zielvorgabe Gleichberechtigung“ aus Sicht des Frauenbüros, ließen eine Vertreterin des Gesamtpersonalrats und andere städtische Mitarbeiterinnen zu Wort kommen und veröffentlichten ein ganzseitiges Lexikon zu den neuen Begriffen der Verwaltungsreform, um nur einiges zu nennen.

Die Gleichstellungsstelle bekam für ihre „Serviceleistung“ zur Verwaltungsreform breite Anerkennung. Auch und gerade von Personen, die sonst nicht unbedingt zum Münchner *fiff*-fan-club gehören. Warum?

fiff hilft, vorhandene Lücken im innerstädtischen Kommunikationsnetz zu schließen. Auch über die reinen Frauenthemen hinaus. Nun scheint es jedoch so zu sein, daß bislang nur wenige der Verantwortlichen aus Verwaltung und Stadtrat eben jene Informationsdefizite als besonders gravierend empfanden, auf die *fiff* schon seit beinahe fünf Jahren reagiert. Weshalb sich bislang auch der offizielle Mitteilungs- und Informationsdrang auf sogenannte „Mitarbeiter-Briefe“ zu einzelnen Anlässen, beispielsweise Weihnachten, und bestimmte Themen, beispielsweise „Regelungen zum Vorruhestand u. ä.“ beschränkt.

Geht es um die Verwaltungsreform, dann sind sich jedoch alle Beteiligten zumindest über eines einig: Die notwendige Akzeptanz für das Vorhaben ist nur mit einer breiten Information der Beschäftigten zu erreichen. Das läßt gerade auch die sogenannten Schlüsselpersonen die Instrumente wahr- und ernstnehmen, die eine solche Informationskampagne ermöglichen. Abgesehen von einem Info-Blatt für die etwa 15.000 Beschäftigten der Stadtwerke ist *fiff* die einzige zentrale Betriebszeitung für den Bereich der gesamten Stadtverwaltung.

Vernetzungs-, Kommunikations- und Beziehungsarbeit ist auch heute noch vorwiegend Frauensache. Zumindest suggerieren das die gängigen Geschlechtsrollenstereotype. Und Beziehungsarbeit gehört zur kaum honorierten, den Frauen zugeschriebenen gesellschaftlichen Schattenarbeit. Eine Tatsache, die längst für berufliche ebenso wie für außerberufliche Tätigkeiten gleichermaßen nachgewiesen ist. Inwieweit das Frauenbüro mit dem Vernetzungsinstrument *fiff* hier auch ganz traditionelle Rollenerwartungen erfüllt, wäre eine interessante Fragestellung, beispielsweise für feministische Organisationssoziologinnen.

Wie auch immer eine solche Frage insgesamt zu beantworten wäre, *fiff* - und besonders die *fiff*-extra zum Prestige-Thema Verwaltungsreform hat durchaus positive Effekte, und zwar auch für die Gleichstellungsstelle selbst. Die Vertreterinnen des Frauenbüros werden, um ein Beispiel zu nennen, seit dem Erscheinen der *fiff*-extra nicht nur überörtlich, sondern auch in der eigenen Institution deutlich stärker als kompetente Sachverständige zu verschiedenen Fragen der Verwaltungsreform wahrgenommen, zu Vorträgen und Diskussionen eingeladen. Eine hoffentlich langfristig anhaltende (Neben-)Wirkung des Produkts *fiff* ...

Präziser nachzuweisen als das oben angeführte, ist ein anderer *fiff*-extra-Effekt: in mehreren Pilot-Projektgruppen zur Verwaltungsreform wurden Frauen als neue Projektmitarbeiterinnen berufen. Die Mitarbeiterinnen bezeichneten das als ganz direkte Reaktion auf die kritischen *fiff*-Anmerkungen zur Unterrepräsentanz von Frauen. Mit Hilfe der gezielten Öffentlichkeitsarbeit ist die Gleichstellungsstelle also relativ schnell einem wichtigen Ziel ein gutes Stück näher gerückt: alle Projektgruppen geschlechtsparitätisch zu besetzen.

Die *fiff*-Sondernummer hat eine lebhafte Debatte unter den Beschäftigten ausgelöst: das zeigen uns beispielsweise die LeserInnenbriefe, einer davon mit annähernd 100 Unterschriften. Vielleicht hilft das einem weiteren Phänomen auf die Spur, das die Gleichstellungsstelle nach der Veröffentlichung der *fiff*-extra beobachten konnte: Eine beachtliche Zahl von (Verwaltungs-)ReformerInnen versäumen derzeit kaum eine Gelegenheit, um auf ihre - selbstverständlich bereits seit langem gepflegten - „frauenidentifizierten" Arbeitsansätze hinzuweisen. Korrespondierend dazu verzeichnet die Gleichstellungsstelle eine stärkere Nachfrage nach Stellungnahmen und Fortbildungen zum Thema.

Daß der Hauptgeschäftsführer des Deutschen Städtetags, Jochen Dieckmann, einen Gast-Kommentar für *fiff* verfaßt hat, freut die Herausgeberinnen natürlich besonders. Sie verbinden damit die Hoffnung, daß Dieckmann's These, „Effektive Frauenpolitik spart Kosten“, zunehmend salonfähig wird und bald auch weitere prominente Kommunalpolitiker(Innen) von jenem wohlverstandenen Kostenbewußtsein erfaßt werden, das dem Repräsentanten des deutschen Städtetages besonders am Herzen liegt.

Mehr noch als der sachliche Gastkommentar fand sich die pointierte Glosse an den diversen schwarzen Brettern in der Stadtverwaltung wieder, mit der der Rathaus-Reporter der Münchner Abendzeitung, Alois Segerer, den „dezentralisierten Ressourcenverantworter ...“ auf's Korn nahm.

Warum schreiben 'ausgewachsene' ReporterInnen von großen Münchner Zeitungen gelegentlich für *fiff*? Manche sogar ehrenamtlich? Ehrlich gesagt, wir wissen es nicht genau. Für das Frauenbüro ist damit jedenfalls eine willkommene Unterstützungs- und Aufwertungsleistung verbunden.

Das für Münchner JournalistInnen Gesagte gilt auch in zunehmendem Maße für viele andere „wichtige“ und auch weniger „wichtige“ Personen innerhalb und außerhalb der Stadtverwaltung: es macht, um ein Beispiel zu nennen, kaum mehr Probleme, InterviewpartnerInnen zu verschiedensten Fragen aus der Belegschaft zu gewinnen. Manchmal, so scheint uns zumindest, herrscht in einigen Abteilungen und bei einigen „Entscheidungsträgern“ sogar eine gewisse, allerdings sorgsam verborgene Konkurrenz um die namentliche Erwähnung in *fiff*.

Diese indirekte Medienwirkung berücksichtigend, gelingt es den Mitarbeiterinnen der Gleichstellungsstelle gelegentlich durchaus, die eine oder andere Angelegenheit entschieden zu beschleunigen oder zu einem (unerwartet) positiven Abschluß zu bringen. Zurecht werden im Zusammenhang mit den Einflußmöglichkeiten kommunaler Gleichstellungsstellen immer wieder die fehlenden formalen Durchsetzungsinstrumente reklamiert. Eine eigene Zeitung kann, so die Münchner Erfahrung, diesen entscheidenden Strukturmangel zwar nicht ausgleichen, aber dennoch die informellen Machtinstrumente der Institution Gleichstellungsstelle wesentlich verbessern.

Wer hätte anderes erwartet? Insgesamt gesehen ziehen wir an dieser Stelle eine durchaus positive Bilanz: Die *fiff*-extra zur Verwaltungsreform kam gut an, hat inhaltlich dem Reformprozess zumindest frauenspezifisch genutzt und, möglicherweise ist damit gelungen, dem „Laden Gleichstellungsstelle“ ein Stück mehr Anerkennung und Akzeptanz zu verschaffen.

Bleibt ein letzter Hinweis auf einen weiteren, indirekten *fiff*-Effekt: anhand der *fiff* Sondernummer und den Reaktionen dazu erkannten die meisten EntscheidungsträgerInnen den Wert und die Notwendigkeit einer auch in ihren Augen gelungenen Öffentlichkeitsarbeit. Die Konsequenz: die städtischen

MitarbeiterInnen bekommen ab sofort eine eigene Betriebszeitung. Und *fiff* bekommt Konkurrenz. Aber die belebt ja bekanntlich nur das Geschäft ...

Von städtischen Prestige-Projekten und frauenpolitischen Schmuddel-Themen ...

Gemessen am Indikator „Zustimmung zur Wichtigkeit der behandelten Themen" weist die Erfolgskurve bei der *fiff*-extra zur Verwaltungsreform steil nach oben. Das gilt auch und vor allem für das Votum der Stadtspitze. Die Folge: Wer Kompetenz bei der Öffentlichkeitsarbeit zu diesem Thema beweist, wird ernster genommen. Sogar als Gleichstellungsfrau.

Völlig anders verhält es sich dagegen mit dem „Reizthema" Sexuelle Belästigung am Arbeitsplatz. Auffällig dabei ist, daß gerade bei jener Gruppe, der die Verwaltungsreform besonders wichtig ist, das Thema sexuelle Gewalt am Arbeitsplatz in der Prioritätenskala ziemlich weit hinten rangiert. Anders ausgedrückt: weder bei der Stadtspitze, noch bei den Personal- und Organisationsverantwortlichen, weder bei (männlichen) Führungskräften, Personalräten noch beim Großteil der (männlichen) Belegschaft ist für das Frauenbüro besondere Anerkennung zu gewinnen, wenn es versuchen sollte, mit einer eigenen Info-Zeitung den Tabu-Bereich Sexuelle Belästigung anzugehen.

Dennoch berichtet *fiff* immer wieder über sog. „Grapscher-Fälle", kommen Betroffene oder Expertinnen zu Wort. Auch zu diesem Thema haben wir eine *fiff*-extra veröffentlicht. Mit einer im Jahr 1993 erschienenen Ausgabe stellt *fiff* unter anderem den Frauenförder-Detailplan zur Sexuellen Selbstbestimmung von Frauen am Arbeitsplatz vor. Der Innenteil dieser *fiff*-extra-Ausgabe enthält ein Plakat: auf einem symbolisierten Ortsschild ist groß zu lesen: „Landeshauptstadt München - Stadtverwaltung - grapschfreie Zone".

Wohl kaum eine Aktion der Münchner Gleichstellungsstelle fand ein ähnlich breites Echo wie diese durch Inhalt und Form provokative *fiff*-extra. „Zustimmung und Ablehnung halten sich die Waage", unter dieser Überschrift bilanzierten wir damals die heftigen Reaktionen von Medien, PolitikerInnen und Beschäftigten. Noch heute, mehrere Jahre nach der Veröffentlichung, wird das Plakat im Frauenbüro bestellt, „ziert" es zahlreiche Wände in den städtischen Amtsstuben.
Andererseits gilt vielen KritikerInnen auch heute noch dieses Plakat als der beste Beweis für den „blindwütigen Aktionismus" oder für den „Verlust jeglichen Realitätsbezugs" der Münchner Gleichstellungsfrauen.

Das Fazit der Münchner Gleichstellungsstelle: Anders als zur Verwaltungsreform hat die fiff-extra zur Sexuellen Belästigung beileibe nicht nur Anerkennung eingebracht. Schon gar nicht von „höheren Orts". Dafür wurde und wird intensiv und kontrovers über eine Angelegenheit diskutiert, von der die Verantwortlichen des Personalreferates noch vor wenigen Jahren behauptet haben: bei uns nicht existent.

Begrenzte Spielräume?

Neue, brisante Inhalte popularisieren und effektive Aktionen starten, das war und ist, zugegeben, auch ohne eigene Zeitung sehr gut möglich. Doch mit einem eigenen „Organ“ erscheint halt manches zunächst erheblich leichter. Mit der letzten *fiff*-Ausgabe haben wir eine MitarbeiterInnen-Befragungs-Aktion begonnen. Thema: „Wie beurteilen Sie Ihre Vorgesetzten?“ Ob damit wirklich der von uns erhoffte Impuls für eine breite Diskussion zur Reform der Vorgesetztenbeurteilung ausgelöst wurde, steht allerdings noch nicht ganz fest. Der momentane Stand zur Rücklaufquote der Fragebögen von derzeit etwa einem Prozent überzeugt da noch keineswegs ...

Die Fragebogen-Aktion zur dienstlichen Beurteilung ist bereits der zweite Versuch, von den *fiff*-LeserInnen ein direktes feed-back zu bekommen. Im Herbst 1992 veröffentlichte *fiff* eine Befragung zur Arbeit der Münchner Gleichstellungsstelle und zur Meinung der LeserInnnen über die Zeitung. Ergebnis: Etwa 40 Prozent der Antwortenden finden, insgesamt gesehen, die Auswahl der Themen gut, nur etwa 10 Prozent sind gar nicht einverstanden. Die Mehrheit beurteilt sowohl das Erscheinungsbild von *fiff* (50 Prozent) als auch die Lesbarkeit (70 Prozent) positiv. Die Frage nach dem praktischen Nutzen bejahen immerhin 25 Prozent - 35 Prozent äußerten dagegen, keinen praktischen Nutzen zu erkennen. Verglichen mit *fiff* wird die Arbeit der Münchner Gleichstellungsstelle kritischer bewertet. Das Frauenbüro ist mit den Ergebnissen der Umfrage im großen und ganzen recht zufrieden, mußte allerdings auch bei dieser Befragung feststellen, daß der Fragebogen-Rücklauf die Traumquote von mageren, aber wohl üblichen fünf Prozent deutlich verfehlt hat. Einziger Trost für das *fiff*-Team: auch die alternative Tageszeitung (taz) erzielte bei einer ähnlichen Befragung ihrer LeserInnen nur lediglich drei Prozent Rücklauf.

Von wegen copyright ...

Wird überhaupt etwas übernommen und, falls ja, von wem und in welcher Form? Die Frage nach den Reaktionen der Medien auf *fiff* finden Gleichstellungsstelle und die *fiff*-Redakteurinnen gleichermaßen spannend. Mittlerweile sind *fiff*-Artikel und *fiff*-Themen ziemlich regelmäßig in zahlreichen Publikationen nachzulesen, von Zeit zu Zeit profitieren sogar die Münchner Tageszeitungen von einer *fiff*-story. Weder politisch eher als linksradikal einzustufende Kleinzeitungen, noch die seriöse bayerische Gemeindezeitung, weder Anzeigenblätter, wie Werbespiegel oder diverse Szenemagazine, Frauenzeitungen oder die großen Münchner Boulevardzeitungen zeigen besondere Berührungsängste. Und das liegt ganz im Sinne der Erfinderinnen. Für die Münchner Gleichstellungsstelle gibt es dabei nur einen kleinen Wermutstropfen: die Sache mit der vergessenen Quellenangabe. Es ist natürlich absolut nichts dagegen einzuwenden, wenn beispielsweise eine große Münchner Zeitung aus der *fiff*-Titel-Geschichte über eine junge Beamtin, die aufgrund ihrer Gewichtsprobleme nur mit Hilfe des Frauenbüros in städtische Dienste übernommen wird, gleich zwei Aufmacher fabriziert. Selbst der Umstand, daß die Nachrichtenquelle *fiff*, bzw. Gleichstellungsstelle nicht erwähnt wird, ließe sich leicht verschmerzen, würden dafür die geschlechtsspezifischen Aspekte des Falles ausreichend dargestellt, ja überhaupt erwähnt.

Natürlich wissen auch die *fiff*-Macherinnen, daß es zu den alltäglichen und läßlichen Sünden im Mediengeschäft gehört, bei anderen zu „stibitzen". Dennoch: Treffen nicht die Analysen patriarchaler Reaktionsmuster, wie sie beispielsweise Luise Pusch entwickelt, ganz besonders auf die bundesdeutschen Medien zu ? Dem Verleugnen und Verschweigen folgt als zweite Stufe die Strategie des Lächerlichmachens. Schließlich werden die Arbeitsergebnisse von Frauen vereinnahmt, indem man die ursprünglichen Quellen „vergißt". Diese Beschreibung kollektiver Abwehrmechanismen finden gerade kommunale Gleichstellungsstellen häufig eindrucksvoll bestätigt - und zwar nicht allein auf die Reaktionsmuster von Medien und nicht allein auf das Thema Öffentlichkeitsarbeit beschränkt.

Freundliche Ausblicke?

Im Oktober 1995 ist es soweit: dann kann die erste bayerische Gleichstellungsstelle ihr 10-jähriges Bestehen feiern. Die Mitarbeiterinnen des Münchner Frauenbüros und die *fiff*-Redaktion sehen nicht nur ein freudiges Ereignis, sondern gleichzeitig auch viel Arbeit auf sich zukommen. Wieder einmal ist eine *fiff*-Sondernummer fällig. Im Herbst 95 soll eine umfangreiche Jubiläums-*fiff*-extra zehn Jahre Münchner Gleichstellungsstelle und Münchner Frauenbewegung bilanzieren. Läuft alles nach Plan, dann wird das Münchner Frauenbüro im Herbst 1995 mit dem Info-Blatt *fiff* rund eine halbe Million Mal selbstbestimmt, und hoffentlich auch bis dahin nicht zensiert, seine Sichtweise zu frauenrelevanten Themen an die Frau (und an manchen Mann) gebracht haben. Eine Tatsache, die den eigentlichen Faktor fiff in der Arbeit der Münchner Gleichstellungsstelle ausmacht.

VERWALTUNGSREFORM

fif Frauen informieren Frauen

EXTRA Oktober 1994

Eine Zeitung nicht nur für Frauen
Herausgegeben von der Gleichstellungsstelle für Frauen der Landeshauptstadt München

DATEN UND FAKTEN

2. März 1994 Grundsatzbeschluß

Der Stadtrat beschließt einstimmig das »Neue Steuerungsmodell«. Damit sind die Grundsätze für die Aufgaben- und Verwaltungsreform festgeschrieben.
Bereits ein Jahr zuvor wurde mit der Budgetierung begonnen. Die einzelnen Referate erhalten damit eine größere Selbständigkeit. Zur angestrebten Dezentralisierung gehört auch, die Übertragung von mehr personalwirtschaftlichen Kompetenzen auf die Referate. Die »Globalziele« werden aber auch in Zukunft zentral vorgegeben, z.B. vom Stadtrat, dem Oberbürgermeister oder z.B. dem Personalreferat.

8. März 1994 Rahmendienstvereinbarung

Am Internationalen Frauentag unterschreiben Oberbürgermeister Ude und der Gesamtpersonalrat die »Rahmenvereinbarung zur Verwaltungsreform«. Ziel der Vereinbarung: Die soziale Absicherung und Wahrung der Interessen der Beschäftigten.

Mai 1994 Pilotprojekte

Mit 15 ausgewählten »Pilotprojekten« wird der Umbau der Verwaltung gestartet. Dort sollen neue Herangehensweisen und Verfahren erprobt werden. Was sich als tauglich erweist, soll anschließend allgemein eingeführt werden. Pilotprojekte sind beispielsweise die Stadtbibliotheken, die Gymnasialabteilung des Schulreferates, der Blutspendedienst, die Hauptabteilung Gartenbau, die stadteigene Druckerei oder das Fremdenverkehrsamt. Unabhängig von den Pilotprojekten arbeiten auch die Referate selbst an der Modernisierung der Verwaltung. Beispielsweise das Sozialreferat mit dem »Wir-Projekt«.

19. Mai 1994 Empfehlung der Frauenkommission

Die Stadtratskommission zur Gleichstellung von Frauen befaßt sich mit der Verwaltungsreform und legt ihre Vorschläge vor. Aufgrund der Initiativen des Frauenbüros wurde bereits in Stadtratsbeschlüssen und Ausführungsbestimmungen festgeschrieben, daß Frauen an der Reform angemessen beteiligt werden müssen.

Ende offen

Die Pilotprojekte sollen in spätestens zwei Jahren abgeschlossen sein. Doch für die »Jahrhundertreform« insgesamt gibt es keinen festen Zeitplan. ExpertInnen gehen davon aus, daß allein die Umstellung auf eine Kosten- und Leistungsrechnung acht bis zehn Jahre dauern kann.

Verwaltungsreform bei der Stadtverwaltung

Fragt doch einfach mal die Frauen ...

Alle reden von der Jahrhundertreform – aber die Vorstellungen darüber gehen weit auseinander. Viele beteuern, daß die Verwaltungsreform auch das Ziel »Gleichstellung von Frauen und Männern« im Auge habe. Doch ob dieses Ziel realisiert wird oder zu einer bloßen Willenserklärung verkommt, hängt nach Auffassung der Gleichstellungsstelle auch davon ab, ob Frauen sich in diese Debatte einmischen oder nicht.

Ein gutes Beispiel dafür ist das Umweltschutzreferat mit einem der fünfzehn Pilotprojekte des neuen Steuerungsmodells. Dort treffen sich schon seit längerer Zeit regelmäßig acht bis sechzehn Frauen und diskutieren unter anderem darüber, wie betriebliche Frauenförderung in ihrem Referat besser umgesetzt werden könnte. Mit ersten Erfolgen. Jetzt wenden sie sich dem Thema »Verwaltungsreform« zu.
(Siehe Bericht Seite 2.)

Von links nach rechts: Michaela Reitmair, Eva Winkelmann, Waltraud Schramm, Angelika Lintzmeyer, Angelika Kocher, Dorothy Hollmann, Katrin Feldigel

Oberbürgermeister Christian Ude

Ohne unbequeme Maßnahmen geht es nicht

Das Thema Verwaltungsreform löst bei den Beschäftigten der Stadt München nicht nur Begeisterung, sondern auch Verunsicherung, Sorge um den Arbeitsplatz etc. aus. fiff sprach mit Oberbürgermeister Christian Ude über die Auswirkungen der Verwaltungsreform.

fiff: Herr Oberbürgermeister, die Notwendigkeit einer Verwaltungsreform wird wohl von niemand bezweifelt. Dennoch verunsichert dieses Thema auch. Müssen die Beschäftigten mit einschneidenden Maßnahmen rechnen?

Oberbürgermeister Ude: Ja, es wird im Zuge der Verwaltungsreform auch zu unbequemen Maßnahmen kommen. Wer Reformen verspricht und gleichzeitig sagt, es würde sich nichts ändern, ist ein Lügner. Aber es wird keine betriebsbedingten Kündigungen geben. Die Stadt München hat mit dem Gesamtpersonalrat noch vor Einleitung der ersten Reformschritte eine bundesweit vorbildliche Vereinbarung getroffen, in der sie sich verbindlich verpflichtet, auf betriebsbedingte Kündigungen im Rahmen der Verwaltungsreform zu verzichten.

fiff: Aber Ziel der Verwaltungsreform ist doch sicher auch, die Personalkosten zu senken?

Oberbürgermeister Ude: Ja, die Personalkosten sind zwar nicht das zentrale Problem, aber dennoch ein wichtiges. Wir müssen deshalb nicht nur für mehr Effizienz in der Verwaltung sorgen, sondern gleichzeitig Stellen einsparen. Dies werden wir im Rahmen der natürlichen Personalfluktuation bewältigen.

fiff: Wie werden die Beschäftigten an diesem Prozeß der Verwaltungsreform beteiligt?

Oberbürgermeister Ude: Ich denke, auch in dieser Beziehung sind wir vorbildlich. Die Personalvertretungen sind auf allen Ebenen einbezogen.

fiff: Die Gleichstellungsstelle befürchtet, daß Frauen im Zuge der Verwaltungsreform ins Hintertreffen geraten können.

Oberbürgermeister Ude: Daß Frauen im Berufsleben und auch im Öffentlichen Dienst aufgrund patriarchalischer Strukturen immer noch benachteiligt sind, das wissen wir schon lange. Das hat mit der Verwaltungsreform zunächst nichts zu tun. Worauf wir achten müssen, ist, daß die Benachteiligung nicht verschärft wird. Deshalb ist erklärtes Ziel der Verwaltungsreform unter anderem auch, daß mit der Gleichstellung der Frauen ernst gemacht wird. Und zwar in doppelter Hinsicht. Wir müssen Voraussetzungen schaffen, um die Chancengleichheit für die Mitarbeiterinnen bei der Stadt zu verwirklichen, und wir müssen die Bedürfnisse der Kundinnen im Auge haben, z.B. bei den Öffnungszeiten. Denn die Mehrheit der Kunden sind Frauen.

fiff: Wie kann sichergestellt werden, daß die Interessen der Frauen in diesem Prozeß nicht vergessen werden?

Oberbürgermeister Ude: Diese Frage sollten Sie nicht mir, sondern dem Frauenbüro stellen. Denn das ist natürlich in erster Linie Aufgabe der Gleichstellungsstelle, hier konkrete Vorschläge zu machen. Die Bereitschaft bei den Referaten, den Bedürfnissen und Interessen der Frauen Rechnung zu tragen, zum Beispiel bei der Gestaltung der Arbeitszeit etc., ist da. Ein Versäumnis aber gestehe ich gerne ein. Die zentrale Steuerungsgruppe war zunächst ein frauenfreies Gremium. Aber das haben wir inzwischen verändert.

fiff: Eine Forderung des Frauenbüros ist die Schaffung einer Stellenbörse. Wie stehen Sie zu diesem Projekt?

Oberbürgermeister Ude: Ich habe mich damit noch nicht ausreichend beschäftigt, aber grundsätzlich stehe ich dieser Idee aufgeschlossen gegenüber. Ich werden den Personalreferenten bitten, dieses Thema weiter zu verfolgen. Angesichts der Dezentralisierung der Entscheidungskompetenz im Personalbereich könnte eine solche Reform hilfreich sein.

fiff: Eine Frage zum Schluß. In den Papieren und Diskussionen über die Verwaltungsreform bedient man sich einer Sprache, die eigentlich nur SpezialistInnen verstehen können. Ist das Absicht? Behindert das nicht die für eine solche Reform notwendige Transparenz?

Oberbürgermeister Ude: Ja, es gibt zu viel organisationssoziologisches Wortgeklingel. Das muß unbedingt eingedämmt werden. Da hat sich eine moderne In-Sprache entwickelt. Ich glaube aber nicht, daß dies eine geschlechtsspezifische Frage ist. Mag sein, daß Männer etwas mehr zu dieser Sprache neigen, aber auch Feministinnen haben ihre eigene Sprache, und die ist oft genauso schwer verständlich ...

Wie Frauen an der Jahrhundertreform beteiligt werden

Von wegen Selbstlauf

»Völlig unspektakulär«, kommentiert Josef Breitsameter, Geschäftsleiter im Umweltschutzreferat und Mitglied der zehnköpfigen Pilot-Projektgruppe den Vorgang. »Von wegen Selbstlauf«, meinen dagegen die Mitglieder des Frauenarbeitskreises. Die unterschiedliche Bewertung gilt der Tatsache, daß vom Umweltschutzreferat mit Michaela Reitmair und Claudia Vollmer zwei Frauen in der Projektgruppe vertreten sind und daß sich darüber hinaus auch andere Frauen aktiv und mit Erfolg an der Diskussion um die Verwaltungsreform beteiligen.

»Ein wenig sanften Druck brauchte es schon, den Forderungen Nachdruck zu verleihen«, erzählt Dorothy Hollmann. Waltraud Schramm und andere aus dem Frauenarbeitskreis berichten, daß die Sache bis zum Referenten ging. Doch inzwischen sind sie sich sicher, daß Oberbürgermeister Ude und Umweltschutzreferent Lorenz ihren Vorschlag absegnen und daß im Projektauftrag für ihr Referat verbindlich festgeschrieben wird: Die »Förderung der Gleichstellung von Frauen und Männern« ist eines der erklärten Ziele der Verwaltungsreform. Die Konsequenz: Bei der Festlegung der Teilziele, der Aufgaben und Produkte müssen frauenspezifische Bedürfnisse berücksichtigt werden.

Daß eine solche Zieldefinition im Projektauftrag für die Pilotprojekte zum neuen Steuerungsmodell eher Seltenheitswert hat, bestätigt auch Richard Boner, der als Sachgebietsleiter im Personal- und Organisationsreferat die Verwaltungsperestroika koordiniert. »Gleichstellung von Frauen ist bislang in keinem der beschlossenen Projektaufträge explizit festgeschrieben«, bilanziert er und fügt hinzu: »Nach meiner Erfahrung kann es ganz schön schwer sein, Frauen zu motivieren, sich bei den Pilotprojekten zu engagieren. Das haben wir insbesondere im Schulreferat feststellen können.«

Ganz und gar frauenfrei ist allerdings nur eine der insgesamt 15 Projektgruppen, in denen jeweils VertreterInnen aus dem Personalreferat, der Kämmerei und der Dienststelle die Grundlagen für die Verwaltungsreform erproben: die Abteilung Gartenbau aus dem Baureferat. »Bislang hat sich noch niemand darüber beschwert«, erklärt Daniel Spohn, Vertreter des Personalreferats im Projekt Gartenbau. Auch im Zielekatalog zur Verwaltungsreform für den Gartenbau ist nichts spezifisch Frauenförderndes zu finden. Da ist zwar von »optimalem Personal- und Mitteleinsatz«, von mehr »Mitarbeitermotivation« und besserem »Kostenbewußtsein« die Rede, nicht aber von Zielvorgaben wie etwa der Chancengleichheit von Frauen im Beruf.

Auch die immer wieder vorgebrachte Forderung des Frauenbüros, bei der Definition der Aufgaben und Produkte »geschlechts- beziehungsweise frauenspezifisch« vorzugehen, stößt bei fast allen zunächst auf Unverständnis. »Was soll denn schon Frauenspezifisches an einer städtischen Grünanlage sein«, so die typische erste Reaktion auch von Daniel Spohn. »Ökologie, Wirtschaftlichkeit, Konkurrenzfähigkeit der Stadt im Vergleich mit privaten Anbietern«, mit diesen Schlagworten können alle in der Projektgruppe sofort etwas anfangen...

»Vielleicht ist ja doch etwas dran«. Daniel Spohn zumindest will sich nicht lange belehren lassen und stimmt dem Einwand der Gleichstellungsstelle zu. Eigentlich ist es doch selbstverständlich, daß Kriterien wie ausreichende Beleuchtung, Höhe der Bepflanzung, gemütliche Sitzecken, die Sauberkeit der Anlagen oder die Spielmöglichkeit für Kinder mit ausschlaggebend dafür sind, ob eine Grünanlage nicht nur als bürgerfreundlich gilt, sondern genauso wie von Bürgern auch von Bürgerinnen angenommen wird, so das – ausnahmsweise – gemeinsame Fazit von Frauenbüro und Personalreferat.

Die Frauen im Umweltschutzreferat sind bei der Diskussion über eine »frauengerechte Produkt- und Aufgabendefinition« ebenfalls noch am Anfang. »Aber wir sind optimistisch, daß wir selbst bei diesen kniffeligen Fragen weiterkommen«, resümiert Waltraud Schramm, und lachend fügt sie hinzu: »Das gibt dann eine *fiff*-Fortsetzungsstory«.

GLOSSE

Vom dezentralisierten Ressourcenverantworter und seiner Controllingfunktion

Die Zeiten sind hart und sie werden noch härter. Das Geld ist knapp und es wird noch knapper. Auf die Rathäuser brandet allerorten und ganz unausweichlich der Wettbewerb, der Konkurrenzkampf in voller Härte zu. Auch in München. Und dagegen gilt es sich zu wappnen. Vor allem: Der alte Stallgeruch muß raus. Aus dem schwerfälligen Amtsschimmel muß ein flottes Rennpferd werden.

Aber halt. So prosaisch sollte man das nun doch nicht formulieren. Die dringend notwendige Verwaltungsreform – ja, so klingt das schon viel besser – also die dringend notwendige Verwaltungsreform läuft ja letztlich auf einen Abschied vom bürokratischen Image hinaus und braucht deshalb und vor allem ein neues windschnittiges Sprachmäntelchen, mit dem man sich auch in den nadelgestreiften Gefilden der freien Wirtschaft blicken lassen kann. Dazu bestens geeignet ist ein Management, besser, ein Projektmanagement, das erstmal ein neues Steuerungsmodell und aus diesem einen Projektleitfaden zum neuen Steuerungsmodell und aus diesem Pilotmodelle der Projektarbeit entwickelt. Uff, das wäre geschafft.

Aber wie sag ich's meinem Kinde? Wie sage ich den Beschäftigten, daß so mancher von ihnen in den neuen Steuerungs-Projekt-Pilotprojekten gar nicht mehr gebraucht wird, weil eisern gespart, pardon: kostengedeckelt werden muß? Entlassungen? Natürlich nicht. Andererseits, eine gewisse Verschlankung des Personals – nein, riecht auch noch nach strenger Diät. Aber: Lean-Management auch in der Verwaltung – ja, das ist gut, so läßt es sich rüberbringen.

Und klar, jeder weiß: Es ist oft schwierig und zeitraubend, auf bürokratischem Wege über zig Anträge und zig Formulare und im vorgegebenen Budgetrahmen an einen Bleistift zu kommen. Das macht die Verwaltungsreform bald alles viel einfacher – wie in der freien Wirtschaft – nämlich durch eine dezentrale Ressourcenverantwortung, was immer das bedeuten mag. Und den Bleistift kriegt jeder value for money, auf deutsch: ungespitzt.

So leitfädeln sie sich munter weiter, die Rathaus-Projektmanager, durch dicke Broschüren in erster und zweiter Auflage, von Projektstufe zu Projektstufe, vom Zielekatalog zur Verwaltungskultur: immer outputorientiert, inputgesteuert, schwer motiviert und Motivation verbreitend. Und im Auge immer das hehre Ziel, den kundenorientierten Wettbewerb. Ach ja, die Kundinnen und Kunden, die hätten wir fast vergessen. Der, also die Bürgerin, der Bürger, stehen eines schönen Tages am reformierten Verwaltungsschalter und warten darauf, daß der Herr Inspektor oder die Frau Amtmann den gewünschten Bescheid ausstellt. Aber vor lauter Projektmanagern, Kostencontrollern, dezentralen Ressourcenverwaltern und entbürokratisierten Doppik-Experten ist keiner mehr für ihn zuständig. Denn der einzige Bescheid-Geber sinniert gerade heftig darüber nach, ob er nach dem neuesten Reform-Leitfaden eher top-down oder bottom-up ist.

Ja, ja, die Zeiten sind hart und sie werden noch härter ...

Alois Segerer

Übrigens: Dieser Beitrag hält jeder Kosten- und Leistungsrechnung stand. Die *fiff*-Redaktion bedankt sich sehr herzlich bei Alois Segerer, Rathaus-Reporter der Münchner Abendzeitung, für die ehrenamtliche Mitarbeit.

Elfriede Hahn:

»Keine blutleeren Lippenbekenntnisse«

Das Schreiben des Gesamtpersonalrates (GPR) war kurz: »Nach heftiger Diskussion wurde die Empfehlung der Frauenkommission zur Verwaltungsreform zustimmend zur Kenntnis genommen.« Doch die knappen Worte lassen ahnen, daß die Empfehlung umstritten war.

Elfriede Hahn, eine BefürworterIn im GPR, hält sie »für eine wichtige Ergänzung der Rahmenvereinbarung, mit der die Beschäftigten abgesichert werden«. »Jetzt«, so die Personalrätin, »besteht die Chance, frauenspezifische Belange umzusetzen.«

»Doch die momentanen Voraussetzungen reichen dafür«, so Elfriede Hahn, »längst nicht aus.« Sie fordert »verbindliche Vorgaben« anstelle »blutleerer Lippenbekenntnisse« zur Gleichberechtigung.

Ihr zweiter Kritikpunkt: Die Verwaltungsreform werde den MitarbeiterInnen einfach »übergestülpt«. »Es fehlt die Transparenz«, so die Personalrätin. Außerdem sei das »heimliche, weil zu wenig ausgesprochene Reformziel« einseitige Einsparungen beim Personal. »Ich habe absolut nichts gegen wirtschaftliches Denken«, meint die Krankenschwester und Personalrätin. »In Sachen Wirtschaftlichkeit«, empfiehlt sie, »könnte so mancher Reformer bei den Frauen Nachhilfeunterricht nehmen.«

KURZINTERVIEWS

Was denken Sie über die Verwaltungsreform?

EDELGARD WOLF
Schreibkraft
Stadtjugendamt

Ich habe von der Verwaltungsreform noch überhaupt nichts mitbekommen. Vielleicht liegt das daran, daß wir im Haus der Jugendarbeit etwas ab vom Schuß liegen. Aber auch auf Personalversammlungen wurde darüber nicht geredet.

Mit meiner Arbeit bin ich eigentlich ganz zufrieden. Ich genieße große Entscheidungsspielräume, kann mich mit den Fachkräften besprechen und wir haben ein wirklich unhierarchisches Klima. Was mich stört, ist, daß ich nicht nach meiner Arbeitsleistung bezahlt werde. Ich bin als Schreibkraft eingestuft, obwohl ich von Beruf Anwaltsgehilfin bin und sehr viel mehr mache als nur schreiben. Aber ich kann nicht nach BAT VIb bezahlt werden, weil das nach dem Tarifvertrag erst möglich ist, wenn ich über 40 Jahre alt bin oder wenn ich einen Angestellten-Lehrgang gemacht hätte. Solche Ungerechtigkeiten sollten durch die Verwaltungsreform beseitigt werden.

GERLINDE APPEL
Dipl.Sozialpädagogin
Gesundheitsreferat

Ich erhoffte mir von der Verwaltungsreform den Abbau von unnötigen Hierarchien, größere Entscheidungsspielräume und mehr Eigenständigkeit für die Beschäftigten. Bis jetzt ist das nur unzureichend in Erfüllung gegangen. Zugegeben, auf dem Papier sieht das neue Modell sehr gut aus. Aber Reformen müssen von Menschen umgesetzt werden – und die werden durch Umorganisationen allein leider nicht verändert. Das hat in manchen Bereichen eine große Demotivation zur Folge. In anderen dagegen klappt das mit dem Teamgeist schon ganz gut.

RENATE HECHENBERGER
Beamtin im gehobenen Verwaltungsdienst
Kulturreferat

Von meiner Dienststelle oder dem Referat wurde ich über die Verwaltungsreform nicht informiert. Was ich weiß, habe ich aus der Zeitung, bzw. einem Vortrag von Bürgermeisterin Sabine Csampai. Ich fürchte, daß erst das Personal abgebaut und dann die Aufgaben neu definiert werden. Das führt unweigerlich zu mehr Arbeit. Außerdem fürchte ich, daß der bürokratische Wasserkopf, beispielsweise vom Rathaus nur auf die Referate verlagert wird, d.h. die Leitungsebenen dort weiter aufgeblasen werden.

Und noch eines: Es ist immer nur von Einsparungen und Wirtschaftlichkeit die Rede – wie in der freien Wirtschaft. Aber wir haben doch als Verwaltung auch eine soziale Funktion. Ich glaube, dieser Gedanke kommt oft zu kurz.

ELISABETH MEYER-KRÖGER
Angestellte
Amt für Informations- und Datenverarbeitung

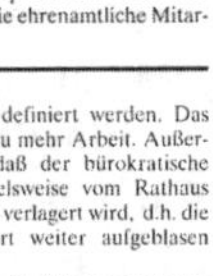

Über die Verwaltungsreform bin ich nur wenig informiert, obwohl ich bis vor kurzem im Personalrat war. Wir haben zwar einiges über die Ziele erfahren, aber wenig über die praktischen Schritte. Seit ich aus dem Personalrat ausgeschieden bin, höre ich davon so gut wie nichts mehr.

Ich fürchte, daß es mit der Verwaltungsreform so geht wie mit der Aktion »Mitarbeiter senken Kosten«. Viele hochdotierte Leute machen sich Gedanken, aber für die Beschäftigten kommt dabei kaum etwas Positives raus. Wünschen würde ich mir, daß die MitarbeiterInnen mehr Entscheidungsspielräume bekommen, daß die Hierarchiestufen abgebaut werden und nicht mehr fünf Vorgesetzte einen Vorgang kontrollieren und das dann auf Neudeutsch controlling nennen.

Ilse Thomas

Spaß und Freude an Frauenkultur – Frauenkulturwochen mit Tradition

Als 1988 die Überlegung zu den ersten Frauenkulturtagen aufkam, stand die Frage im Vordergrund, warum Frauenkulturtage ? Diese Frage stellen auch heute noch, nach acht Jahren und viermal durchgeführten Frauenkulturtagen, die JournalistInnen Neider/innen, Neugierige usw.

Frauenkulturtage sollen mit ihren Veranstaltungen möglichst alle Sparten von Kunst und Kultur berühren. Sie wollen Künstlerinnen ein Forum bieten und erheben den Anspruch, frauenfördernd für die eine oder andere Künstlerin und Kulturschaffende zu wirken. Daneben soll die örtliche Kunst- und Kulturszene durch Künstlerinnen von außen angeregt und bereichert werden, was aber auch immer einigen Erklärungsbedarf mit sich bringt.
Dabei müssen wichtige Unterscheidungen getroffen werden, um nicht in einen Rechtfertigungszwang zu kommen. Sind es Personen oder Gruppen die der Kategorie „Salto banale“ zuzuordnen sind und ihre Auftrittsmöglichkeiten in ihren Kreisen haben oder sind es Künstlerinnen, die sowieso auftreten und nicht auf die Förderung durch die Frauenkulturtage angewiesen sind oder sind es Künstlerinnen die ansonsten die „Frauenecke“ eher meiden?
Wir haben selbstverständlich Kunstschaffende aus unserer Stadt im Programm, wir erhalten aber immer wieder die Rückmeldung von Besucherinnen, daß es aber gerade außergewöhnliche Veranstaltungen sind, die sich von dem üblichen Angebot in Mannheim abheben, die eine besondere Anziehungskraft für sie haben. Lotti Huber wurde von uns eingeladen, als andere noch zögerten und Gisela May erhielt ein Engagement, als die meisten noch damit beschäftigt waren, auseinander zu sortieren, welche man denn von den DDR- Künstlerinnen einladen könne. Unsere Antwort auf versteckte Vorwürfe ist immer, zwischen den Frauenkulturtagen liegen zwei Jahre, das ist viel Zeit für die örtliche Kulturszene, sich zu profilieren.

Für uns stand von vornherein fest, daß die Frauenkulturtage kein Sammelsurium für Frauenthemen von A- Z sein sollen und daß es eine klare Abgrenzung zu Fachtagungen geben muß.
Über allen konzeptionellen Überlegungen stand an erster Stelle, daß es uns, den Besucherinnen und unseren Sympathisanten Spaß und Freude bereiten soll, und zugelassen wird, daß die Gedanken spazieren gehen können. Das heißt, daß wir sogenannte harte Themen, wie z.B. Gewalt, nicht während der Frauenkulturtage behandeln. Diese Themen müssen einen eigenen Stellenwert und Raum haben. Unser Programm umfaßt möglichst alle Kulturbereiche,

immer im engeren Sinne von Kunst und Kultur verstanden und nicht das gesamte Lebensumfeld als kulturelle Größe betrachtet.

Die ersten Frauenkulturtage 1988 organisierten und finanzierten wir zum großen Teil allein, suchten uns nur ganz vorsichtig Kooperationspartnerinnen und hielten uns auch im Stadium des Ausprobierens noch sehr zurück. Wir wagten uns damals nicht in die großen Räume und hatten dadurch aber auch ganz besondere Erlebnisse. In einem kleinen Theater mit 130 Besucherinnen Misfits, Gilla Cremer oder Francesca de Martin zu erleben, ist anders als in Räumen mit 600 oder 800 Leuten.

Nach den ***ersten*** Frauenkulturtagen wußten wir, daß wir einen zweijährigen Turnus kapazitätsmäßig und finanziell schaffen können und wußten auch, daß wir durch die Frauenkulturtage anders und nahe an Menschen herankommen, in einer guten Atmosphäre, wie uns das nicht häufig gelingt. Wichtig war uns auch, daß wir Leute kennengelernt hatten, die sonst niemals den Weg zu uns oder zu einer Frauenveranstaltung gefunden hätten. Dies sind wertvolle Kooperationspartner/ innen, auf die wir in anderen Situationen gut zurückgreifen können.
Die ***zweiten*** Frauenkulturtage waren mit 14 Tagen Spielzeit schon eine große Aufgabe. Inzwischen gab es auch einige Kulturinstitute, die signalisiert hatten, mitzumachen und selbst Programmpunkte anzubieten. Die Kooperation und Verantwortung lag immer noch bei uns.
Erst nach den ***dritten*** Frauenkulturtagen bildeten wir einen festen Arbeitskreis mit Frauen aus Kulturinstitutionen in Mannheim. Entscheidend dabei war, daß es zu diesem Zeitpunkt Frauen in diesen Institutionen gab, die Ansprechpartnerinnen für uns waren. Wir organisierten regelmäßige Treffs und gründeten den Kulturarbeitskreis „Das Netz“.

Ziel dieses Arbeitskreises ist, mittel- und langfristig gemeinsame Vorschläge zur Frauenförderung in Kunst und Kultur zu entwickeln, daneben die Kooperation für die Frauenkulturtage auszubauen.
Der Arbeitskreis bedarf von unserer Seite noch einiger „Pflege“, denn längst ist nicht selbstverständlich, daß die Kulturinstitute konkurrenzfreien Umgang wünschen und Frauenförderung in Kunst und Kultur sieht doch nicht jede Frau als ein wichtiges Ziel an. Deshalb heißt es für uns immer wieder, auf den Sinn und Zweck des Arbeitskreises zurückzuführen und damit gleichzeitig die Notwendigkeit von Frauenkulturtagen zu diskutieren.

Die Frauenkulturtage 1995 wurden gemeinsam geplant, wobei jede Institution ihre eigenen Vorschläge zur Diskussion stellt und die Verantwortung für das Gelingen der Veranstaltungen übernimmt.
Bei uns im Frauenbüro liegt weiterhin die Koordination und die Organisation.
Mit den Frauenkulturtagen 1995 hatten wir einen Stand an Gemeinsamkeiten erreicht, an den wir vor acht Jahren nicht geglaubt hätten. Diese Entwicklung wollen wir weiter ausbauen, um auf ein tragfähiges Netz (nicht nur) bei den nächsten Kulturtagen zurückgreifen zu können.

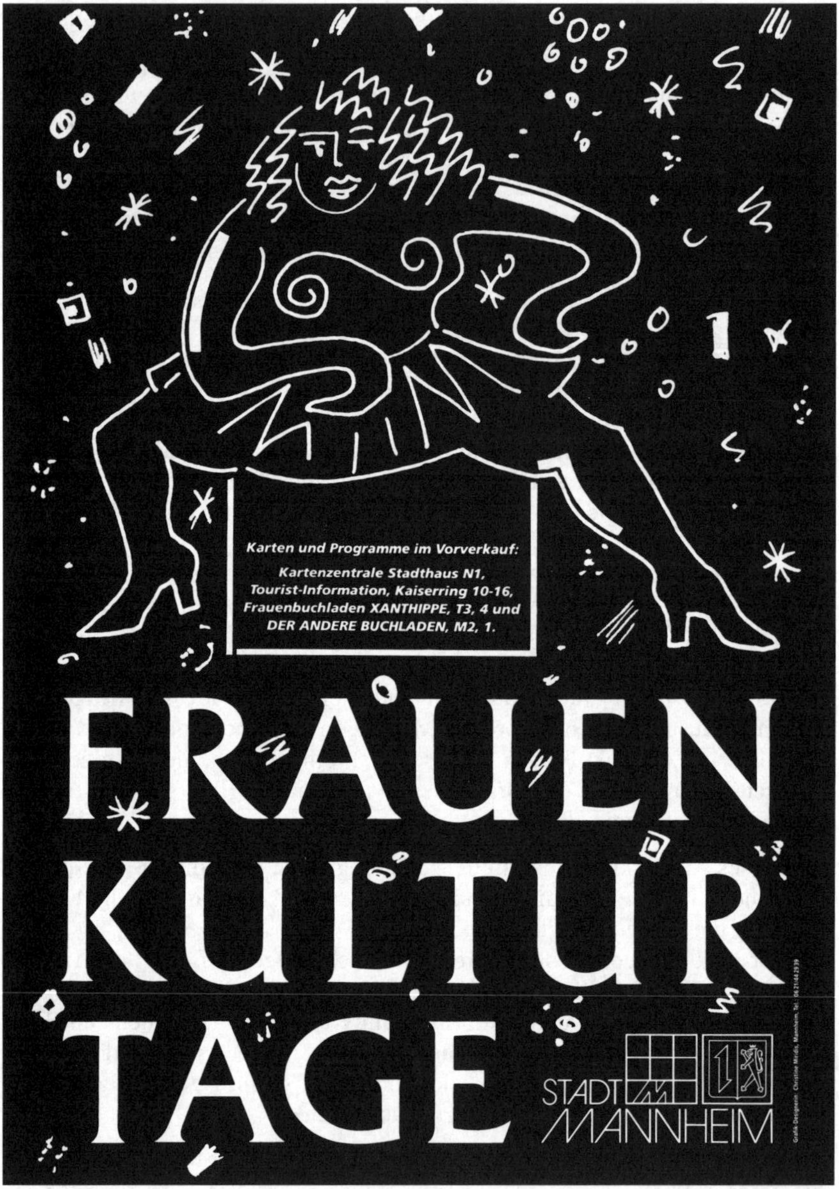
Karten und Programme im Vorverkauf:
Kartenzentrale Stadthaus N1,
Tourist-Information, Kaiserring 10-16,
Frauenbuchladen XANTHIPPE, T3, 4 und
DER ANDERE BUCHLADEN, M2, 1.
FRAUEN
KULTUR
TAGE
STADT MANNHEIM

EINFÜHRUNG

Vom 17. Juni bis zum 1.Juli 1995 gehen - zum vierten Mal- die Frauenkulturtage in Mannheim über die sprichwörtliche Bühne. Das künstlerische Schaffen von Frauen stärker in den Blickpunkt zu rücken und der kulturellen Arbeit von Frauen ein regelmäßiges Forum zu bieten und sie zu fördern, das ist Intention der Frauenkulturtage. Mit der Beteiligung vieler Kulturinstitutionen, Kulturschaffenden und KulturförderInnen ist es auch diesmal wieder gelungen ein besonders anspruchsvolles und vielfältiges Programm anzubieten. Wir wünschen allen Frauen und ihren Sympathisanten spannende Tage in Mannheim und freuen uns auf Ihren Besuch.

Ilse Thomas   Lydia Kyas

Ilse Thomas
Frauenbeauftragte

Lydia Kyas
Mitarbeiterin der Frauenbeauftragten

MITTWOCH, 21.6.1995

AUSSTELLUNGSERÖFFNUNG

Linda McCartney:

„Die 60er Jahre: Portrait einer Ära"

Mit den Aufnahmen der Rolling Stones während eines Presseempfangs 1966 begann für Linda Eastman, der späteren Ehefrau des Beatle-Sängers Paul McCartney, der berufliche Durchbruch als Musiker- und Musikerinnen-Photographin. In den folgenden Jahren begleitete sie Idole wie Jimi Hendrix, Eric Burdon oder Janis Joplin bei ihren Bühnenauftritten. Mit den meisten Musikern und Musikerinnen, die sie portraitierte verband sie auch eine persönliche Freundschaft. Dadurch kamen neben den Photographien, die die Starts zeigen, auch ganz ungezwungene Aufnahmen in privater Atmosphäre zusammen, die 1993 zum ersten Mal in dem Katalog zur Ausstellung publiziert worden sind. Die Ausstellung im Reiß-Museum wurde in Zusammenarbeit mit dem Ausstellungsbüro Brockmann und Reichelt, Mannheim, organisiert.

Reiß-Museum, Anna-Reiß-Saal, D 5
20.00 Uhr
Veranstalter: Reiß-Museum der Stadt Mannheim

Center, 20.15 Uhr Eintritt: 9,- DM, Mitglieder: 6,- DM VeranstalterInnen: Frauenbeauftragte der Stadt Mannheim und Cinema Quadrat e.V.

SAMSTAG, 24.6.1995

SAMBA WORKSHOP

mit Rosemary Neri

Rosemary Neri, seit 1991 als Tänzerin am Ballett des Nationaltheaters Mannheim engagiert, führt in diesem Workshop in Grundschritte des südamerikanischen Tanzes ein. Die Rhythmen des Samba, Salsa oder Merengue geben den Takt an, zu dem drei Zeitstunden lang getanzt und improvisiert wird. Damit der Nachmittag nicht nur die Schritte, sondern auch entsprechend gefühlvolles Lokalkolorit vermittelt, sollten die 25 Teilnehmerinnen neben bequemer Kleidung und Gymnastikschläppchen (wer nicht barfuß tanzen möchte) auch Absatzschuhe und einen langen weiten Rock mitbringen.

Städt. Leihamt Mannheim, Alice-Bensheimer Saal, D 4, 9
15.00 - 18.00 Uhr
Teilnahmegebühr: 40,– DM
Anmeldung: Büro der Frauenbeauftragten, Tel.: 293-9674

SAMSTAG, 17.6.1995

ERÖFFNUNG

Eröffnung der Frauenkulturtage 1995 durch die Frauenbeauftragte Ilse Thomas mit kleinem Rahmenprogramm. Außerdem: Vorstellung und Präsentation der brandneu herausgegebenen Publikation 'Frauen nichts als Frauen', ein historischer Stadtrundgang.

Kulturzentrum Alte Hauptfeuerwache, Galerie Brückenstr. 2-4
18.00 Uhr

KONZERT

Kick La Luna Frankfurter Frauenband
Eine durch und durch professionelle Frauenband mit einer abwechslungsreichen Bandbreite zwischen schwarzer Rhythmik und soulgefärbten Rocksongs. Statt Schlagzeug, virtuose Percussion plus eine kraftvolle soulige Stimme, die an Carmel oder Vaya Con Dios erinnert. Sie spielen den schwarzen Soul aus dem amerikanischen Süden genauso mitreißend wie den klassischen spanischen Flamenco oder die lebensbejahenden und vitalen Tänze Westafrikas und der Karibik, bei denen niemand ruhig auf seinem Stuhl sitzen bleiben kann.

Kulturzentrum Alte Hauptfeuerwache, Fahrzeughalle Brückenstr. 2-4
20.30 Uhr

DONNERSTAG, 22.6.1995

aus der Reihe 'Selbstporträt' des Kulturzentrums Alte Hauptfeuerwache: Annet van der Voort

Die Niederländerin Annet van der Voort, die seit Jahren in der Bundesrepublik lebt, wurde 1993 mit dem Kodak-Fotopreis ausgezeichnet. Nach jahrelanger Berufstätigkeit begann sie erst mit 37 Jahren ein Studium der Fotografie in Dortmund. Ihre bekannteste große Arbeit, über die sie an diesem Abend vor allem sprechen wird, ist einem spannenden, kontrovers diskutierten Thema gewidmet: In medizinischen Sammlungen und naturhistorischen Museen machte sie Porträts der dort – häufig in verstaubten Dachkammern oder Kellern eingelagerten – Präparate von Totengesichtern. Viele der so entstandenen Porträts namenloser, lange verstorbener Menschen, entstanden in Sammlungen in den Niederlanden. Dort insbesondere existierte seit dem 17. Jahrhundert ein reger Handel mit menschlichen Präparaten. Annet van der Voort hat die menschliche und künstlerische Herausforderung, ein solches Thema in angemessener Weise zu bearbeiten hervorragend gelöst - es entstanden Farbfotografien, die uns nicht eigentlich schaudern machen, sondern zum Nachdenken anregen: über Zeitlichkeit und den gesellschaftlichen Umgang mit dem Tod.

VeranstalterInnen: Frauenbeauftragte, Städt. Leihamt und Nationaltheater der Stadt Mannheim

Absolutes 'Special':
"Die beste Clownin der Welt" (aus der Schweiz) mit Partner in einer clownesken Satire

'SEKR. GESUCHT' Gardi Hutter und Eric Rohner Regie: Ferruccio Cainero

Über 1300 Vorstellungen in Europa, Südamerika und USA, Fernsehaufzeichnungen in 13 Ländern, 13 Ordner mit ungefähr 3000 Zeitungskritiken und Porträts hat "die beste Clownin der Welt" Gardi Hutter schon hinter sich, und nun soll endlich auch Mannheim sie persönlich kennenlernen. Den meisten ist sie wahrscheinlich bekannt als 'Maus' in 'So ein Käse', wo sie mit hinreißender Komik das Publikum Tränen lachen ließ. Ganz anders als alle vorherigen ist das neueste Stück von Gardi Hutter: mehr Text, ein Partner, eine ungewohnte Form der Clownerie: 'Sekr. gesucht'. Ein Schild mit selbiger Anzeige wird am Ende der rotzfrechen, schwarzhumorigen, clownesken Satire eine gewisse Bedeutung erhalten, doch zunächst ist sie einmal da, die Scherzemacherin aus der Schweiz, und treibt's unerhört. Einen Schlachthof, die Fleisch AG, hat sie an fast höchster Stelle zu verwalten, jedenfalls weiß sie, wie man taktiert als Arbeitgeberin, die etwas will von den Mitarbeitern. Genau genommen hat sie nur noch einen Angestellten, der

11.

Strukturen der Vernetzung

Sabine Chelmis, Ulla Passage
Die Bundesarbeitsgemeinschaft kommunaler Frauenbüros (BAG)

Anliegen von Frauen in die Politik einzubringen, die Kluft zwischen Verfassungsanspruch und Verfassungswirklichkeit in Sachen Gleichberechtigung zu verringern, Benachteiligung im Alltag abzuschaffen -das waren frauenpolitische Zielsetzungen, die Anfang der 80er Jahre zur Einstellung von Frauenbeauftragten in den Städten und Kreisen geführt haben.

In der Praxis der kommunalen Arbeit wurde für die Frauenbeauftragten bald deutlich, daß viele Probleme, mit denen sich Ratsuchende an sie wandten, nicht im kommunalen Bereich und auf kommunalpolitischer Ebene zu lösen waren, denn die Rahmenbedingungen für sozialpolitisches Handeln sind weitgehend durch Landes- oder Bundesgesetze vorgegeben.

In vielen dieser Gesetze schlägt sich immer noch die gesellschaftliche bzw. männliche Ignoranz gegenüber den berechtigten Fraueninteressen nieder, eine gleichwertige gesellschaftliche, praktische und ökonomische Anerkennung für ihre Leistungen in der Erwerbsarbeit, der Erziehungs- und Familienarbeit zu erhalten.

Wo weder Frauenbeauftragte vor Ort noch Kommunalparlamente Abhilfe schaffen konnten, wo einzelne Bundesländer offenbar unterschiedlich fortschrittliche Ansätze zur Gleichstellung der Frauen verfolgten, lag es für die damals rund fünfzehn bundesweit tätigen Frauenbeauftragten nahe, sich zu einer überregionalen Organisation zusammenzuschließen, die den gegenseitigen Erfahrungsaustausch sowie die Einflußnahme auf die bundespolitische Ebene institutionalisieren sollte. Sie gründeten die Bundesarbeitsgemeinschaft kommunaler Frauenbüros (BAG). 1984 fand in Kassel die erste konstituierende Bundeskonferenz statt.

1986 gehörten der BAG bereits 83 Frauenbeauftragten an, heute sind es über 1.300 Kolleginnen. Mit diesem schnellen Wachstum der Bundesarbeitsgemeinschaft ergab sich auch die Notwendigkeit einer geregelten internen Organisationsstruktur. Auf der 9. Bundeskonferenz in Mainz, im Mai 1993, gab sich die BAG daher eine Geschäftsordnung.

Ziele, Aufbau und Arbeitsweise der Bundesarbeitsgemeinschaft kommunaler Frauenbüros.

Der Zusammenschluß der Frauenbeauftragten in der BAG dient dem regelmäßigen Austausch, der Abstimmung ihrer frauenpolitischen Zielsetzung und Vorgehensweisen sowie der gezielten politischen Intervention auf Bundesebene zur Verbesserung der Lage der Frauen in der gesamten BRD. Die Koordination und Ausführung dieser Arbeit übernimmt das Sprecherinnengremium der Arbeitsgemeinschaft. Bis 1990 gehörten dem Gremium neun Bundessprecherinnen an. Ihre Anzahl hat sich durch die hinzugekommenen neuen Bundesländer 1991 auf zwölf Bundessprecherinnen erhöht.

Die Sprecherinnen werden über den Modus der Persönlichkeitswahl durch das Plenum der Bundeskonferenz gewählt. Sie sind also keine Delegierten ihres jeweiligen Bundeslandes bzw. ihrer Landesarbeitsgemeinschaft. Dennoch gibt es Einverständnis darüber, daß das Sprecherinnengremium möglichst alle Landesregionen repräsentieren sollte.

Das Mandat ist ein frauenpolitisches und an ihre Person gebunden. Die Bundeskonferenz, zu der das Sprecherinnengremium einlädt, die inhaltlichen Vorbereitungen trifft und die praktische Durchführung übernimmt, findet in Abständen von mind. 1,5 Jahren statt.

Seit 1984 hat es bisher zehn Bundeskonferenzen gegeben, die nächste 11. Bundeskonferenz, wird im Frühjahr 1996 in Nürnberg stattfinden.

Eine der wesentlichen Aufgaben der Bundessprecherinnen ist es, die auf den Bundeskonferenzen durch die Vollversammlung der kommunalen Frauenbeauftragten gefaßten Beschlüsse -politische Forderungen, Initiativen und Anregungen- umzusetzen. D.h., sie bringen die entsprechenden Beschlüsse und Empfehlungen an die jeweiligen politischen AdressatInnen im Bundestag, in den Bundesministerien, in den Bundesverbänden und -institutionen, und zwar schriftlich und/oder in persönlichen Gesprächen. Es ist dabei auch ihre Aufgabe, nach BündnispartnerInnen zu suchen und mit diesen gemeinsam das Anliegen voranzutreiben. Ein gutes Beispiel hierfür ist die Verfassungsänderung. Hier gab es beispielsweise wichtige Kontakte u.a. mit dem Deutschen Juristinnenbund und dem Deutschen Frauenrat.

Zur kontinuierlichen Vernetzung der kommunalen Frauenbeauftragten untereinander außerhalb der Bundeskonferenz halten die Bundessprecherinnen Kontakt untereinander und mit den Landesarbeitsgemeinschaften der einzelnen Bundesländer, insbesondere mit deren Sprecherinnen. Jede Bundessprecherin ist Ansprechpartnerin für die Landesarbeitsgemeinschaft eines oder zweier Bundesländer. Damit ist der Informationstransfer hinsichtlich aktueller und langfristiger Problemstellungen gewährleistet.

Im folgenden seien einige Themen genannt, mit denen sich das Sprecherinnengremium auf seinen Sitzungen beschäftigt hat:

- Auswirkungen des EG-Binnenmarktes auf die Frauen Europas
- Frauen im Alter - Feminisierung der Armut
- Migrantinnen - zur Situation ausländischer Frauen/Menschenhandel
- Gesetzliche Verankerung von Frauenbüros in der Kommunalverfassung
- Obdachlosigkeit und Wohnungsnot von Frauen
- Berufliche und betriebliche Förderung von Frauen, hier insbesondere
  Nachtarbeitsverbot für Arbeiterinnen
  angemessene Bewertung von Sekretariats- und
  Verwaltungsarbeiten bei Stadtverwaltungs- und Schulsekretärinnen
- Spezifische Arbeitsmarktprobleme von Frauen in den neuen Bundesländern
- Frauenrechte in die Verfassung

Ergebnisse und Schwerpunkte der Arbeit des Sprecherinnengremiums

Unübersehbares Ergebnis der Aktivitäten der Bundessprecherinnen für die Bundesarbeitsgemeinschaft der kommunalen Frauenbeauftragten ist die Tatsache,

1. daß die kommunalen Frauenbeauftragten als BAG ein klar kontuiertes, geschlossenes Auftreten in der Frauenpolitik auf Bundesebene zeigen;

2. daß die BAG -über ihre Sprecherinnen- heute ein maßgeblicher und ernst genommener Faktor der Lobby für Frauen in der BRD ist. Dies wirkt sich u.a. in der Heranziehung der Bundessprecherinnen zu Anhörungen für Gesetzesänderungen und andere Vorhaben auf Bundes- bzw. ministerieller Ebene aus:

3. daß die BAG einen Focus für die kommunalen Frauenbeauftragten bundesweit bildet, der sowohl Transferinformationen, übergeordnete Problemdiskussionen, Austausch und emotionalen Rückhalt gewährleistet.

4. Als Beispiele für einzelne politische Ergebnisse sind u.a. zu nennen:

   – die Entscheidung der Bundesregierung, daß für bundeseigene Liegenschaften in den neuen Bundesländern, die durch Abzug es russischen Militärs frei geworden sind. Preisnachlässe dann gewährt werden, wenn Einrichtungen für geschlagene und mißhandelte Frauen und Mädchen dort angesiedelt werden sollen.
   – die korrespondierende Mitgliedschaft in der Europäischen Frauenlobby
   – die Förderung der Vernetzungsstelle für kommunale Frauen- und Gleichstellungsbeauftragte in Trägerschaft des Instituts Frau und Gesellschaft (ifg) in Hannover durch das Bundesministerium Familie, Senioren, Frauen und Jugend. Diese Stelle begleitet und unterstützt u.a. die Arbeit der Bundessprecherinnen sowie die kommunalen Frauenbüros.

Gegenwärtig anstehende politische Schwerpunkte, mit denen sich die Sprecherinnen zur Zeit befassen sind:

– die Frage der „218-Regelungen“ bundesweit nach dem Urteil des Bundesverfassungsgerichtes. Hier könnte gerade die jüngste hessische Lösung bundesweit als Vorbild dienen.

– Das Problem der Einsparmaßnahmen in seinen Auswirkungen
  - insbesondere für Berufsrückkehrerinnen und Frauenprojekt (10. Novelle und Kürzung AB-Mittel),
  - für die Frauen im öffentlichen Dienst auf der Ebene der Kommunalverwaltungen und
  - für die Frauenbüros in den Städten und Landkreisen.

Für die als Bundessprecherinnen im Sprecherinnengremium tätigen Frauenbeauftragte -so können wir das zumindest aus der Sicht der hessischen Sprecherinnen sagen- läßt sich zusammenfassend festhalten:

Was wir auf Bundesebene erreichen, wirkt sich letztlich auf alle Frauen aus - auch bei uns vor Ort.

Die Arbeit als Bundessprecherin heißt einerseits mehr Arbeit über die alltägliche Arbeit der Frauenbeauftragten hinaus, bewirkt andererseits aber auch einen erheblichen Gewinn an Kompetenz und Professionalisierung.

Auch wenn für die jeweilige Stadt dieses überregionale frauenpolitische Engagement nicht immer unmittelbar nachvollziehbar und sichtbar ist, so hat es in dem Feld von Frauenpolitik doch vieles in Bewegung gebracht -auch zugunsten der kommunalen Frauenbüros. Auf der Bundesebene zeigt es immer wieder den dringenden Handlungsbedarf für die Sache der Frauen auf.

Die Autorinnen

Die Autorinnen

Editha Beier, Leiterin des Frauenamtes der Stadt Magdeburg seit 1990, zunächst Sekretärin, dann Erwachsenenbildnerin, zu DDR-Zeiten arbeitslos, Mitarbeit am Runden TischBundessprecherin der kommunalen Frauenbüros 1992 - 1994, Sprecherin der Landesarbeitsgemeinschaft von Sachsen-Anhalt seit 1995.

Annegret Bergmann, Dipl. Sozialwissenschaftlerin, Arbeit in der Erwachsenenbildung und in Frauenprojekten, Frauenbeauftragte in Iserlohn, seit 1992 Frauenbeauftragte der Stadt Kiel, Arbeitsschwerpunkte: Wirtschafts- und Strukturpolitik, Verwaltungsreform (hier insbes. Personal), Stadtplanung und -entwicklung, Frauen und Alter.

Petra Borrmann, Dipl. Pädagogin. Tätigkeiten in der außerschulischen Bildungsarbeit für Mädchen und Frauen, seit 1990 Frauenbeauftragte der Stadt Delmenhorst, seit 1994 Sprecherin der LAG der kommunalen Frauenbüros in Niedersachsen, Arbeitsschwerpunkte: Präventive Ansätze im Bereich Gewalt gegen Frauen und in der Familie, Mädchenprojekte in Arbeit und Schule, Frauenförderung in der Verwaltung.

Sabine Chelmis, aufgewachsen in Ost- und Westdeutschland: Studium der Germanistik/Linguistik, Sozialwissenschaften und Theaterwissenschaften in Köln und Berlin; geforscht und publiziert in den Bereichen Kleinkindforschung und Gewaltforschung (Frauenforschung); gearbeitet als wissenschaftliche Assistentin an der FU Berlin, freiberuflich in der empirischen Sozialforschung, als Erwachsenenbildnerin sowie als Mitarbeiterin der bremischen Zentralstelle für die Verwirklichung der Gleichberechtigung der Frau; seit 1986 kommunale Frauenbeauftragte der Stadt Kassel. Bundessprecherin im Sprecherinnengremium der kommunalen Frauenbüros von 1992 bis 1994.

Klaudia Dmuß, 2. Staatsexamen Lehramt am Gymnasium, Leiterin der Gleichstellungsstelle für Frauenfragen der Stadt Wuppertal, 1986 - 1990 Gleichstellungsbeauftragte in Siegen, seit 1990 Gleichstellungsbeauftragte in Wuppertal, 1990 - 1994 Sprecherin der Landesarbeitsgemeinschaft der Gleichstellungsbeauftragten Nordrhein-Westfalen, seit 1994 Mitglied im Frauen- und Gleichstellungsausschuß des Deutschen Städtetages, Arbeitsschwerpunkt: Frauenförderung in der privaten Wirtschaft und in der Kommunalverwaltung sowie Verwaltungsreform und Personalentwicklung.

Inge Höhne, Dipl. Sozialpädagogin, stellvertretende Leiterin der Gleichstellungsstelle für Frauen der Landeshauptstadt München seit 1985, Arbeitsschwerpunkte: Gewerbliche Frauenförderung, Kindereinrichtungen, Öffentlichkeitsarbeit, Seminarleitung für die Stadtverwaltung, Organisationen, Betriebe, Veröffentlichungen: u. a. fiff - München (inklusive fiff - Handbuch) sowie zu Aspekten des Arbeitslebens und zur Personalpolitik.

Lena Kreie, 2. Staatsexamen für das Lehramt an Gymnasien (Deutsch und Politikwissenschaft), Buchhändlerin am Frauenbuchladen, Leitung von Frauen-Literatur-Kursen, 1992 - 1993 Tätigkeit im Referat für Gleichstellung der Stadt Salzgitter, Arbeitsschwerpunkt Frauengeschichte, Projekte: Konzeption, Planung, Erstellung und Durchführung von vier großen Ausstellungen zur Geschichte der Frauenarbeit für die Frauenbüros Braunschweig und Salzgitter.

Katrin Luster, Agraringenieurin, 1990 - 1992 Mitarbeiterin des Frauenbüros, seit Dezember 1992 Gleichstellungsbeauftragte des Landkreises Gotha, Arbeitsschwerpunkte: Frauen und Sucht, sexueller Mißbrauch, Gewalt gegen Frauen, Frauenförderung.

Christine Müller, Dipl. Politologin, Tätigkeit in der Erwachsenen- und Jugendbildung, Frauenbeauftragte der Stadt Göttingen seit 1991, Gleichstellungsbeauftragte in Menden/Sauerland 1990 - 1991.

Dr. Ursula Müller, Mathematikerin und Soziologin, von 1967 bis 1972 assistant professor of mathematics in USA, Sozialtherapeutin im autonomen Frauenhaus, wissenschaftliche Mitarbeiterin in der Medizinsoziologie der Universität Gießen, Co-Leiterin eines Projekts über Gesundheitsprobleme von Frauen aus der Türkei. Seit 1986 Leiterin des Referats für Gleichstellungsfragen - Frauenbüro in Hannover, 1989 - 1991 Bundessprecherin der AG der kommunalen Frauenbüros. Arbeitsschwerpunkte: Frauenförderung in der Verwaltung, Männergewalt in der Familie, Mobilitätssteigerung für Frauen, frauengerechte Sprache, sexuelle Belästigung am Arbeitsplatz, Veröffentlichungen: „Neue Männerforschung braucht das Land“, „Ein bißchen Männerhaß steht jeder Frau“, u. a.

Kirsten Müller-Lehnen, Dipl. Soziologin und Innenarchitektin, Sozialwissenschaftliche Studien im Bereich Sozialplanung führten 1986 zur Tätigkeit der Frauenbeauftragten, Arbeitsschwerpunkt: Frauenbelange in der Wohnungs-, Stadt- und Verkehrsplanung, Mitglied der Beraterinnengruppe des Ministeriums Bauen und Wohnen NRW und Vorsitzende der Kommission „Frauen in der Stadt“ des Deutschen Städtetages, Veröffentlichungen „Nicht nur den Fuß in die Tür kriegen, sondern mit am Tisch sitzen“, „Frauen verändern Planung, Gebrauchswertqualitäten im Wohnungsbau, Etablieren einer Stellvertreterinnenbeteiligung zur Wahrnehmung und Durchsetzung von Fraueninteressen, sowie trotz Wohnungsmangel Gemeinschaftsräume im sozialen Wohnungsbau?“ u. a.

Ulla Passage, Bundessprecherin der kommunalen Frauenbüros 1991 - 1993, im Juni ’96 10 Jahre Frauenbeauftragte in der Stadt Gießen. Über 2. Bildungsweg Studium der Erziehungswissenschaften. 5 Jahre Entwicklung wissenschaftlicher Begleitung von Modellprogrammen im Bereich Sozialarbeit Sozialpädagogik. Arbeitsschwerpunkte u. a.: Stärkung außerparlamentarischer, Außerparteilicher lokaler Frauenpolitik im Sinne des Affidamento-Ansatzes, Strategien zur Beratung gegen Menschenhandel und Zwangsprostitution Mailand/Philippinen, Wohnungspolitik, mädchen- und frauenorientierte Stadtplanung und Stadtentwicklung.

Gisela Scheer, Studium der Soziologie und Erziehungswissenschaften (Abschluß: Volks- und Realschullehrerin), Zusatzqualifikation Gemeinwesenarbeit, Familien- und Sozialtherapie, kommunale Frauenbeauftragte 1988 - 1994 der Stadt Flensburg, Bundessprecherin der AG der Kommunalen Frauenbüros 1992 - 1994, seit 1994 Referentin im Ministerium für Frauen, Bildung, Weiterbildung und Sport des Landes Schleswig-Holstein. Arbeitsschwerpunkte u. a.: frauenspezifische Fragen der Schule und Bildung einschließlich der beruflichen Bildung.

Gisela Schlüter-Preuß, Politikwissenschaftlerin M. A., Gleichstellungsbeauftragte des Kreises und der Stadt Minden 1987 - 1991, seit 1992 für die Stadt Minden, 1992 - 1994 Bundessprecherin der AG der kommunalen Frauenbüros, Arbeitsschwerpunkte: Verwaltungsmodernisierung, interne und betriebliche Frauenförderung, Absicherung eines psychosozialen Mindestberatungsangebotes für Frauen.

Mechthild Schramme-Haack, Frauenbeauftragte des Landkreises Hannover seit 1988, Bundessprecherin der AG der kommunalen Frauenbüros 1991 - 1994,

Eva Sperner, Diplom-Pädagogin, seit neun Jahren Gleichstellungsbeauftragte der Stadt Halle (Westf.), Arbeitsschwerpunkte: Beruflicher Wiedereinstieg von Frauen, Frauengerechte Stadtplanung, Gewalt gegen Frauen/Sexueller Mißbrauch, Frauenbildungs- und kulturarbeit, Frauen im Alter, Mitwirkung an folgenden Veröffentlichungen: Neues aus der Provinz - Kulturarbeit in Klein- und Mittelstädten, Vereine und Verbände in NRW - Ein Hand- und Lesebuch.

Prof. Dr. Gesine Spieß, Studium der Erziehungswissenschaften, Dipl. Pädagogin und Lehrerin, seit 1993 Professorin an der Fachhochschule in Erfurt Fachbereich Sozialwesen mit den Schwerpunkten Familie, Jugend, Sozialisation und Geschlechterverhältnis, 1986 - 1988 eine der beiden gleichberechtigten Frauenbeauftragten der Stadt Solingen, 1988 - 1993 Leiterin des Frauenbüros der Landeshauptstadt Düsseldorf, 1987 - 1989 Bundessprecherin der AG der kommunalen Frauenbüros, Mitarbeit im Ausschuß für die Gleichstellung im Deutschen Städtetag, Mitinitiatorin der Frauenmesse „top". Autorin verschiedener Texte u. a. zur Sozialisationsforschung.

Ilse Thomas, Dipl. Volkswirtin, Frauenbeauftragte der Stadt Mannheim seit 1987, Bundessprecherin der AG der kommunalen Frauenbüros 1991 - 1994, Arbeitsschwerpunkt: Frauen und Arbeitswelt, Herausgeberin einer Bücherreihe zur Geschichte der Frauen Mannheims.

Kerstin Tornow, Dipl. Ingenieurin (FH), Technologin für Maschinenbau, seit 1990 Gleichstellungsbeauftragte der Stadt Gotha, Arbeitsschwerpunkte zur Zeit: Beratungen zum Arbeitsrecht, Öffentlichkeitsarbeit.

Julika Vatter, seit 7 Jahren Frauen- bzw. Gleichstellungsbeauftragte der Stadt Ludwigshafen am Rhein, zuvor ein Jahr als Frauenbeauftragte der Stadt Bad Kreuznach; Lehrerin für Mathematik und Biologie, jahrelang ehrenamtlich in der politischen Frauenarbeit aktiv. Arbeitsschwerpunkte (stark an aktuellen kommunalpolitischen Themen orientiert): Initiierung, Koordinierung und Begleitung gezielter Bürgerinnenbeteiligungen, Ökologische Stadterneuerung in einem Altbauquatier, Entwicklung einer neuen Verkehrskonzeption und eines neuen Abfallwirtschaftskonzeptes für die Stadt, Anforderungen an den Wirtschaftsstandort Ludwigshafen.

Christine Weinbörner, Sozialpädagogin, Tätigkeiten im öffentlichen Dienst und als Fraktionsgeschäftsführerin, seit 1990 Frauenbeauftragte der Stadt Krefeld, Veröffentlichungen: u. a. „Gleichstellungspolitik“ im Handbuch für alternative Kommunalpolitik, Bielefeld, 1994.

Mechthild Wilbrand, Studium der Germanistik und Philosophie, ab 1984 Verwaltungsangestellte im Hochschulbereich, seit 1992 Frauenbeauftragte der Samtgemeinde Gronau, seit 1976 aktiv in der Frauenarbeit.

Ute v. Wrangell, Dipl. Pädagogin, langjährige Arbeit in der Erwachsenenbildung, Schwerpunkt Frauen, 1988 - 1993 Frauenbeauftragte der Stadt Salzgitter, seit 1994 Vernetzungsstelle für kommunale Frauen- und Gleichstellungsbeauftragte (Institut Frau und Gesellschaft).